Oetinger

für Nele

© Verlag Friedrich Oetinger GmbH, Hamburg 2009
Alle Rechte vorbehalten
Einband und Illustrationen von Verena Ballhaus
Reproduktion: Domino GmbH, Lübeck
Druck und Bindung: Offizin Andersen Nexö, Zwenkau
Printed in Germany 2009
ISBN 978-3-7891-4282-6

www.oetinger.de

Anne und Paul Maar

Mehr Affen als Giraffen

Geschichten, Rätsel und Bilder

Bilder von
Verena Ballhaus

Verlag Friedrich Oetinger · Hamburg

»Weißt du«, sagt der eine Gei
zu dem andern Gei.
»Jetzt such ich mir 'ne Freundin
und die legt uns ein Ei.
Wenn dann daraus ein Küken schlüpft,
bin ich sein Papa Gei.«

Inhalt

Zu Beginn 9

EINE Geschichte von einer Reise durch die Zeit
    Die Zeitmaschine 19
    DRUDEL 24

ZWEI Turmgeschichten
    Die Biberburgenbaumeister 31
    Der Butterturm 37
    SÄTZE, IN DENEN EIN BUCHSTABE FEHLT 43

DREI Mäusegeschichten
    Die Maus, die sich durch alles durchfraß 49
    Mäusefressen 56
    Die Tochter des Mäusekönigs 60
    RÄTSELGEDICHTE 68

VIER Geschichten von Professor Monogrohm
    Die Frühstücksmaschine 73

Die Erfindungsmaschine   78
Das Geschenk   85
Professor Monogrohm und die Kugeln   88
DRUDEL   92

DREI Geschichten von Mistkäfern, Eichhörnchen und Wölfen

Der Käfer Fred   97
Findetti Dicksten und die Haselnusshexen   110
Die Wolfsjungen   116
VERSTECKTE TIERE   122

ZWEI Geschichten vom Einschlafen

Ein Glas Milch   129
Alles falsch!   135
GLEICHER ANFANGSBUCHSTABE   144

EINE lange Geschichte von einem Jungen, der keine Geschichten erzählen konnte

Die Geschichte vom Jungen,
der keine Geschichte erzählen konnte   149
WAS MEIN KÖRPER ALLES SO TREIBT …   164
RÄTSELMACHERLEHRLING   165

Lösungen   171

Giraffen, welche sich verstecken,
kann man ziemlich leicht entdecken.

Zu Beginn

Anne und Paul haben zusammen dieses Buch gemacht. Paul ist der Vater, Anne seine Tochter.
Früher, als Anne noch ein Kind war, saßen die beiden oft nebeneinander am Schreibtisch und haben geschrieben und gemalt. Es gibt ein altes Foto, da sieht man die beiden sitzen:

Meistens hat Anne geschaut, was Paul schreibt oder zeichnet, und hat versucht, etwas Ähnliches zu schreiben oder zu zeichnen.

Manchmal hat Paul aber auch geschaut, was Anne denn so zeichnet. Und das hat ihn auf die Idee mit den Buchstabengeschichten gebracht. Anne hatte in der Schule nämlich den Spruch gelernt: »Trenne nie st, denn das tut ihm weh!« Damals galten noch andere Rechtschreibregeln und man durfte die beiden Buchstaben nicht trennen.

Anne machte eine Zeichnung, die sah so aus:

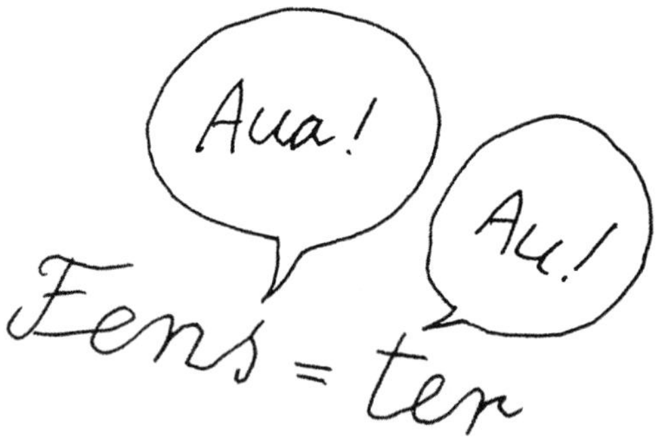

Annes Idee, die Buchstaben wie kleine Lebewesen zu behandeln, gefiel Paul, und er entwarf gleich eine ganze Reihe solcher »Buchstabenge-schichten«.

Zum Beispiel:

In seinem Buch »Onkel Florians fliegender Flohmarkt« kann man noch viel mehr davon sehen.

Heute ist Anne erwachsen und schreibt – wie ihr Vater – Kinderbücher.

Vater und Tochter sitzen natürlich nicht mehr am selben Schreibtisch. Sie wohnen auch nicht mehr in einem Haus, nicht einmal in derselben Stadt.

Hier sieht man Anne an ihrem eigenen Arbeitstisch. Er steht in einem kleinen Haus ganz am Ende eines Dorfes.

Und so sieht es meist auf Pauls Schreibtisch aus.

Dieser Schreibtisch steht in einem alten Bürgerhaus in der Stadt Bamberg.

Vater und Tochter treffen sich regelmäßig und sind immer neugierig, was die andere oder der andere gerade macht. Dabei fragen sie sich dann aus: »Was schreibst du gerade? Darf ich's mal lesen?«, oder: »Die Zeichnung, die du gerade machst: Ist die für ein bestimmtes Buch oder malst du einfach nur so?«

Es ist sogar mal vorgekommen, dass Anne eine angefangene Geschichte von Paul las und entsetzt sagte: »Du schreibst genau die Geschichte, die ich auch gerade schreibe! Das geht nicht, wir können nicht über dasselbe Thema schreiben!«

Anne und Paul haben sich dann so geeinigt, dass derjenige, der schon mehr geschrieben hatte, seine Geschichte zu Ende schreiben darf. Und da Anne schon vierzig Seiten geschrieben hatte, Paul aber erst auf Seite sechzehn war, hat Paul seine Geschichte beiseitegelegt und einfach eine neue, andere angefangen.

Oft denken sie sich zum Spaß Rätsel und kleine Spiele aus, die mit dem Schreiben oder einfach mit Wörtern zu tun haben.

Wenn Anne etwa feststellt, dass im Wort Ehering ein Tier versteckt ist, nämlich der Hering, dann fallen Paul auch gleich versteckte Tiere ein: der Esel in der L**esel**ampe oder der Wal in Laub**wal**d.

Oder die beiden erfinden Sätze, in denen alle Buchstaben des Alphabets vorkommen bis auf einen. Und den muss man dann finden.

Neben diesen Rätseln und Wortspielen nehmen den größten Raum hier im Buch aber die *Geschichten* von Paul und Anne ein. Manche sind schon mal in einer Geschichtensammlung abgedruckt worden oder waren in einem Bilderbuch zu finden, das es nicht mehr gibt. Andere wurden extra für dieses Buch geschrieben.

An den Anfangsbuchstaben könnt ihr erkennen, von wem welche Geschichte stammt:

Das erste Wort in Annes Geschichten beginnt immer

mit einem

der erste Buchstabe in Pauls Geschichten ist immer ein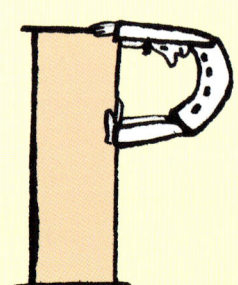

Ein Gespräch zwischen Papa und Gei

»Ich kann noch gar nicht fliegen.
Woran mag das nur liegen?
Nehm ich zu wenig Schwung?«

»Da mach dir keine Sorgen,
vielleicht fliegst du schon morgen.
Du bist halt noch zu jung!«

EINE Geschichte
von einer Reise durch die Zeit

Die Zeitmaschine

Philipp!«, rief die Mutter. »Du sitzt ja immer noch vor dem Fernseher. Jetzt gehst du bitte ein bisschen raus! Draußen scheint die Sonne.«

»Gleich!«, antwortete Philipp. »Lass mich nur noch den Schluss angucken. Der Film ist bald aus. Es geht um eine Zeitmaschine. Ein Wissenschaftler hat sie gebaut. Es ist eine große schwarze Kugel. In die kann er steigen und in der Zeit herumreisen.«

»In der Zeit reisen? Das klingt interessant«, sagte die Mutter und setzte sich neben Philipp auf die Couch.

Philipp erklärte ihr, wie eine Zeitmaschine funktioniert. »Stellt man einen Hebel im Innern der Maschine zum Beispiel auf das Jahr 1200, so fährt die Maschine in der Zeit zurück. Wenn man dann aussteigt, kann man die Ritter in ihren Rüstungen umherreiten sehen, und wenn man Glück hat, erlebt man sogar ein Turnier.«

»Klingt sehr interessant«, sagte die Mutter noch mal und schaute nun zusammen mit Philipp gebannt zu.

Man konnte den Hebel in der Zeitmaschine auch ganz nach links drehen, noch weit vor das Jahr null, dann wurde es beim Ausstieg ziemlich gefährlich. Denn wo jetzt zum Beispiel sanftes Hügelland ist, breitete sich vor Millionen von Jahren ein tiefes Meer aus und man landete unter Wasser. Wenn man unvorsichtig war und einfach ausstieg, konnte man leicht von einem Riesenhai getötet werden, falls man nicht sowieso schon ertrunken war.

Mindestens genauso gefährlich war es, in die Zukunft zu reisen. Man weiß ja nicht, wie die Zukunft aussieht. Stellte man den Hebel zum Beispiel auf das Jahr 2222, konnte man in einem Atomkrieg landen oder in einer neuen Eiszeit.

Philipp und seine Mutter fanden den Film sehr spannend.

Als er zu Ende war, schaltete die Mutter den Fernseher aus und sagte: »So, Philipp! Bis zum Abendessen wirst du aber jetzt bitte schön draußen spielen.«

»Ja, ja, ich geh ja schon«, antwortete Philipp und ging aus dem Haus. Gerade hielt ein Lastwagen vor ihrer Tür, zwei Männer stiegen aus, luden eine Mülltonne ab und stellten sie vor die Garage. Dann fuhren sie weiter zum Nachbarhaus.

Philipp hatte schon gehört, dass sie jetzt alle neue Mülltonnen bekommen sollten. Große, viereckige, schwarze Tonnen aus Kunststoff, die viel leichter waren als die alten, die sie bis jetzt benutzt hatten.

Philipp öffnete den Deckel und blickte hinein. Der Kunststoff roch ein bisschen streng. Die Tonne war leer und sauber, sie war ja noch nie gebraucht worden. Als Zeitmaschine war sie also bestens geeignet, denn die Kugel im Film war innen sauber und außen schwarz gewesen. Und wahrscheinlich hatte die Original-Zeitmaschine auch so merkwürdig chemisch gerochen, was man beim Filmgucken natürlich nicht nachprüfen konnte.

Philipp öffnete den Deckel, stieg in die Tonne – was gar nicht einfach war – und machte den Deckel über sich zu. Es war ein wenig eng, aber sehr gemütlich.

Er beschloss, eine kleine Zeitreise zu wagen. Eine Reise in die Zukunft war zwar gefährlich, wie er wusste, sie war aber auch spannender. Er entschied sich für das Jahr 3500. Nachdem er auf einen Knopf an der

Innenseite des Deckels gedrückt hatte, befahl er: »Alle Maschinen volle Kraft voraus! Haupttriebwerke einschalten! Alarmstufe Rot! Zielpunkt dreitausendfünfhundert! Höchstgeschwindigkeit, los!«

Das waren natürlich Befehle, die besser zu einem Raumschiff gepasst hätten als zu der Zeitmaschine aus dem Film, denn die hatte kein einziges Raketentriebwerk. Aber das war Philipp nicht so wichtig. Hauptsache, seine Zeitmaschine funktionierte.

Er kauerte sich in der Tonne zusammen, machte sich ganz klein und stellte sich vor, wie draußen die Jahre und Jahrzehnte mit unvorstellbarer Geschwindigkeit vorbeirasten.

Mit einem Mal hatte er das Gefühl, dass sich die Zeitmaschine wirklich bewegte. Sie schwankte hin und her, drehte sich sogar, und Philipp stieß mit seiner Schulter abwechselnd an die rechte und die linke Innenwand. Ihm wurde schwindlig. Ehe er richtig begriffen hatte, was mit ihm geschah, hörte die Bewegung auf. Ein donnerndes Geräusch ertönte. Dann war es totenstill.

Ob er durch Zufall in eine echte Zeitmaschine geraten war? Das konnte eigentlich nicht möglich sein. Das war ganz und gar unwahrscheinlich, sagte er sich. Aber die Bewegungen und das donnernde Geräusch? Das hatte er sich doch nicht nur eingebildet!

Vorsichtig hob er den Deckel an und spähte hinaus. Was er sah, war so fürchterlich, dass er den Deckel gleich wieder fallen ließ. Rings um die Zeitmaschine herrschte das schwärzeste Dunkel, das er je erlebt hatte. Er war offensichtlich mitten im Weltraum, wo es kein Licht und keine Farben gab. Und zu der Dunkelheit kam noch eine grauenhafte Stille. Kein Wort, kein Geräusch. Nun war ihm klar: Die Erde war zerstört. Im Jahr 3500 gab es nur noch das, was von der Erde übrig geblieben war: ein bodenloses, schwarzes Nichts!

Ganz schnell drückte er auf den Antriebsknopf und befahl: »Alle Maschinen volle Kraft voraus! Haupttriebwerke einschalten! Alarmstufe Rot! Zurück zum Startpunkt! Höchstgeschwindigkeit, los!«

Wieder machte er sich ganz klein und stellte sich vor, wie draußen die Zeit zurückraste. Aber diesmal bewegte sich die Zeitmaschine nicht und auch das donnernde Geräusch blieb aus.

Philipp wartete ein paar Sekunden, bevor er die Luke öffnete und hinausspähte. Die Zeitmaschine hatte versagt! Er war gefangen im Dunkel des Weltraums.

Philipp war nahe daran, in Tränen auszubrechen. Verzweifelt rief er nach seiner Mutter, obwohl ihm eigentlich klar war, dass sie ihn im Weltraum unmöglich hören konnte.

Da gab es wieder dieses donnernde Geräusch, plötzlich wurde es hell, eine Garagentür öffnete sich und sein Vater kam herein.

»Hier bist du?«, sagte sein Vater erstaunt. »Was machst du in der Mülltonne? Wie bist du in die Garage gekommen?«

»In der Zeitmaschine«, sagte Philipp.

»Warst du in der Tonne?«, fragte sein Vater. »Dann habe ich dich in die Garage gerollt, ohne es zu merken. Ich hatte mich schon gewundert, weil die neue Tonne auch nicht leichter war als unsere alte. Warst du die ganze Zeit in der dunklen Garage? Das tut mir leid.«

»Nicht so schlimm!«, sagte Philipp. »Lieber eine Stunde in einer dunklen Garage als eine Minute allein im Weltraum!«

DRUDEL

»Heute könnten wir uns mal Drudel ausdenken«, sagt Paul zu Anne.

»Was sind denn Drudel?«, fragt sie.

»Die sind wohl jetzt nicht mehr in Mode«, sagt Paul. »Früher wusste jedes Kind, was ein Drudel ist. Sogar in der Schule haben wir welche gezeichnet, meistens während der Pause.«

»Das mag ja stimmen«, sagt Anne. »Trotzdem weiß ich immer noch nicht, was das ist.«

»Es sind einfache Strichzeichnungen. Bilderrätsel gewissermaßen. Man muss raten, was dargestellt ist. Erst die Unterschrift erklärt dann, was der Zeichner gemeint hat. Der wohl bekannteste Drudel sieht so aus: Was ist das?«

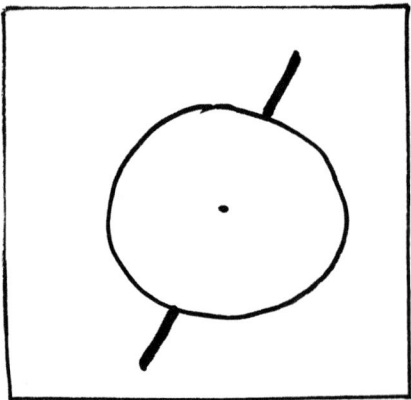

Ein Mexikaner auf dem Fahrrad, von oben gesehen

»Ich verstehe«, sagt Anne und zeichnet gleich einen neuen Drudel.

Zwei Mexikaner beim Fernsehen

»Einen sehr witzigen Drudel hat sich Georg Christoph Lichtenberg schon während des 18. Jahrhunderts ausgedacht«, erzählt Paul. »Der sah so aus:«

Ein Messer ohne Klinge, bei dem der Griff fehlt

Und hier sieht man nun die Drudel, die an diesem Nachmittag entstanden sind. Was sie darstellen, könnt ihr auf Seite 171 nachsehen.

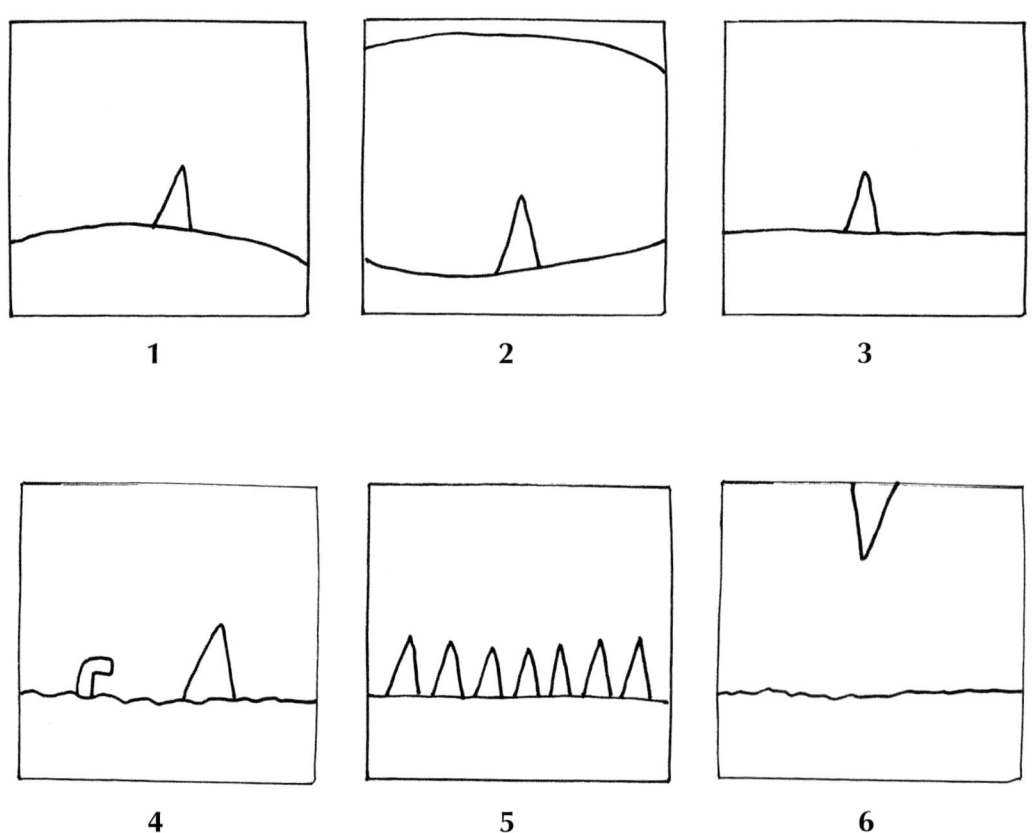

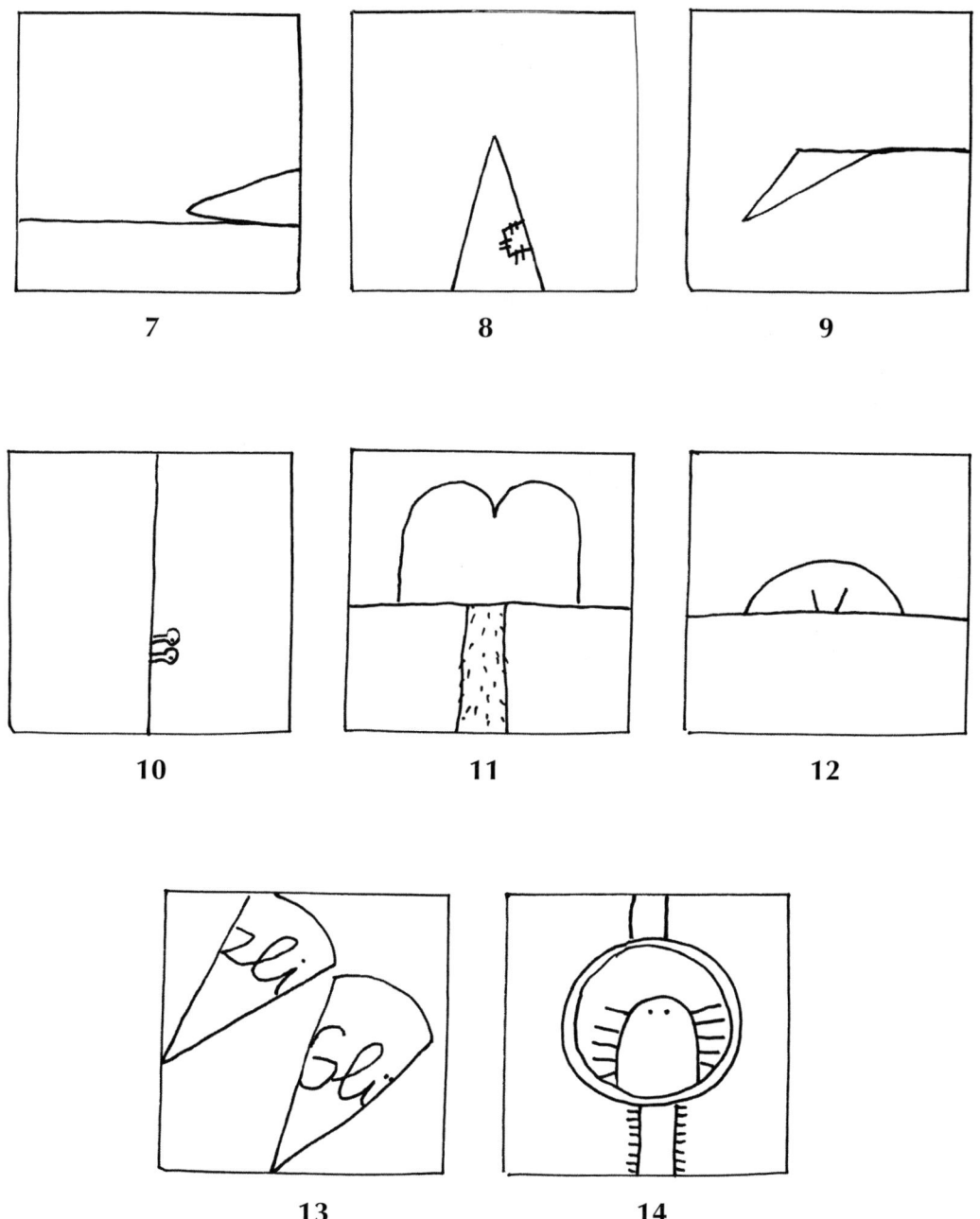

7

8

9

10

11

12

13

14

ZWEI
Turmgeschichten

Die Biberburgenbaumeister

Alle schönen Biberburgen im ganzen Biberland waren vom Biberburgenbaumeister Balthasar mit der blauen Mütze gebaut worden und er war sehr stolz darauf.

Seine Burgen waren nicht zu hoch und nicht zu flach und gegen jeden Sturm gewappnet. Jeder Biber, der etwas auf sich hielt, ließ sich seine Burg von Baumeister Balthasar bauen.

Der Sohn von Baumeister Balthasar hieß Ben und war Biberburgenbaumeister-Lehrling. Er trug eine bunte Mütze und baute Biberburgen genauso gerne wie sein Vater.

»Du, Papa«, sagte Ben eines Tages, als sie zusammen Bäume für eine neue Biberburg suchten. »Könnten wir nicht einmal etwas ganz Besonderes bauen?«

»Wir bauen doch ständig was Besonderes«, sagte Biberburgenbaumeister Balthasar.

»Ja, schon, aber ich meine, dass wir mal was ganz anderes bauen sollten«, sagte Ben. »Einen Turm!«

»Wozu denn das?«, fragte sein Vater. »Nein. Wenn ein Sturm kommt, wird ein Turm umgeblasen.«

»Wir könnten es doch einmal ausprobieren«, sagte Ben, aber sein Vater schüttelte nur den Kopf und begann, an einem Baum zu nagen.

Doch Ben konnte seine Idee nicht vergessen – einen Turm zu bauen, von dem aus man weit über das Biberland schauen konnte!

Und so zeichnete er heimlich Baupläne für einen sturmsicheren Biberturm.

Als er fertig war, zeigte Ben seinem Vater die fertigen Pläne. Er war sehr
gespannt, was der große Biberburgenbaumeister Balthasar dazu sagen
würde.

Sein Vater schob seine blaue Mütze nach hinten und begutachtete die
Pläne.

»Ein Turm«, stellte er fest.

Ben nickte.

»Wir bauen keinen Turm«, sagte Biberburgenbaumeister Balthasar und
faltete die Papiere zusammen.

»Aber …«, sagte Ben.

»Zu gefährlich«, sagte sein Vater.

»Aber …«, sagte Ben.

»Nein«, sagte sein Vater und dabei blieb er.

Ben war traurig und ärgerte sich über seinen Vater. Wenn er die Pläne
genauer angeschaut hätte, hätte er bestimmt gesehen, dass der Turm
sturmsicher konstruiert war! Ben beschloss, den Turm einfach allein zu
bauen. Nun stand er jeden Morgen ganz früh auf, um noch vor der
Arbeit mit seinem Vater unbemerkt in einer entlegenen Bucht an seinem
Turm bauen zu können.

Später war er dann manchmal so müde, dass er beim Bäumefällen ein-
schlief oder beim Burgenbauen ins Wasser plumpste.

Dann war der Turm fertig! Er war wunderschön und man konnte von
ihm aus weit ins Biberland schauen. Ben war so stolz auf seinen Biberturm, dass er ihn sofort seinem Vater zeigen musste.

Biberburgenbaumeister Balthasar mit der blauen Mütze betrachtete den
Biberturm jedoch gar nicht begeistert.

»Zu hoch«, sagte er.

»Aber …«, sagte Ben.

»Der nächste Sturm bläst ihn um«, sagte sein Vater.

»Aber …«, sagte Ben, doch sein Vater drehte sich um und ging.

Bei den Bibern allerdings sprach sich der Turm schnell herum, und viele kamen, um ihn zu bewundern. Und sie fanden ihn großartig! Schon am ersten Tag bekam Biberturmbaumeister Ben mit der bunten Mütze Aufträge für weitere Bibertürme. Und es wurden jeden Tag mehr.

Biberburgenbaumeister Balthasar mit der blauen Mütze verstand die Welt nicht mehr. Jeder schwärmte vom Turm seines Sohnes, dabei war der doch gar nicht niedrig und wohlgeformt wie seine schönen Biberburgen! Aber die wollte plötzlich kaum noch einer haben.

Darüber gerieten die beiden Baumeister in einen solchen Streit, dass Ben schließlich in seinen Turm zog und Balthasar in seiner Burg blieb.

Fortan baute Biberburgenbaumeister Balthasar mit der blauen Mütze seine Burgen allein und Biberturmbaumeister Ben mit der bunten Mütze seine Türme.

Und es verging der Sommer, ohne dass die beiden ein einziges Wort miteinander redeten.

Dann kam der Herbst und mit ihm ein Unwetter. Ein Unwetter, wie es noch keiner erlebt hatte.

Es regnete wie noch nie. Das Wasser des Flusses stieg und stieg. Die Biberburg von Biberburgenbaumeister Balthasar versank immer tiefer und wurde schließlich völlig überspült. Als Biberturmbaumeister Ben das hörte, machte er sich gleich auf den Weg zu seinem Vater.

»Du kannst zu mir in den Turm kommen, da ist es trocken«, bot Ben seinem Vater an, doch der lehnte ab.

Als es aber nicht aufhörte zu regnen, blieb Balthasar nichts anderes übrig, als bei seinem Sohn Unterschlupf zu suchen.

Doch nach dem Regen kam der Sturm. Er blies wie noch nie. Der Biberturm wackelte und schwankte. Plötzlich riss ein besonders heftiger Windstoß die Turmspitze ab und wirbelte sie davon. Ben war so erschrocken, dass er erst gar nicht wusste, was er tun sollte. Doch da warf ihm sein Vater schon ein Seil zu.

»Schnell, Spanten verzapfen und Kloben verbolzen, sonst wird dein Turm umgeweht!«, rief Biberburgenbaumeister Balthasar.

Und ganz wie früher arbeiteten beide schnell und sicher zusammen. Als es endlich aufhörte, stark zu regnen und rau zu stürmen, stand der Turm immer noch.

Während Balthasar einen Plan für seine neue Biberburg zeichnete, besserte Ben die Schäden an seinem Turm aus.

Und dann bauten Biberburgenbaumeister Balthasar mit der blauen

Mütze und Biberturmbaumeister Ben mit der bunten Mütze zusammen eine neue Biberburg.

Und sie wurde wunderwunderschön!

Wieder kamen viele Biber und bewunderten das Bauwerk.

»Wirklich, das ist die allerschönste Biberburg im ganzen Biberland«, lobten sie den großen Biberburgenbaumeister Balthasar mit der blauen Mütze.

»Die haben wir zusammen gebaut«, sagte Balthasar. »Der große Biberturmbaumeister Ben und ich.«

Und fortan bauten die beiden Baumeister ihre Biberburgen wieder gemeinsam.

Der Butterturm

Prächtig verziert mit Ornamenten und Skulpturen, mit Dutzenden von kleinen und großen Fenstern – so überragt der hohe Turm die Stadt. Man nennt ihn den »Butterturm«, er gehört zur Kathedrale von Rouen in Nordfrankreich.

Erst sah es so aus, als würde dieser Turm nie fertig gebaut werden. Denn während der Bauzeit ging den Bauherren das Geld aus und die Arbeiten stockten. Da beschlossen die Einwohner von Rouen, auf ihre Butter zu verzichten, die sie damals wie üblich selbst herstellten. Sie spendeten sie der Geistlichkeit. Durch den Verkauf der Butterspenden konnten die Bauarbeiter bezahlt werden, der Bau ging weiter und der Turm wurde um das Jahr 1500 vollendet.

Weil der Turm durch die Butterspende der Bewohner finanziert wurde, bekam er den Namen »Butterturm«.

Wenn man die Herkunft des Namens nicht kennen würde, könnte man sich schöne Geschichten dazu ausdenken. Zum Beispiel diese hier:

Der betrogene Teufel

Ein junger Baumeister, der schon einige schöne Häuser in der Stadt Rouen errichtet hatte, bekam vom Rat der Stadt den Auftrag, einen prächtigen, hohen Turm an die Kathedrale zu bauen. Dieser Turm steht noch heute und ist unter dem Namen »Butterturm« weithin bekannt.

Der junge Mann musste aber schon bald erkennen, dass sein Können nicht ausreiche, einen so hohen Turm zu bauen. In seiner Not rief er den Teufel um Beistand an.

Der Teufel war sofort bereit, beim Turmbau zu helfen, forderte allerdings, wie üblich, als Gegenleistung die Seele des Baumeisters. Der junge Mann, der dies schon vermutet hatte, ließ einen Tropfen seines Blutes auf den Vertrag fallen, den der Teufel für solche Fälle vorbereitet in der Jackentasche bei sich hatte. Damit war das Geschäft rechtskräftig und der Teufel machte sich sofort an die Arbeit. Zur Unterstützung holte er sich mehr als fünfhundert Beelzebuben, Dämonen, Unterteufel und sonstige Höllengeister.

Es dauerte nicht einmal ein Jahr, da stand der hohe Turm und konnte feierlich eingeweiht werden.

Alle Welt rühmte den jungen Baumeister, dessen geheime Helfer unentdeckt geblieben waren. Man überhäufte ihn mit vielen Ehren. Trotzdem war er nicht gerade froh dabei. Wusste er doch, dass seine Seele nach seinem Tod der ewigen Verdammnis anheimfallen würde.

Tag und Nacht überlegte er, wie er aus dem Vertrag mit dem Teufel wieder aussteigen könnte. Und schließlich hatte er eine Idee.

Er rief nach dem Teufel, der auch prompt in einer Wolke aus Schwefeldampf erschien, und sagte zu ihm: »Wie wir wissen, gehört dir meine Seele …«

»So wahr ich Teufel heiße!«, sagte der Böse selbstzufrieden. »Denk nur nicht, dass ich dich aus dem Vertrag entlasse.«

»Allerdings«, fuhr der Baumeister unbeirrt fort, »allerdings wirst du sie erst nach meinem Tod bekommen. Und das kann lange dauern. Ich bin noch jung und könnte siebzig Jahre alt werden. Oder achtzig.«

»Ich habe große Geduld«, entgegnete der Teufel.

»Es gäbe allerdings eine Möglichkeit für dich, schon heute Nacht in den Besitz meiner Seele zu kommen«, sagte der Baumeister.

»Schon heute Nacht? Wie denn? Erzähl doch!«, rief der Teufel aufgeregt. Seine Geduld war wohl doch nicht so groß, wie er behauptet hatte.

»Ich schlage dir einen Handel vor«, sagte der Baumeister. »Heute genau um Mitternacht werde ich auf der höchsten Spitze meines Turmes stehen …«

»Du meinst: unseres Turmes«, stellte der Teufel richtig.

Der Baumeister ließ sich nicht beirren. »Ich stehe also auf der Turmspitze«, sagte er. »Wenn es dir gelingt, die Wendeltreppe vom Fuß des Turms bis zur Spitze hochzurennen, während die Turmuhr Mitternacht schlägt, darfst du mich packen und vom Turm stürzen. Dann gehört dir meine Seele schon heute Nacht.«

»Und wenn ich es nicht schaffe, soll unser Vertrag wohl nicht mehr gelten?«, fragte der Teufel.

»Du hast es erraten«, sagte der Baumeister. »Du rennst beim ersten Schlag der Turmuhr los. Bist du vor dem zwölften Schlag oben, hast du gewonnen. Kommst du später oben an, bin ich frei. Wie gefällt dir mein Vorschlag?«

Der Teufel überlegte nur kurz und kam zu dem Ergebnis, dass seine Chancen gut stünden. Teufel können äußerst schnell laufen. Nicht umsonst sagt man von einem, der sehr schnell ist: »Er rennt wie der Teufel!«

»Einverstanden«, sagte er dann und hielt dem Baumeister seine schwarze Hand zum Einschlagen hin.

»Du musst aber tatsächlich hochrennen«, sagte der. »Nicht etwa hochfliegen oder ähnliches Teufelszeug. Sonst ist die Wette ungültig.«

»Einverstanden«, sagte der Teufel noch einmal und der Baumeister ergriff die ausgestreckte Hand des Teufels und schlug ein.

Beim letzten Abendläuten stieg der Baumeister auf den Turm und wartete dort auf Mitternacht und auf den Teufel.

Endlich sah er ihn im fahlen Licht des Vollmonds, wie er sich auf dem Kirchplatz warm lief, Kniebeugen machte, auf der Stelle trippelte und offensichtlich ganz ungeduldig auf das Startzeichen wartete.

Mitternacht nahte. Der Teufel band noch einmal die Riemen seiner schwarzen Turnschuhe fest und beim ersten Schlag der Turmuhr rannte er los. Er stürmte die Wendeltreppe empor, hatte bereits beim dritten Glockenschlag die Hälfte der Stufen hinter sich und wäre bestimmt schon beim neunten Schlag oben angekommen, wenn der schlaue Baumeister nicht die letzten zehn Treppenstufen dick mit Butter bestrichen hätte. Der Teufel glitschte auf der glatten Butter aus, stürzte und fiel holterdiepolter die halbe Treppe hinunter.

Als er sich unten wieder aufrappelte und ein zweites Mal losstürmen wollte, tat die Turmuhr über ihm gerade ihren letzten, den zwölften Schlag. Und dem genarrten Teufel blieb nichts anderes übrig, als unter lautem Schimpfen und Hinterlassen einer stinkenden Schwefelwolke zu verschwinden.

Viele, viele Jahre später, als alter Mann, hat der Baumeister seine jugendliche Verfehlung gestanden und erzählt, wie er damals dem Teufel mit viel Butter seine Seele wieder abjagte. Deshalb wird der Turm noch heute »Butterturm« genannt.

Der dicke Bär schaut ganz beklommen:
Er hat sechs Kilo zugenommen!

SÄTZE, IN DENEN EIN BUCHSTABE FEHLT

»Wenn ein quietschfideles Bärenjunges zufällig Xylofon spielt, klingt das vielleicht gar nicht schlecht«, sagt Anne und lacht. »Wie findest du diesen Satz, Paul?«

»Vielleicht klingt sein Spiel ja wirklich ganz gut«, antwortet Paul. »Obwohl ich mich frage, wie ein Bärenjunges zufällig an ein Xylofon kommen soll.«

»Und sonst fällt dir nichts auf?«, sagt Anne. »Der Satz ist nämlich ein Rätsel.«

»Was denn für ein Rätsel?«, fragt Paul.

»In diesem Satz kommen alle Buchstaben des Alphabets vor. Bis auf einen. Den sollst du herausfinden!«

Paul zählt: »A … B … C … D … E … F … G … H … I … J … K … L … Das M fehlt! Sehr schön! Mal sehen, ob ich auch so einen Satz hinkriege. Gar nicht einfach. Besonders die Buchstaben X und Y kriegt man schlecht unter.«

»Und das Q«, sagt Anne.

Nach einer Weile hat Paul seinen Satz gefunden:

Liebe Tante Helga, stell dir vor, was Xaver gemacht hat: Er jagte auf Sylt die Quallen durch lautes Klopfen aus dem Wasser!

»Ich weiß, welcher Buchstabe fehlt«, sagt Anne. »Aber ich sag es nicht. Das sollen die Leser selbst rausfinden.«

Und hier sind noch mehr Sätze, in denen ein Buchstabe fehlt:

Das moderne Yak findet jedes x-beliebige Zebra hübscher und wunderbarer als eine Kaulquappe.

»So ein ekliger Quatsch«, seufzt Yvonne und pult Xaver den braunen Regenwurm aus der Nase.

Herr Meyer tröstet jedes Mal den korpulenten Zitteraal, wenn er ihn mit dem Taxi von Vechta nach Braunschweig fährt.

Vorsicht, Yvonne: Jürgen flieht bestimmt mit dem Speisequark zum Wald!

»Eine Xanthippe ist so was wie eine verdammt wütende, grimmige Quasselstrippe«, erklärt Yannik seiner zweitbesten Freundin Jolanda.

»Den hast du ja extra für mich gebacken«, freut sich Molly und stopft sich den Kuchen vor allen Gästen quasi ganz in den Mund.

Die Qualle lässt sich nicht gern von der verrückten Schlange hypnotisieren, weil die zunehmend Murx macht und dabei jedes Mal selbst einschläft.

Zwölf scheue junge Hasen rasten quer durch Zypern, verfolgt von halb nackten Monstern und alten Hexen.

»Wenn du mir dein Xylofon und deine Qualle abgibst, könnte ich sogar ein Mini-Gedicht verfassen. In dem natürlich auch ein Buchstabe fehlt«, sagt Paul.

Spielen Quallen Xylofon,
hört man leider keinen Ton.
Selbst wenn das Meer dort ziemlich flach ist,
selbst wenn ins Meer ein kühler Bach fließt,
selbst wenn keine Vögel stören,
wirst du nie die Töne hören.

»Na gut, dann werde ich meinen nächsten Satz auch reimen«, sagt Anne.

Der junge Max fährt kurz vor zwei
mit seiner Yacht bei Paul vorbei.

DREI
Mäusegeschichten

Die Maus, die sich durch alles durchfraß

Peter Gutbrod bekam an einem Montagmorgen im Juni von seinen Schülern eine Maus geschenkt. Herr Gutbrod war nämlich Lehrer und feierte an diesem Tag seinen dreiunddreißigsten Geburtstag.

Lukas, der Klassensprecher, überreichte ihm die Maus in einem Schuhkarton und sagte: »Herzlichen Glückwunsch zum Geburtstag, Herr Gutbrod. Alle aus der Klasse haben zusammengelegt und für Sie diese Maus gekauft. Es ist keine normale Maus, sondern eine Schwarzpelz-Zuchtmaus mit Rundohren.«

Herr Gutbrod bedankte sich und öffnete den Deckel. Drinnen saß die Maus und schaute ihn mit dunklen Knopfaugen an.

Herr Gutbrod sagte: »Die Maus sieht aus, als würde sie Dora, Elsa oder Ilse heißen. Ich werde sie Dora nennen!«

Zu Hause setzte er Dora in einen großen, leeren Margarinekarton, in den er mehr als fünfzig kleine Luftlöcher gebohrt hatte.

Dann legte er in eine Ecke des Kartons einen Ballen Watte (damit sich Dora ein Nest bauen konnte), legte in die andere Ecke eine trockene Brotrinde und eine Handvoll Körner (damit Dora etwas zu fressen hatte), legte ein dickes Buch über den Karton (damit Dora nicht hinausklettern konnte) und legte sich dann ins Bett (denn nach der Schule pflegte Herr Gutbrod immer ein Mittagsschläfchen zu halten).

Als er nach dem Mittagsschlaf nach der Maus Dora sehen wollte, war der Karton leer. Und unten in der linken Ecke war ein kleines, rundes

Loch hineingenagt. Herr Gutbrod suchte die Maus überall im Zimmer, fand sie aber nicht.

Später saß er in seinem Arbeitszimmer und schrieb gerade mit roter Tinte in ein Schülerheft: »Sehr gut! Weiter so!«, da spielte im Nebenzimmer jemand auf dem Klavier »O Tannenbaum, o Tannenbaum, wie grün sind deine Blätter«.

Herr Gutbrod wunderte sich ein wenig. Erstens konnte niemand aus der Familie Klavier spielen, das Klavier stand nur zur Zierde an der Wand. Zweitens war er gerade allein zu Hause, denn seine Mutter war in Urlaub gefahren. Und drittens war ja noch gar nicht Weihnachten. Deshalb stand er auf und ging ins Nebenzimmer.

Erst dachte er, das Klavier würde ganz allein spielen, denn auf dem Klavierhocker saß niemand. Dann sah er, dass die Maus Dora auf den Tasten hin und her hüpfte.

»Eine musikalische Maus! Kaum zu glauben!«, sagte Herr Gutbrod. »Trotzdem muss ich dich wieder einsperren. Mäuse gehören in ihren Karton und nicht aufs Klavier.«

Er nahm die Maus von den Tasten und setzte sie wieder in den Margarinekarton. Dann verklebte er das Loch von außen mit drei dicken Klebestreifen. Und weil er gerade dabei gewesen war, mit roter Tinte zu schreiben, machte er sich den Spaß, auf ein Stück Karton »DURCH-

GANG VERBOTEN!« zu schreiben. Dieses Schild klebte er dann von innen gegen das Loch.

Als das getan war, setzte er sich wieder an seinen Schreibtisch und schrieb weiter Ausrufezeichen in Schülerhefte. Er war gerade beim dritten Heft, da spielte jemand im Nebenzimmer etwas auf dem Klavier, das so ähnlich klang wie »Maikäfer flieg«.

Und im Karton war ein zweites Loch, dicht neben dem ersten.

»Die Maus ist zwar musikalisch begabt, aber lesen kann sie offensichtlich nicht!«, sagte Herr Gutbrod. »Das wäre auch ein bisschen viel verlangt. Schließlich gibt es sogar in der zweiten Klasse einige Schüler, die noch nicht richtig lesen können.«

Er nahm Dora in die Hand und trug sie zurück in ihren Karton.

»Diesmal kommst du mir nicht mehr heraus«, sagte er, verklebte auch das neue Loch mit Klebestreifen, stellte den Mäusekarton in einen noch größeren und stopfte ganz viel Zeitungspapier in den Raum zwischen dem kleinen und dem großen Karton. Dann legte er einen dicken Weltatlas als Deckel über die beiden Kartons und ging pfeifend zurück an seinen Schreibtisch.

Als Herr Gutbrod mit den Heften fertig war und sich eine Pfeife anzünden wollte, raschelte es verdächtig in seinem Papierkorb.

Er schlich sich hin und stülpte den Papierkorb um. Es fielen heraus:

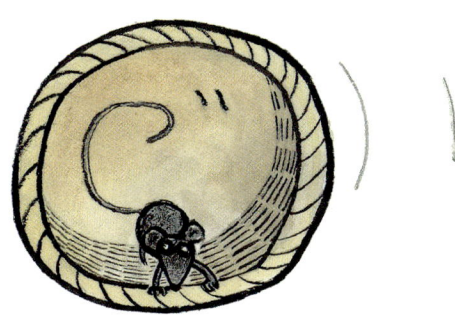

zerknülltes Papier, eine Schnur, eine dunkelbraune Bananenschale, Abfälle vom Bleistiftspitzen, Papiertaschentücher – und die Maus Dora. Sie blieb sitzen, guckte ihn an und machte gar keinen Versuch, wegzurennen oder sich zu verstecken.

»Nicht zu glauben«, murmelte Herr Gutbrod. Er betrachtete den Karton. Der kleine Karton hatte jetzt ein drittes Loch. Durch das Zeitungspapier war ein breiter Gang genagt und der große Karton hatte auch ein Loch.

»Pappe schaffst du also mühelos«, sagte Herr Gutbrod zu Dora. »Aber es gibt auch härteres Material!«

Mit der Maus in der Hand stieg er in den Keller hinab und kam mit einer Holzkiste wieder.

»Die schaffst du nie und nimmer!«, sagte er zur Maus und setzte sie hinein. Dann räumte er die Watte und die Körner in die Holzkiste und legte den dicken Weltatlas darüber.

Am nächsten Morgen wurde er davon wach, dass etwas an seiner linken großen Fußzehe knabberte. Erschrocken zog er die Beine an und machte Licht. Unten in seinem Bett saß die Maus Dora, und er hätte wetten mögen, dass sie ihn angrinste. Obwohl das bei Mäusen ja ziemlich unwahrscheinlich ist.

Er hätte gar nicht nachzusehen brauchen, denn es war genau so, wie er

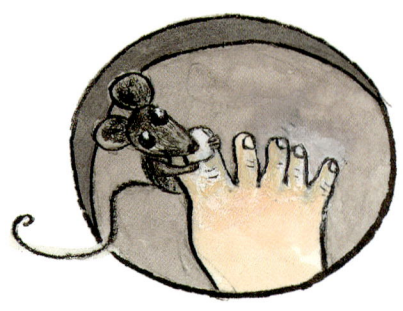

es sich schon vorgestellt hatte: In der Holzkiste war ein kleines, rundes Loch.

»Du machst mir langsam Spaß!«, sagte er grimmig. »Jetzt wollen wir doch mal sehen, wer hier der Stärkere ist.«

Damit holte er aus der Küche eine leere große Lebkuchenschachtel aus Blech, setzte die Maus hinein, legte Watte, Körner und einen halben Apfel dazu und verschloss die Schachtel oben mit Fliegendraht.

Eine Weile ging alles gut. Dann fingen drüben in der Küche plötzlich die Töpfe an zu klappern und Herr Gutbrod musste die Maus aus dem Küchenschrank holen.

Und in der Lebkuchenschachtel war ein kleines, rundes Loch.

»Na gut, du hast gewonnen«, sagte Herr Gutbrod, steckte die Maus in seine Jackentasche, stieg ins Auto und fuhr zu einer Tierhandlung.

»Können Sie eine Schwarzpelz-Zuchtmaus mit Rundohren gebrauchen?«, fragte er den Besitzer.

»Wenn sie nicht zu teuer ist«, antwortete der.

»Ich schenke sie Ihnen«, sagte Herr Gutbrod. »Ich muss Sie allerdings warnen. Sie hat nämlich Spezialzähne und frisst sich durch alles durch.«

»Das lassen Sie nur meine Sorge sein«, sagte der Tierhändler lachend. »Wir haben stabile Käfige hier.«

Herr Gutbrod holte die Maus aus seiner Jackentasche, wo sie geschlafen hatte, und überreichte sie dem Tierhändler.

»Eine wirklich hübsche Züchtung«, lobte der, setzte die Maus in einen Gitterkäfig und stellte ihn ins Regal. »Vielen Dank für Ihr großzügiges Geschenk!«

»*Ich* habe zu danken«, sagte Herr Gutbrod, verabschiedete sich und fuhr nach Hause.

Am nächsten Morgen stand Herr Gutbrod früher auf als gewöhnlich und fuhr vor Schulbeginn noch einmal bei der Tierhandlung vorbei. Er parkte vor dem Geschäft und blickte vorsichtig aus dem Seitenfenster seines Autos.

Durch die Schaufensterscheibe konnte er den Käfig erkennen, in den gestern der Tierhändler die Maus gesetzt hatte. Der Käfig war leer. An der Vorderseite fehlten zwei Gitterstäbe. Als sich Herr Gutbrod genauer umsah, entdeckte er noch etwas: Unten in der Schaufensterscheibe war ein kleines, rundes Loch.

Schnell stellte Herr Gutbrod den Motor wieder an und fuhr weiter. Denn wer weiß, was der Tierhändler gesagt hätte, wenn er den Mann wiedergesehen hätte, der ihm am Vortag die Schwarzpelz-Zuchtmaus mit Rundohren und Spezialzähnen geschenkt hatte!

Mäusefressen

Abends nach dem Spielen hatte das Mäusekind immer riesigen Hunger.

»Komm, wir gehen was essen«, sagte die Mäusemutter wie jeden Abend.

»Au ja!«, sagte das Mäusekind und so machten sie sich auf den Weg.

Sie gingen eine Weile und dem Mäusekind knurrte schon der Magen.

Da entdeckte es etwas: Im Gras hingen lange Spaghetti! Lecker!

Das Mäusekind hangelte sich an einem Grashalm hinauf, um nach ihnen zu greifen, aber … huch!

Da saß eine Spinne! »Mach mein Netz nicht kaputt!«, schimpfte sie.
Das Mäusekind rutschte schnell wieder herunter.

Sie gingen weiter. Dem Mäusekind war schon ganz schlecht vor Hunger. Da sah es mitten im Feld ein großes, rundes Bonbon. Mmmmh! Es streckte die Zunge heraus, um daran zu lecken, doch da … streckte die Schnecke den Kopf aus ihrem Haus.

»Machst du mein Haus sauber?«, fragte sie.

Das Mäusekind schüttelte den Kopf und lief schnell weiter.

»Wir sind gleich da!«, tröstete die Mutter das hungrige Mäusekind, aber da hatte es schon wieder etwas gefunden: knackige Salzstangen! Das Mäusekind griff nach einer. Es wollte gerade hineinbeißen, doch … dem Igel gefiel das gar nicht. »Was machst du denn da?«, fragte er.

»Ach, nichts«, sagte das Mäusekind.

»Hier ist es!«, rief die Mutter.

Endlich waren sie da! Es gab Haferkörner, so viel sie wollten. Das Mäusekind aß so viel, dass es fast platzte. Ganz satt machten sie sich auf den Rückweg.

Hinter einem Blumenstängel trafen sie den Igel.

»Ah, ein Wurm!«, sagte er.

»He, was machst du denn da!«, rief das Mäusekind und zog seinen Schwanz ein.

Kurz darauf begegneten sie der Schnecke.

»Mhm, lecker, zarte Blätter«, meinte sie.

»Lass meine Ohren!«, schimpfte das Mäusekind.

Sie kamen auch wieder bei der Spinne vorbei.

»Hab ich da etwa schon eine Fliege gefangen?«, fragte sie.

»Nein!«, schimpfte das Mäusekind. »Das ist meine Nase! Jetzt reicht's aber! Ich bin doch nicht zum Fressen! Was haben die denn alle auf einmal?«

»Vielleicht Hunger?«, antwortete die Mutter.

»Ach so«, sagte das Mäusekind. »Da hilft nur eins: essen!«

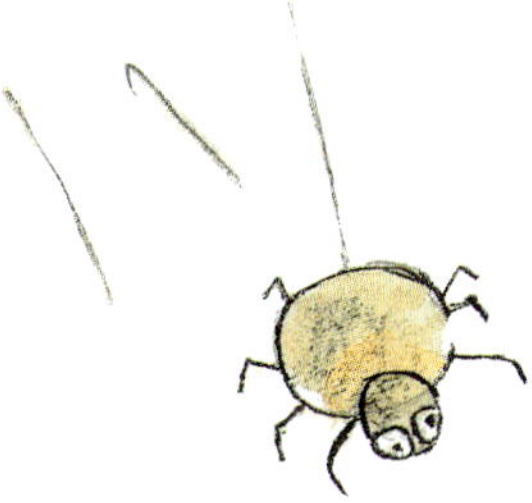

Die Tochter des Mäusekönigs

unkt zwölf Uhr, der Mäusekönig Enno saß gerade in seinem prächtigen Mäusenest beim Mittagessen, kam ein junger Mäuserich hereingestürmt und rief: »Hallo, Herr König!«

Mäusekönig Enno entgegnete: »Junger Mann, so spricht man nicht mit seinem König. Man sagt: Sei mir gegrüßt, edler König!«

»Sei mir gegrüßt, alter König«, sagte der Mäuserich. »Ich bin gekommen, weil …«

Aber vielleicht muss erst mal erzählt werden, wer der berühmte Mäusekönig Enno überhaupt war.

Mäusekönig Enno herrschte über ein riesiges Reich, das war fast so groß wie ein Fußballplatz. Na ja, sagen wir: mindestens so groß wie das Feld zwischen dem Fußballtor und dem Elfmeterpunkt. Mäusekönig Enno war sehr stolz auf sein großes Reich.

Noch stolzer aber war er auf seine einzige Tochter. Die hieß Isidora und hatte eine Nase, spitz wie ein Dorn, Augen, schwarz wie Grillkohle, einen dichten grauen Pelz und einen langen, zart geringelten Schwanz.

Dies alles gilt bei Mäusen als ganz besonders hübsch.

»Sei mir gegrüßt, alter König«, sagte also der Mäuserich. »Ich bin gekommen, weil ich deine hübsche,

spitznasige, schwarzäugige, graupelzige Tochter heiraten möchte. Ich liebe sie nämlich.«

Mäusekönig Enno lachte nur und sagte: »Meine Tochter? Das kannst du vergessen. Ich werde meine Tochter nur jemandem geben, der stärker ist als alles andere auf der Welt.«

»Das ist unmöglich«, sagte der junge Mäuserich. »Denn dann müsstest du sie ja der Sonne geben. Die ist die Allerstärkste.«

»Das ist unmöglich?«, wiederholte Mäusekönig Enno.

»Du wirst sehen, dass dies sehr wohl möglich ist. Ich werde sie nämlich gleich fragen.« Und er rief hinauf zur Sonne: »Sonne, hier spricht Enno, König aller Mäuse. Sonne, du bist die Stärkste und wärmst mit deinen Strahlen die ganze Welt. Sonne, nur du sollst meine hübsche, spitznasige, schwarzäugige, graupelzige Tochter heiraten.« Die Sonne lachte übers breite, runde Gesicht und rief hinunter: »Dummer König aller Mäuse! Erstens will ich nicht heiraten. Und ein Mäusemädchen schon gar nicht.«

»Ach so«, sagte Mäusekönig Enno. »Und zweitens?«

»Und zweitens«, fuhr die Sonne fort, »und zweitens bin ich ja gar nicht die Stärkste.«

»Nicht die Stärkste? Wer ist denn stärker als du?«, fragte Mäusekönig Enno.

»Die Wolke«, antwortete die Sonne. »Siehst du, da kommt sie schon. Sie schiebt sich einfach vor mich. Sie verdeckt mich. Sie nimmt meinen Strahlen die Kraft. Sie lässt mich verschwinden.«

Mäusekönig Enno sagte: »Wer hätte das gedacht: Die Wolke ist die Stärkste. Sie kann die Sonne verdecken. Ich muss gleich mit der Wolke sprechen.«

Und schon rief er hinauf: »Wolke, du bist die Stärkste überhaupt. Hier spricht Enno, König der Mäuse. Willst du meine hübsche, spitznasige, schwarzäugige, graupelzige Tochter heiraten?«

»Heiraten? Deine Tochter? Was für ein Unsinn«, antwortete die Wolke schlecht gelaunt. »Außerdem bin ich gar nicht die Stärkste.«

»Nicht die Stärkste?«, fragte Mäusekönig Enno. »Aber du kannst die Sonne verdecken. Wer ist stärker als du?«

»Der Wind! Der Wind braust übers Land und bläst alles vor sich her, Blätter und Zweige – und auch mich, wie du siehst. Er pustet mich einfach weg!«

Da war die Wolke auch schon weggeweht. Von ganz fern hörte Mäusekönig Enno sie noch einmal rufen: »… mich … einfach … weg … einfach … weg!«

»Das ist wichtig zu wissen«, sagte sich Mäusekönig Enno. »Der Wind ist also der Stärkste überhaupt. Na gut, dann soll eben der Wind meine Tochter haben.«

Und er rief: »Wind! Wind, hörst du mich?«

»Natürlich höre ich dich. Ich bin doch nicht taub«, sagte der Wind. »Was gibt's?«

»Ich wollte dich fragen, ob du meine hübsche, spitznasige, schwarz-äugige, graupelzige Mäusetochter heiraten willst.«

»Deine Mäusetochter?«, fragte der Wind. »Und wie komme ich zu dieser Ehre?«

»Du kriegst sie, weil du doch der Stärkste überhaupt bist«, sagte Mäusekönig Enno.

»Hm«, machte der Wind. Dann noch einmal ganz lange »Hmmm«.

»Was meinst du mit ›Hmmm‹?«, fragte Mäusekönig Enno.

»Hm«, machte der Wind ein drittes Mal. »Ehrlich gesagt bin ich ja gar nicht der Stärkste.«

»Wie bitte? Nicht der Stärkste?«, rief Mäusekönig Enno. »Verrätst du mir, wer stärker ist als du?«

»Die Mauer da vorne. Die dicke Mauer«, gab der Wind zu. »Sosehr ich auch puste und wehe und blase und stürme: Sie widersteht mir einfach. Gegen die komme ich nicht an. Sie ist zu fest.«

»Das hätte ich mir ja gleich den-ken können«, sagte Mäusekönig Enno. »Natürlich, die Mauer. Die ist die Stärkste.«

Er ging bis zum äußersten Rand seines Mäusereichs, dort stand nämlich die große, dicke Mauer.

Als er davor angekommen war, räusperte er sich erst ein wenig, guckte nach oben und fragte vorsichtig: »Mauer, kannst du eigentlich sprechen?«

»Was soll diese Frage?«, antwortete die Mauer. »Wenn die Sonne sprechen kann, die Wolke und der Wind – weshalb sollte es dann eine Mauer nicht können?«

»Du hast recht«, sagte der Mäusekönig. »Und weil du außerdem auch noch die Allerstärkste bist, sollst nur du meine hübsche, spitznasige, schwarzäugige, graupelzige Mäusetochter haben.«

»Danke«, sagte die Mauer. »Aber ich bin mir gar nicht mehr so sicher, ob ich wirklich die Stärkste bin.«

»Du machst Witze«, rief Mäusekönig Enno. »Wer soll stärker sein als du, die dicke, feste Mauer?«

Die Mauer fragte: »Wenn jemand ein Loch in mich hineinknabbern kann und ich, die dicke, feste Mauer, kann mich nicht dagegen wehren, dann muss der Lochknabberer eigentlich stärker sein als ich. Findest du nicht?«

Mäusekönig Enno überlegte. »Hm. Ja«, sagte er dann. »Wenn jemand ein Loch in dich, die dicke Mauer, knabbern kann und du kannst dich nicht dagegen wehren, muss er eigentlich stärker sein als du.«

»Und genau das hat jemand getan!«, rief die Mauer. »Es ist unerhört! Unglaublich ungezogen!« Sie wurde immer ärgerlicher. »Es ist ungeheuer unartig! Unverfroren und unfein!«

Mäusekönig Enno versuchte, sie zu unterbrechen.

»Du hast ja recht«, sagte er. »Aber bitte, sag mir, wer ...«

Die Mauer hörte gar nicht hin, sie hatte sich jetzt richtig in Wut geredet.

»Es ist unverschämt!«, rief sie. »Ungerecht! Unvergleichlich unangenehm!«

»Du hast ja wirklich recht«, fing der Mäusekönig noch einmal an. »Ich will ja nur wissen, wer ...«

»Unerfreulich!«, schimpfte die Mauer weiter. »Unfair und unzulässig.«

Nun wurde auch Mäusekönig Enno laut und rief: »Jetzt sag mir endlich: Wer bitte schön hat dich angeknabbert?«

»Dieser Mäuserich«, sagte die Mauer. »Dieser unverschämte, unhöfliche, ungezogene Mäuserich.«

»Der Mäuserich?«, rief Mäusekönig Enno. »Dann wäre ja der Mäuserich der Allerstärkste. Dann würde ja der Mäuserich meine Tochter kriegen.«

Mäusekönig Enno kletterte ein Stück an der Mauer hoch, stellte sich auf einen vorspringenden Mauerstein und rief: »Mäuserich! Mäuserich, komm sofort zu deinem König!«

Es dauerte nicht lange, da kam der Mäuserich angestürzt und fragte, atemlos vom Rennen:

»Was ... was gibt's, alter König?«

»Edler König, wenn ich bitten darf!«, verbesserte Mäusekönig Enno. »Hast du das Loch hier in die Mauer geknabbert?«

»Ein Loch? Ja. Das habe ich«, sagte der Mäuserich.

»Dann bist du also der Stärkste«, sagte Mäusekönig Enno. »Darf man fragen, weshalb du, der Stärkste, ein Loch in die Mauer geknabbert hast?«

»Man darf fragen«, erlaubte der Mäuserich. »Ich wollte eine schöne Höhle haben, ein feines, gemütliches Mäusenest für mich und deine hübsche, spitznasige, schwarzäugige, graupelzige Mäusetochter. Da hab ich mich durch die ganze Mauer durchgenagt. Auf der einen Seite ist der Haupteingang, tief drinnen ist dann unser Nest, schön mit Heu ausgepolstert, und auf der anderen Seite ist der Ausgang zum Garten, wo später mal die kleinen Mäuse herumspazieren können.«

Mäusekönig Enno fragte: »Welche kleinen Mäuse?«

»Na, die Kinder von mir und deiner hübschen, spitznasigen, schwarzäugigen, graupelzigen Mäusetochter«, antwortete der Mäuserich.

»Wenn das so ist«, sagte Mäusekönig Enno. »Wenn das so ist, dann will ich mal meine hübsche Tochter holen!« Und laut rief er: »Mäusetöchterchen, kommst du mal zu deinem Mäusevater?«

Es dauerte eine Weile, dann kam Isidora angeschwänzelt und fragte: »Hast du mich gerufen, Papa?«

»Ja. Hör gut zu«, sagte Mäusekönig Enno. »Ich habe einen Mann für dich ausgesucht. Und zwar den allerstärksten auf der Welt. Freust du dich?«

Isidora schüttelte den hübschen Kopf und sagte: »Ich will aber gar nicht den allerstärksten, Papa.«

»Du willst nicht den allerstärksten?«, fragte Mäusekönig Enno. »Ja, wen denn dann?«

»Ich will nicht den stärksten heiraten, sondern den, den ich am liebsten mag«, erklärte sie ihm.

»Dann hätte ich mir meine ganze Suche sparen können!« Nun war Mäusekönig Enno stocksauer. »Sie mag nicht den stärksten heiraten, sondern den liebsten! Und wen bitte schön magst du am liebsten?«

»Na, diesen Mäuserich hier«, sagte sie. Und damit fasste die hübsche, spitznasige, schwarzäugige, graupelzige Mäusetochter den Mäuserich fest beim Ohr, sagte: »Auf Wiedersehen, Papa. Du bist natürlich zu unserer Hochzeit eingeladen«, und verschwand mit ihrem Liebsten in der Mäusehöhle.

Bei Mäusen ist es nämlich genauso wie bei Menschen: Das Wichtigste ist nicht, ob jemand der Stärkste ist. Das Wichtigste ist, dass man ihn mag.

RÄTSELGEDICHTE

1.
Schreibst du mich mit O,
dann schlüpfst du, Bein für Bein,
in meine langen Röhren.
Schreibst du mich mit A,
dann hab ich lange Ohren
und fresse gerne Möhren.

2.
Kein Mensch, keine Katze,
kein Hund, keine Maus
kann ohne mich sein.
Erst holt ihr mich rein,
dann stoßt ihr mich raus!

3.
Das Rätsel ist schon alt,
man kommt auch schnell dahinter:
Was ist im Sommer kalt
und warm im kalten Winter?

4.
So musst du es beginnen:
Du gehst durchs große Loch hinein.
Und dann?
Dann gehst du durch drei Löcher raus.
Und dann?
Dann bist du drinnen!

5.

Lasst mich ein neues Rätsel beginnen:
Steht einer draußen, dann ist er drinnen.
Der draußen steht,
sieht den da drinnen.
Doch selbst bei allerhellstem Licht
sieht der da drinnen
den da draußen nicht.

Friedegund, die Fledermaus
kennt sich mit Rätselbüchern aus

VIER Geschichten
von Professor Monogrohm

Die Frühstücksmaschine

Professor Monogrohm sagte eines Tages vor dem Frühstück zu seiner Frau: »Es ist höchste Zeit, dass ich wieder einmal eine meiner genialen Erfindungen mache.«

Professor Monogrohm war der berühmte Erfinder der fünfeckigen Kugel und der wasserdichten Windhose.

»Was willst du denn erfinden?«, fragte Frau Monogrohm.

»Das ist ja gerade die Frage«, erklärte er ihr. »Das Erfinden selbst geht ganz leicht. Es ist nur so schwierig, sich Sachen auszudenken, die bis jetzt noch nicht erfunden worden sind.«

»Wie wäre es mit einer neuen Maschine?«, schlug seine Frau vor.

»Daran habe ich natürlich auch schon gedacht«, sagte der Professor und setzte sich an den Frühstückstisch. »Aber das ist gar nicht so einfach. Fast alle Maschinen sind bereits erfunden. Denk nur an unseren Haushalt: Zum Waschen nehmen wir die Waschmaschine, zum Spülen die Spülmaschine, zum Brotschneiden die Brotschneidemaschine und zum Nähen die Nähmaschine. Wir haben eine Bügelmaschine und eine Rührmaschine. Selbst die Zähne putzen wir uns schon elektrisch. Was soll ich da noch für eine Maschine erfinden?«

»Wenn du sowieso nichts erfinden kannst, dann wollen wir wenigstens mit dem Frühstück beginnen«, sagte Frau Monogrohm und goss ihrem Mann Kaffee in die Tasse.

»Frühstück? Genau das ist es!«, rief Professor Monogrohm und schlug

vor Begeisterung mit der Faust aufs Frühstücksei. »Wir brauchen eine Frühstücksmaschine.«

»Kann man denn so was erfinden?«, fragte Frau Monogrohm.

»Und ob, und ob!«, rief er. »Wenn man weiß, was man erfinden will, ist das Erfinden selbst eine Kleinigkeit.«

Damit zog er seinen weißen Erfindermantel an, ging in seine Erfinderwerkstatt, setzte sich an seinen Erfindertisch und begann zu erfinden.

Er brauchte immerhin zehn Stunden, bis er aus sehr viel Blech, vielen Drähten, Spulen, Schaltern, Spiralen, Kondensoren und Mikroprozessoren, einer alten Wärmflasche, einem Müllsack, drei Topfdeckeln, zwei Glühbirnen und einem Drehstuhl die Maschine gebaut hatte. Zuletzt befestigte er noch einen großen Schirm an ihrer Vorderseite, schraubte unten vier Räder an und schob die Maschine ins Esszimmer. Dort sagte er stolz zu seiner Frau: »So, jetzt können wir frühstücken!«

»Aber doch nicht am Abend«, sagte seine Frau. »Wir haben ja heute Morgen schon zusammen gefrühstückt. Erinnerst du dich?«

»Ach so. Ganz recht«, antwortete Professor Monogrohm. (Er war fast so zerstreut wie die Professoren in Kinderbüchern.) »Dann werden wir also morgen früh das erste Mal maschinenfrühstücken.«

Am nächsten Morgen gingen beide erwartungsvoll ins Esszimmer.

Frau Monogrohm setzte sich aufatmend auf den Stuhl und sagte: »Wie schön, dass wir jetzt nie mehr Kaffee mahlen müssen, nie mehr Eier kochen, nie mehr Brot abschneiden und Wurst aufschneiden, nie mehr …«

»Aber wieso denn nicht?«, unterbrach sie der Professor und blickte erstaunt über seinen Brillenrand.

»Ich denke, du hast eine Frühstücksmaschine erfunden?«, fragte sie noch erstaunter zurück.

»Ich habe eine Maschine erfunden, die für uns frühstückt. Aber doch keine, die für uns das Frühstück macht. Das ist wohl klar. Sonst wäre es ja eine Frühstücksvorbereitungsmaschine oder so was Ähnliches«, sagte er.

»Ach so«, antwortete sie enttäuscht.

»Ich werde sie dir gleich vorführen. Du wirst begeistert sein«, versprach er, eilte in die Küche und machte ein großartiges Frühstück zurecht. Mit Orangensaft und duftendem heißen Kaffee, knusprigen Brötchen, Rührei mit Schinken, mit Butter, Honig und dreierlei Marmelade, mit Wurst, Käse und frischen Früchten. Das alles stellte er auf ein großes Tablett und trug es ins Esszimmer. Dort öffnete er eine Klappe an der Frühstücksmaschine und schob das Tablett hinein.

»Und jetzt?«, fragte Frau Monogrohm.

»Und jetzt müssen wir uns auf den Drehstuhl setzen, direkt unter den Schirm«, erklärte Professor Monogrohm seiner Frau.

Sie nahmen nebeneinander auf dem Stuhl Platz, und der Professor zog an einem Hebel.

Erst knirschte es leise in der Maschine, dann ratterte, rasselte, rumpelte und rumorte es, es klimperte und knatterte, rappelte und schepperte, nach einer Weile klirrte es noch mal ganz leise, schließlich leuchtete ein gelbes Birnchen an der linken Seite auf und ein grünes an der rechten. Dann war die Maschine wieder still.

»Na, wie fühlst du dich?«, fragte Professor Monogrohm und stand auf.

»Es ist merkwürdig: Ich bin völlig satt«, sagte seine Frau. »So als ob ich bereits gefrühstückt hätte.«

»Aber das hast du doch auch«, sagte er. »Besser ausgedrückt: Die Frühstücksmaschine hat für uns gefrühstückt.«

Er öffnete die Klappe und ließ seine Frau hineinsehen. Das Tablett war nahezu leer. Von dem schönen Frühstück waren nur noch ein paar Orangenschalen übrig geblieben und zwei Scheiben von dem Käse, den seine Frau nicht so gern aß.

»Ist das nicht großartig?«, fragte er. »Wir brauchen nicht mehr zu kauen und nicht mehr zu schlucken. Das erledigt die Maschine für uns. Sie verdaut das Essen und wandelt es um in monogrohme Strahlen. Wir brauchen uns nur unter den Schirm zu setzen, werden angestrahlt und schon sind wir satt!«

»Ich finde das überhaupt nicht großartig«, sagte Frau Monogrohm.

»Nicht großartig? Weshalb nicht?«, fragte der Professor.

»Weil ich gern frühstücke«, sagte sie. »Ich möchte beim Frühstück die Süße der Himbeermarmelade schmecken und den salzigen Geschmack des Schinkens. Ich mag den Kaffeeduft und das Geräusch, das entsteht,

wenn ich in ein richtig knuspriges Brötchen beiße. Und wie ich dich kenne, magst du beim Frühstück doch auch riechen und schmecken. Und nicht nur das Klappern der Maschine hören.«

»Hm. Wo du recht hast, hast du recht«, musste der Professor zugeben. »Obwohl meine Maschine nicht klappert, sondern höchstens rattert.«

Er schob die Maschine aus dem Esszimmer, zurück ins Erfinderzimmer. Dort zog er seinen weißen Erfindermantel an, setzte sich an seinen Erfindertisch und dachte nach. Bereits nach vier Stunden hatte er die Lösung und begann, die Maschine umzubauen.

Jetzt steht sie im Wohnzimmer der Monogrohms. Immer, wenn jemand im Zimmer niest, knirscht es erst leise in der Maschine, dann knackt und rumort es, es rumpelt und rasselt, rattert und knattert, dann leuchtet eine rote Birne auf und eine Lautsprecherstimme ruft: »Gesundheit!«

Im Sommer, wenn es warm ist, wird die Maschine kaum gebraucht. Aber wenn der Spätherbst beginnt, die nassen Tage kommen und jedermann einen Schnupfen hat, muss sie Tag für Tag geölt werden, damit sie nicht heiß läuft.

Die Erfindungsmaschine

Professor Monogrohm, der berühmte Erfinder der fünfeckigen Kugel, der wasserdichten Windhose und der Frühstücksmaschine, sagte an einem sonnigen Mittwochvormittag beim Frühstück zu seiner Frau: »Es ist höchste Zeit, dass ich wieder einmal eine meiner genialen Erfindungen mache. Leider habe ich nicht die geringste Idee, was ich erfinden könnte.«

»Das hast du schon oft gesagt«, antwortete seine Frau. »Und dann ist dir meistens doch etwas eingefallen. Vielleicht sollten wir erst mal in aller Ruhe frühstücken.«

Das taten sie. Nach dem Frühstück fragte der Professor seine Frau: »Ist dir etwas eingefallen?«

Seine Frau schüttelte den Kopf. »Nein.«

Professor Monogrohm sagte: »Mir auch nicht.«

Darauf dachten beide ziemlich lange nach.

Nach einer Weile fragte Frau Monogrohm: »Ist dir inzwischen etwas eingefallen?«

»Nein«, sagte ihr Mann.

Frau Monogrohm sagte: »Mir leider auch nicht.«

Und sie überlegten sehr lange weiter.

Gegen Mittag sagte Frau Monogrohm: »Wie wäre es mit einer neuen Maschine?«

»Das hast du mir schon oft vorgeschlagen«, antwortete er. »Aber was

für eine Maschine? Das ist doch gerade die Schwierigkeit. Ich denke und denke und denke …«

»Du denkst und denkst und denkst?«, sagte seine Frau. »Du bist ein berühmter Professor! Hast du das wirklich nötig? Warum tust du das und baust keine Maschine, die dir das abnimmt?«

»Großartig!«, rief er. »Eine geniale Idee. Schade, dass sie nicht von mir ist.«

Sofort zog er seinen weißen Erfindermantel an, ging in seine Erfinderwerkstatt, setzte sich an seinen Erfindertisch und begann, die Denkmaschine zu erfinden.

Es dauerte sechs Wochen, dann war die Maschine fertig. Stolz schob er sie ins Wohnzimmer und führte sie seiner Frau vor. Oben war eine Tastatur eingebaut, darauf tippte er die erste Frage ein:

WIE VIEL IST SIEBEN PLUS ZWÖLF???

Kaum hatte er das dritte Fragezeichen getippt, schob sich vorn aus der Maschine schon ein Papierstreifen mit der Antwort heraus. Professor Monogrohm nahm seine Fernbrille ab und setzte seine Lesebrille auf. Dann las er seiner Frau die Antwort vor:

ALBERNE FRAGE! NATÜRLICH NEUNZEHN.

»Die Maschine ist ganz schön hochmütig«, stellte der Professor verärgert fest. »Ich muss ihr wohl eine schwierigere Frage stellen.«

Er dachte zehn Minuten nach, dann tippte er:
WENN DREI NASHÖRNER AN ZWEI TAGEN SIEBEN KILO HACK-
FLEISCH FRESSEN, WIE VIEL KILO HACKFLEISCH FRESSEN DANN
NEUN NASHÖRNER AN FÜNF TAGEN?
Wieder brauchte die Maschine keine zwanzig Sekunden, dann hatte sie
schon die Antwort geschrieben. Professor Monogrohm zog das Papier
heraus und las vor:

NASHÖRNERN SIND PFLANZENFRESSERN UND FRESSEN ÜBER-
HAUPT KEIN HACKSFLEICH, ALTER TROTTEL!

»Die Maschine ist nicht nur hochmütig, sie ist sogar ausgesprochen
frech«, sagte der Professor. »Sie scheint allerdings eine Rechtschreib-
schwäche zu haben. Egal. Sie soll ja denken, nicht korrekt schreiben.
Jetzt werde ich ihr eine Frage stellen, an der sie ordentlich zu kauen hat.
Ich wollte sagen: zu denken hat.«
Nun musste er mindestens zwanzig Minuten überlegen, bevor er sich
die nächste Frage ausgedacht und sie eingetippt hatte:
WIE VERTEILT MAN ZWEI ORANGEN, ZWEI ÄPFEL UND EINE BANA-
NE GERECHT UNTER DREI KINDERN?
Diesmal dauerte es einige Sekunden länger, bis die Maschine die Ant-
wort ausspuckte und der Professor sie seiner Frau vorlesen konnte:

MAN WIRFT DIE FRÜCHTEN IN EINE SAFTPRESSEN, MACHT
DARAUS OBSTSAFT UND GIBT JEDEM KIND EIN GLAS DAVON.

»Hm«, machte der Professor. »Diese Maschine scheint wirklich auf alles eine Antwort zu haben. Das ist allerdings kein Wunder. Schließlich ist sie meine Erfindung.«

Noch während er sprach, spuckte die Maschine einen weiteren Papierstreifen aus. Professor Monogrohm war verblüfft. »Merkwürdig. Ich habe ihr doch gar keine Frage gestellt«, sagte er zu seiner Frau.

»Da steht aber etwas drauf!«, sagte sie. »Lies doch mal vor, was sie geschrieben hat.«

Professor Monogrohm putzte erst mal seine Brille mit einem Zipfel seines weißen Erfindermantels, dann las er vor:

NUN MÖCHTE ABER ICH MAL ZUR ABWECHSLUNG EINEN FRAGEN STELLEN: WAS IST DER UNTERSCHIED ZWISCHEN EINEM HUHN UND EINEM PIANISTEN?

»Nun, das Huhn ist ein Vogel, auch wenn es nicht besonders gut fliegen kann, und ein Pianist ist ein männlicher Musiker, der auf einem Klavier oder einem Flügel zu spielen pflegt«, sagte Professor Monogrohm zu seiner Frau. »Soll ich das eintippen?«

»Ich glaube nicht, dass dies die richtige Antwort ist«, sagte seine Frau. »Darf ich die Antwort schreiben?«

»Nur zu gerne«, sagte der Professor und trat beiseite, damit seine Frau schreiben konnte:

EIN HUHN HAT ZWEI FLÜGEL, DER PIANIST NUR EINEN.

Die Maschine schien zu überlegen, denn erst mal geschah nichts. Nur ein leises Summen war zu hören. Dann hatte sie sich endlich entschlossen, eine Antwort auszudrucken. Auf dem Zettel, den sie ausstieß, stand:

ANTWORT UNGWÖHNLICH, ABER GENEHMIGT. ERWARTE NÄXTE INTELLIGENTE FRAGE VON FRAU MONOGROHM!

»Darf ich noch mal?«, fragte Frau Monogrohm ihren Mann.

»Nur zu!«, sagte er. Man sah ihm an, dass er leicht verärgert war. »Wenn die Maschine allerdings weiter so frech ist, sehe ich mich gezwungen, ihr den Stecker herauszuziehen.«

Frau Monogrohm dachte kurz nach und tippte dann ein:

MEIN MANN WEISS IMMER NICHT, WAS ER ERFINDEN SOLL. WAS SOLL PROFESSOR MONOGROHM ERFINDEN?

Die Antwort wurde sofort ausgedruckt. Herr und Frau Monogrohm lasen sie gemeinsam. Sie lautete:

WENN PROFESSOR MONOGROHM NICHT WEISS, WAS ER ERFINDEN SOLL, DANN SOLL ER DOCH EINE ERFINDUNGS- MASCHINEN ERFINDEN, DIE IHM VORSCHLÄGT, WAS ER ERFINDEN SOLL!

»Auch wenn die Maschine ausgesprochen frech und manchmal sehr vorlaut ist: Denken kann sie«, sagte Professor Monogrohm. »Genau das werde ich jetzt tun. Ich werde eine Erfindungsmaschine erfinden, die Erfindungen erfindet.«

Wieder zog er seinen weißen Erfindermantel an, ging in seine Erfinderwerkstatt, setzte sich an seinen Erfindertisch und begann, die Erfindungsmaschine zu erfinden.

Gestern ist die Maschine fertig geworden. Alle vierundvierzig Minuten schreibt sie einen neuen Erfindungsvorschlag auf und spuckt ihn aus. Professor Monogrohm braucht nur in seine Erfinderwerkstatt zu gehen und das zu bauen, was sich die Maschine ausgedacht hat. Denn, wie gesagt, das Schwierige beim Erfinden ist nicht das Erfinden selbst. Schwieriger ist es, sich Sachen auszudenken, die bis jetzt noch nicht erfunden sind.

Hier sind einige der ersten Erfindungsvorschläge, die Professor Monogrohms Maschine ausgedruckt hat:

- BRILLE MIT SCHEIBENWISCHER
- VIERECKIGE ÄPFEL, DIE SICH BESSER IN KISTEN VERPACKEN LASSEN
- JACKE, DIE IM SOMMER KÜHLT UND IM WINTER AUFHEIZT
- EINE GELDBÖRSE, DIE NIE LEER WIRD
- AUTOMATISCHER FÜLLFEDERHALTER, DER VON ALLEIN HAUSAUFGABEN SCHREIBT
- EIN AUFBLASBARES GUMMI-AUTO
- MANTELKRAGEN, DER SICH BEI WIND AUTOMATISCH HOCHKLAPPT
- SPINAT, DER WIE SCHOKOLADE SCHMECKT
- SCHULUHR, DIE WÄHREND DES UNTERRICHTS SCHNELL GEHT, WÄHREND DER PAUSEN GANZ LANGSAM
- ZUSAMMENROLLBARER, TRAGBARER PARKPLATZ
- EIN FAHRRAD, DAS

Leider ist mitten im letzten Erfindungsvorschlag der Strom ausgefallen. Angeblich soll eine Schwarzpelzmaus einen Kurzschluss verursacht haben, als sie sich durch das städtische Hauptstromkabel durchfraß.

Bis der Schaden behoben ist und die Maschine wieder arbeiten kann, wird wohl einige Zeit vergehen.

Aber vielleicht fallen dir in der Zwischenzeit ein paar Erfindungsvorschläge ein! Professor Monogrohm würde sich bestimmt darüber freuen.

Das Geschenk

Professor Monogrohms Frau stand eines Morgens nach dem Frühstück vor dem geöffneten Fenster, blickte hinaus und sagte zu ihrem Mann: »Schau mal, wie schön: Der Himmel ist blau, die Wölkchen sind weiß, das Gras ist grün und die Käfer fliegen. Der Sommer steht vor der Tür.«

»Wer steht vor der Tür?«, fragte Professor Monogrohm, der berühmte Erfinder der fünfeckigen Kugel, der wasserdichten Windhose, der Frühstücks- und der Erfindungsmaschine. Er war gerade damit beschäftigt, den Plan für eine neue Maschine mit Filzstift auf die weiße Tischdecke zu zeichnen.

»Der Sommer«, sagte seine Frau.

»Bleib ruhig sitzen, ich mache auf«, sagte Professor Monogrohm und eilte zur Haustür.

Vor der Tür stand wirklich ein Mann.

»Guten Tag, Herr Sommer«, sagte Professor Monogrohm. »Treten Sie ein!«

»Ich heiße nicht Sommer, sondern Möller«, antwortete der Mann. »Und hinein will ich auch nicht. Ich möchte nur dieses Päckchen für Herrn Monogrohm abgeben.«

Er drückte Professor Monogrohm ein Päckchen in die Hand, sagte noch: »Hier unterschreiben, bitte!«, und ging wieder.

Professor Monogrohm trug das Päckchen ins Wohnzimmer.

»Oh, ein Geschenk von meinem Kollegen Professor Unstein!«, rief er seiner Frau zu, als er den Absender entziffert hatte. »Ich bin gespannt, was er mir schickt.«

Im Päckchen befand sich eine Dose. Auf der Dose war eine Aufschrift:

Sommer, verdichtet

Professor Monogrohm öffnete den Deckel. Zuerst kam laue Luft heraus. Sie duftete nach Heu.

Dann wehte ein leichter Wind aus der Dose und ließ die Gardinen flattern.

Frau Monogrohm sagte: »Merkwürdig, ich höre das Meer rauschen und die Möwen kreischen. Hörst du das auch?«

Professor Monogrohm nickte und drehte die Dose um. Da rieselte ganz viel Sand heraus und verwandelte das Wohnzimmer in einen Strand.

»Zu dieser Erfindung kann ich deinem Kollegen nur gratulieren«, sagte Frau Monogrohm, zog ihren Badeanzug an und legte sich am Strand in die Sonne.

Professor Monogrohm und die Kugeln

Plumps! Frau Monogrohm war auf eine der Kugeln getreten, die auf dem Boden von Professor Monogrohms Erfinderwerkstatt lagen, war ausgerutscht und unsanft auf den Po gefallen.

»Oh! Hast du dir wehgetan?«, fragte Professor Monogrohm. Er wollte ihr auf die Beine helfen, trat dabei auf eine andere Kugel und fiel ebenfalls hin.

»Wann wirst du endlich mal eine Schachtel kaufen?«, fragte Frau Monogrohm ihren Mann, während sie nebeneinander auf dem Boden saßen.

»Weshalb sollte ich eine Schachtel kaufen?«, fragte Professor Monogrohm.

»Um deine Kugeln in ebendiese Schachtel zu legen«, sagte sie. »Seitdem du die Maschine erfunden hast, die aus Brötchenteig Kugeln macht, werden es jeden Tag mehr. Jetzt kullern sie schon auf dem Boden herum.«

»Eine Schachtel? Keine schlechte Idee«, sagte ihr Mann und stand auf. »Allerdings wird ein Erfinder keine Schachtel kaufen. Er wird eine erfinden.«

»Erfinden?«, fragte Frau Monogrohm. »Soviel ich weiß, ist die Schachtel bereits erfunden worden.«

»Die gewöhnliche Schachtel existiert bereits seit dem Mittelalter. Da hast du recht«, sagte Professor Monogrohm. »Aber meine Schachtel

wird eine ganz neuartige Erfindung sein. Sie besteht nämlich aus Kugeln.«

Damit ging er an die Erfindungsarbeit.

Schon nach zwei Stunden hatte er einen Röhrenautomaten gebaut, wie man ihn auf dem Bild sieht:

Als der Automat fertig war, schob er auf der linken Seite fünf Kugeln in die Röhren. Kurz darauf rollten auf der rechten Seite drei Kugeln heraus.

»Jetzt hast du zwar etwas größere Kugeln, aber noch keine Schachtel«, stellte seine Frau fest.

»Stimmt genau«, sagte Professor Monogrohm. »Aber jetzt kommt ja der zweite Automat zum Einsatz!«

Dieser Automat sah genau so aus, wie man ihn hier sieht:

Professor Monogrohm nahm die drei Kugeln, die aus dem ersten Automaten gerollt waren, und schob sie links in den zweiten Automaten. Es dauerte gar nicht lange, da kamen rechts zwei Würfel heraus. Professor Monogrohm nahm einen Federhalter und zeichnete schnell einen waagrechten Strich um jeden der beiden Würfel. So wie man es auf dem Bild sieht.

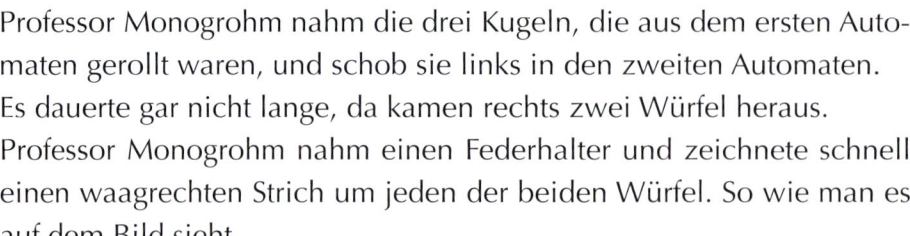

Jetzt konnte man sie aufklappen.

»Da hast du tatsächlich zwei Schachteln erfunden«, sagte Frau Monogrohm. »Ich schlage vor: Die eine behältst du für deine Kugeln. Die
andere schenkst du mir. Dann weiß ich endlich, wo ich meine Ohrringe
aufbewahren kann.«

DRUDEL

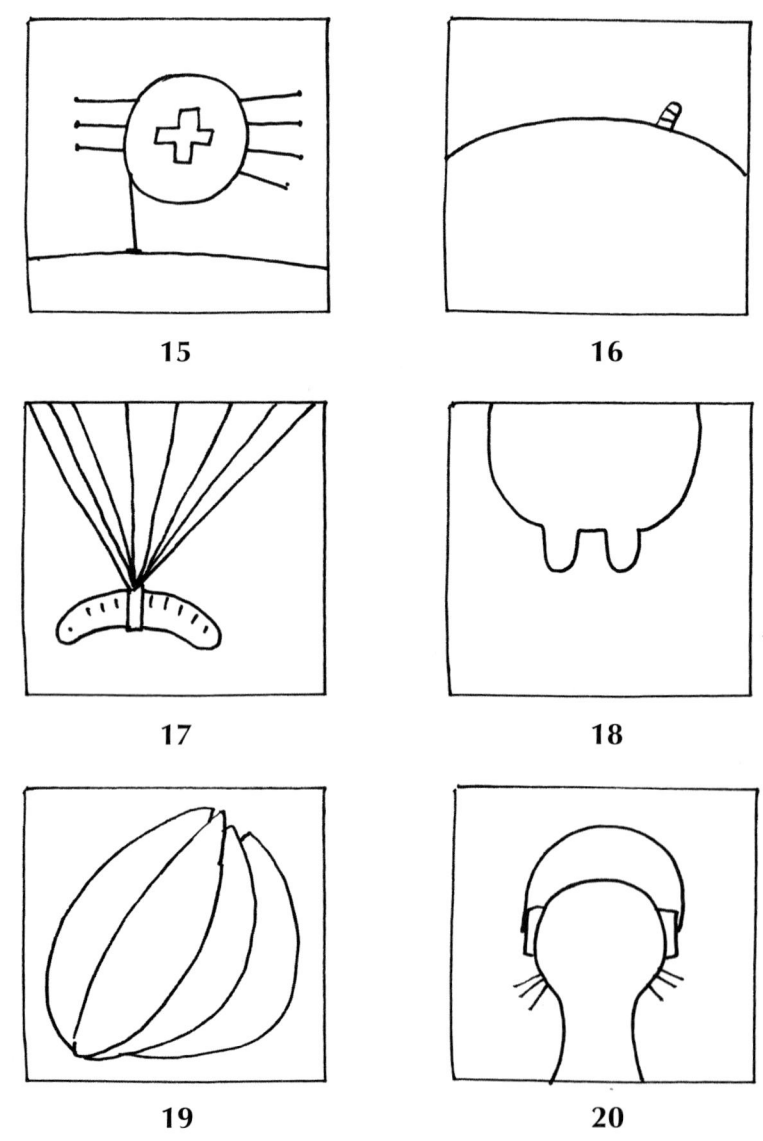

15

16

17

18

19

20

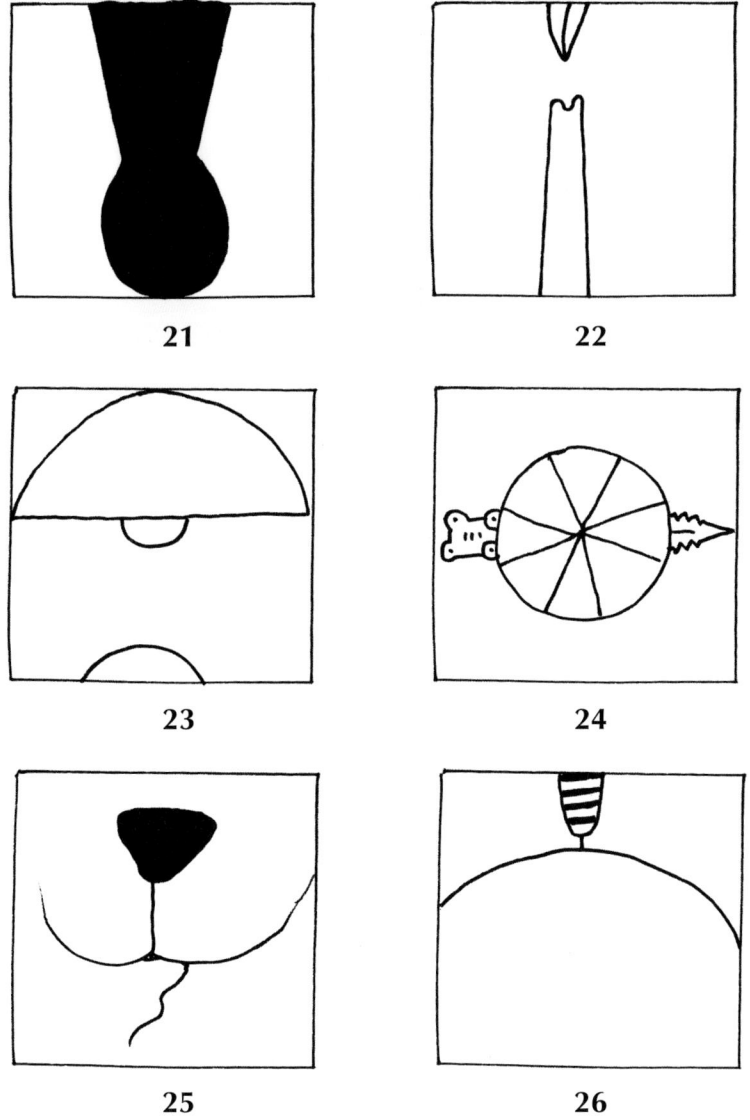

21

22

23

24

25

26

DREI Geschichten
von Mistkäfern,
Eichhörnchen
und Wölfen

Der Käfer Fred

Außergewöhnlich an Fred war nur, dass er sehr gerne sang. Ansonsten war er ein ganz gewöhnlicher Mistkäfer mit glänzendem schwarzem Panzer. Obwohl Fred ein sehr netter Käfer war, hatte er nur einen Freund, den Regenwurm Rolf. Die anderen Käfer glaubten nämlich, dass er furchtbar stinken würde. Dabei stimmte das gar nicht. Fred wusch sich sogar jeden dritten Tag.

Das alles änderte sich, als Freds Onkel starb und ihm all seine Sachen vererbte. Freds Onkel war Gelehrter gewesen. Er hatte das Leben vieler Käfer studiert und war weit herumgekommen. Seine Kisten waren voll mit Büchern. Die fand Fred ziemlich langweilig. In einer Kiste jedoch entdeckte er etwas Besonderes: Westen. Westen zum Anziehen. Da gab es einfarbige, gestreifte, getupfte, matte und schillernd bunte.

Fred probierte eine rote Weste mit schwarzen Punkten an. Sie passte. Fred freute sich. Damit sah er sicher sehr schick aus. Er musste die Weste gleich seinem Freund vorführen.

Der Regenwurm lag im Schatten und döste.

»Rolf!«, rief Fred.

Der Regenwurm öffnete nur ein Auge. »Hallo, Marienkäfer«, sagte er. »Was machst du denn hier?«

Fred stutzte und drehte sich um. Aber es war weit und breit kein Marienkäfer zu sehen. »Rolf«, sagte Fred zögernd und kam näher.

Der Regenwurm riss beide Augen auf. »Du bist ja Fred!«, sagte er. »Ich

habe dich tatsächlich für den Marienkäfer gehalten. Wie kommt das? Was hast du denn da an?«

»Eine Weste!«, antwortete Fred stolz.

»Aha!«, sagte der Regenwurm. »Die sieht genau wie ein Marienkäferpanzer aus.«

Der Regenwurm hatte recht. Mit der Weste sah Fred einem Marienkäfer zum Verwechseln ähnlich.

Fred war begeistert. »Stell dir vor«, sagte er, »wenn das mit den anderen Westen auch funktioniert, dann kann ich mir ja jetzt jeden Tag aussuchen, was für ein Käfer ich sein will!«

Gemeinsam untersuchten sie die Westen. Und sie stellten fest, dass jede einem Käferpanzer bis ins Kleinste glich. Da gab es Sechspunktkäferwesten, Feuerkäferwesten und Gelbrandkäferwesten …

Am nächsten Tag besuchte Fred den alten Maikäfer. Als der alte Maikäfer die Tür öffnete, blickte er Fred lange schweigend an. »Hans?«, riet er dann. »Jochen? Kurt? Anton!«

Fred schüttelte den Kopf. Aber da er wusste, dass der alte Maikäfer ein bisschen kurzsichtig war, gab er sich bald zu erkennen.

»Fred, der Mistkäfer?!?«, sagte der alte Maikäfer. »Das ist ja unglaublich! Du siehst ja genauso aus wie ein Maikäfer!«

Der alte Maikäfer war so angetan von Fred und seiner Weste, dass er ihm sogar versprach, ihn zum nächsten Maikäferfest mitzunehmen.

Fred und seine Westen sprachen sich in der Käferwelt schnell herum. Bald wurde er als »Verwandlungskünstler« zu allen Käferfesten eingeladen und erschien dort in der passenden Weste. Manchmal sang er auch noch ein Lied, und da Fred eine sehr schöne Stimme hatte, gefiel das den Käfern besonders. Keinen störte es mehr, dass Fred ein Mistkäfer war, und niemand dachte mehr daran, dass er vielleicht stinken

könnte. Fred wurde so beliebt, dass er nun oft von anderen Käfern Besuch bekam.

Überall war Fred schon eingeladen worden, sogar bei den scheuen Leuchtkäfern und den wirklich stinkenden Kartoffelkäfern. Aber Freds größter Traum war es, bei den hohen Hirschkäfern eingeladen zu werden. Die hielten sich stets abseits vom übrigen Käfervolk und galten als sehr vornehm und edel.

Als Fred eines Tages mit seinen Freunden, dem Regenwurm und dem Marienkäfer, vor seiner Höhle saß, kam der Tausendfüßler angerannt. Er war Postbote und zog aus seinem siebzehnten Stiefel einen Brief hervor.

»Für Fred«, keuchte der Tausendfüßler. »Von den hohen Hirschkäfern!« Dann rannte er auch schon weiter.

Hastig riss Fred den Umschlag auf und las seinen Brief.

»Was schreiben sie denn?«, fragte der Regenwurm.

»Sehr geehrter Herr Fred!«, las Fred vor. »Wir haben schon viel von Ihren Künsten gehört und möchten Sie deshalb am heutigen Abend zu unserem Ball einladen. Die Hirschkäfer.«

»Aha«, sagte der Regenwurm.

»Oh«, machte der Marienkäfer. »Was für eine Ehre.«

»Nicht wahr? Eine große Ehre«, sagte Fred stolz.

»Das muss ich unbedingt meinen Geschwistern erzählen«, hauchte der Marienkäfer. »Und meiner Nachbarin! Und dem Falter! Und auch der Schnecke! Und dem Laufkäfer …« Damit krabbelte er davon.

»Ich werde gleich meine Hirschkäferweste holen«, sagte Fred und ging in seine Höhle.

»Wie sehe ich aus?«, fragte er den Regenwurm, als er zurückkam. »Recht elegant, nicht wahr?«

Der Regenwurm zögerte.

»Na ja«, sagte er dann. »Also, wenn du mich fragst, ich würde das anders machen: Ich würde eine ganz besonders vornehme Weste anziehen, zum Beispiel die …«

»Nein, nein, nein, das geht doch nicht!«, unterbrach ihn Fred. »Die Hirschkäfer haben doch schon viel von meinen Künsten gehört und wissen deshalb, dass ich genau so aussehen kann wie die anderen Käfer. Also muss ich so aussehen wie sie!«

»Wenn du meinst«, sagte der Regenwurm. »Aber so siehst du jedenfalls nur aus wie ein herausgeputzter Mistkäfer!«

Fred betrachtete sich in einer Pfütze. »Stimmt«, gab er zu. »Was fehlt, ist das Geweih.«

Er dachte nach und schaute dabei auf seinen Freund. Plötzlich lächelte er. »Ich hab eine Idee«, sagte er. »Du turnst doch gerne, oder?«

»Na ja, manchmal«, antwortete der Regenwurm zögernd.

»Du könntest mir vielleicht auf den Kopf klettern und dort Geweih spielen«, schlug Fred vor.

»Wie bitte?«, fragte der Regenwurm.

»Du musst dich nur ein wenig in die Höhe recken«, erklärte Fred. »Probier es doch mal!«

Der Regenwurm überlegte einen Moment. »Meinetwegen«, sagte er dann.

Umständlich kletterte der Regenwurm an Fred hinauf.

»Du musst noch höher!«, befahl Fred. »Sonst sieht es so aus, als hätte ich einen Gummikragen!«

Mit einiger Mühe schaffte es der Regenwurm,
sich mitten auf Freds Kopf zu setzen.

»Jetzt musst du nur noch dein Vorder-
und dein Hinterteil in die Luft recken!«,
sagte Fred.

Der Regenwurm tat es.

»Ja, schon besser. Vielleicht noch einen
kleinen Knick in das obere Ende. Genau so.
Jetzt ruhig halten, bitte!«

Der Regenwurm wurde ganz rot vor Anstrengung.
Seine Enden zitterten.

»Stillhalten bitte!«, ermahnte ihn Fred.

»Ich kann nicht mehr«, sagte der Regenwurm und ließ sich schlaff herunterhängen. Wie zwei rotbraune Zöpfe baumelten nun seine beiden Enden von Freds Kopf herab. »Das ist zu anstrengend«, sagte er.

»Aber das sah doch schon gut aus«, sagte Fred. »Fast genauso wie ein Hirschkäfergeweih!«

Der Regenwurm ließ sich auf den Boden fallen. »So lange stillhalten kann ich aber nicht.«

»Aber dann könntest du doch mit mir kommen. Und das, obwohl du gar nicht eingeladen bist. Denk doch: Was für eine Ehre!«, versuchte Fred ihn zu überreden.

»Du musst ja nicht da oben rumturnen!«, sagte der Regenwurm. »Außerdem interessieren mich die doofen Hirschkäfer gar nicht. Ich kriech nach Hause!«

»Rolf!«, rief Fred ihm nach, aber der Regenwurm sah sich nicht einmal mehr um.

In diesem Moment kam der Marienkäfer zurück. Er schüttelte Fred sämtliche Hände. »Alle senden dir die herzlichsten Glückwünsche zu deiner Einladung«, sagte er.

»Danke, danke. Aber das hilft leider auch nichts. Ich habe doch kein Geweih!«, sagte Fred. »Wie kann ich mich denn so auf den Hirschkäferball wagen.«

»Du kannst vielleicht eine Mütze oder einen Hut aufsetzen«, schlug der Marienkäfer vor. »Dann fällt es nicht so auf.«

Fred seufzte. »Etwas anderes wird mir wohl kaum übrig bleiben.«

Fred setzte sich einen eleganten Zylinder auf und machte sich auf den Weg zu den Hirschkäfern.

Als er dort ankam, wurde es gerade dunkel. Zögernd betrat Fred den hell erleuchteten Ballsaal. Das Fest war bereits in vollem Gang. Die Hirschkäfer standen in Gruppen beisammen oder tanzten zur Musik des Grashüpferquartetts.

Fred schaute sich um und staunte: Die Hirschkäfer waren alle verkleidet – das Fest war ein Maskenball! Einer hatte sich als Glühbirne verkleidet und sein Geweih mit einem Tuch umhüllt, um es zu verstecken. Ein anderer hatte sich Blätter und Äste ans Geweih geklebt und ging als Baum.

Fred stand noch am Eingangsportal, als ein als Indianer verkleideter Hirschkäfer auf ihn zukam.

»Ich darf Sie ganz herzlich zu unserem diesjährigen Maskenball begrüßen«, sagte er und reichte Fred einen Blütenkelch Veilchennektar.

»Danke«, sagte Fred. Er nippte an dem Kelch.

Der Indianer-Hirschkäfer musterte ihn dabei prüfend. »Sie tragen wirklich ein gelungenes Kostüm«, sagte er dann.

»Ja, finden Sie?«, fragte Fred erfreut.

103

»Durchaus! Nicht sehr ausgefallen, aber höchst bemerkenswert! Wirklich beachtlich!« Der Hirschkäfer nickte wohlwollend. Dann neigte er sich zu Freds Ohr und flüsterte ihm zu: »Verraten Sie mir doch – wie haben Sie das gemacht mit dem Geweih?!«

»Ja, ich, also … ich habe nur … den Zylinder aufgesetzt«, antwortete Fred verlegen.

»Einfach so! Sie machen Witze!«, sagte der Indianer-Hirschkäfer und lachte. »Na ja, ich verstehe, dass Sie Ihr Geheimnis nicht gleich preisgeben möchten. Aber ich darf Sie doch dann nachher zu mir auf die Bühne bitten, nicht wahr?«

Fred nickte.

»Wenn Sie mich nun entschuldigen würden.« Der Indianer-Hirschkäfer ging fort, um einen neuen Gast zu begrüßen.

Fred schlenderte durch den Saal. Er stellte sich schüchtern in die Nähe einer kleinen Gruppe und hörte zu, worüber die Hirschkäfer so sprachen. Es ging gerade um ein Nashornkäferrennen, das vor Kurzem stattgefunden hatte. Fred ging bald weiter. Keiner beachtete ihn. Eine Weile schaute Fred den Gästen beim Tanzen zu. Er versuchte, dem Hirschkäfer, der neben ihm stand, seinen Lieblingswitz zu erzählen, doch der lächelte nicht einmal.

Schließlich ging Fred zum Büfett und schlug sich dort den Bauch mit würzigen Kräutern und saftigen Wurzeln voll. Gerade, als er sich noch einen Kelch Veilchennektar griff, kam ein als Hirsch verkleideter Hirschkäfer neben ihn ans Büfett. Er knabberte schmatzend an einem Salatblatt und betrachtete Fred dabei.

»Haben Sie auch schon von diesem Skandal gehört?«, fragte er nach einer Weile.

»Wovon?«, fragte Fred zurück.

»Na, von diesem Skandal, diesem Mistkäfer, der hier heute Abend als Sänger auftreten soll«, erklärte der Hirschkäfer.

»Sänger?!«, sagte Fred erstaunt.

»Ja, ich verstehe Ihre Empörung«, sagte der Hirschkäfer. »Ich weiß auch nicht, was sich die Gastgeber dabei gedacht haben, ausgerechnet einen Mistkäfer einzuladen. Wo wir doch alle wissen, dass diese Käfer die niedersten der Art sind, dass sie stinken und hässlich sind, rülpsen und überhaupt kein Benehmen haben.« Angewidert verzog der Hirschkäfer den Mund. »Vielleicht dachte man, dass dieser Auftritt uns besonders zum Lachen bringen könnte, aber ich halte nichts von dieser Idee.«

»Aber dieser Sänger, das bin doch ich«, stammelte Fred.

Der Hirschkäfer schaute ihn an. »Das kann ja wohl nicht sein«, sagte er und lachte.

In diesem Moment drängte sich der Indianer-Hirschkäfer zu ihnen durch. »Ich habe Sie schon gesucht«, sagte er zu Fred. »Kommen Sie, kommen Sie, wir warten schon auf Sie.«

Der Indianer-Hirschkäfer zerrte Fred durch den Saal zur Bühne. Fred war völlig verwirrt. Sollte er jetzt etwa singen? Auf der Bühne standen schon ein paar kostümierte Hirschkäfer und schienen auf etwas zu warten. Fred nickte ihnen freundlich zu, da zog ihn der Indianer-Hirschkäfer nach vorn.

»Sehr verehrtes Publikum!«, rief er durch eine Flüstertüte. »Hier noch ein interessanter Nachzügler!«

Es wurde ganz still. Fred räusperte sich.

»Der unauffällige Star unseres Maskenballs!«, rief der Indianer-Hirschkäfer.

Fred holte tief Luft. Er wollte gerade anfangen zu singen, da rief der Indianer-Hirschkäfer: »Im ersten Moment vielleicht kein besonderes Kostüm – wäre da nicht dieser Hut! Werte Gäste, sehen Sie genau hin! Wie hat es unser Freund geschafft, sein Geweih unter diesen kleinen Zylinder zu bekommen?! Hat er es gefaltet?! Geknickt?! Gar angesägt?! Das wird er uns hoffentlich noch verraten!«

Das Publikum klatschte.

»Und nun entscheiden Sie«, rief der Indianer-Hirschkäfer. »Welches Kostüm unseres Maskenballs verdient den ersten Preis?!«

Jetzt erst begriff Fred, dass er sich mitten in der Preisverleihung des Kostümwettbewerbs befand – und alle ihn für einen echten Hirschkäfer hielten!

Ehe er sich´s versah, hatte Fred den ersten Preis gewonnen. Man gratulierte ihm und dann wurde ihm feierlich ein Fresskorb überreicht. Die Hirschkäfer klopften Fred auf den Rücken und schüttelten ihm die Hände.

»Wie haben Sie das nur gemacht? Verraten Sie uns doch Ihr Geheimnis«, bat ihn einer nach dem anderen.

»Noch nicht!«, antwortete Fred. »Aber ich werde Geheimnis und Hut bald lüften!«

Er ließ sich noch eine Weile von den begeisterten Hirschkäfern feiern und ging dann in die Nähe des Ausgangs. Dort drehte er sich um und rief: »Jetzt ist es so weit!« Er wartete, bis es ganz still war und ihn alle gespannt ansahen.

Und dann begann er zu singen:

»Ich möchte nun etwas verraten,
worum Sie mich so dringend baten.«

Fred nahm seinen Hut ab. Ein Raunen
ging durch die Menge.

»Ich bin kein Hirschkäfer, nein,
und möchte auch nie einer sein.
Denn dann wär ich ja
dämlich und grämlich
und sehr überheblich
und edel angeblich
und protzig dabei
und hätt ein Geweih.

Auf MEINEM Kopf aber ist nichts zu sehen
und darum werd ich auch gleich wieder gehen.
Dies singt euch Fred, der Mistkäfer-Sänger –
und jetzt bleib ich wirklich nicht länger!«

Da regten sich die Hirschkäfer vielleicht auf! Sie waren richtig empört!
Doch Fred hatte schon seinen Korb genommen und war eilig davongelaufen.
Als er am nächsten Morgen spät aufstand, warteten vor seiner Höhle schon der Regenwurm und der Marienkäfer auf ihn.

»Wie war's?«, fragte der Regenwurm.
»War es sehr festlich?«, wollte der Marienkäfer wissen.
»Es war höchst festlich und ungeheuer vornehm«, antwortete Fred. »Die Hirschkäfer haben mir sogar einen Fresskorb geschenkt.«
»Und du bist wirklich nur mit deiner Weste hingegangen?«, fragte der Regenwurm.

»Nein, ich hatte auch einen Hut auf. Und das war eine sehr wichtige Kleinigkeit, denn ohne diesen Hut hätte ich wohl kaum erfahren, dass die hohen Hirschkäfer gar nicht so besonders edel sind«, sagte Fred. Und dann holte er den Fresskorb, und sie frühstückten gemeinsam, während Fred seinen Freunden von dem Maskenball, vom leckeren Büfett und den überheblichen Hirschkäfern erzählte.

Findetti Dicksten und die Haselnusshexen

Am liebsten isst Findetti Dicksten Haselnüsse. Die sammelt er auch den ganzen Tag. Die Nüsse knackt und knabbert er, wann immer er Appetit hat. Und den hat er fast immer. Wenn die anderen Eichhörnchen Tarzan spielen – dann sucht Findetti Dicksten einen neuen Haselnussstrauch.

Wenn die anderen Eichhörnchen sich Geschichten erzählen – dann findet Findetti Dicksten die dicksten Haselnüsse.

Und wenn die anderen Eichhörnchen sich müde in die Baumkrone legen – dann knabbert Findetti Dicksten noch ein paar Nüsse.

Eines Tages findet Findetti Dicksten einen besonders vollen Strauch mit Haselnüssen. Am Ende eines dünnen Asts hängt eine besonders dicke Haselnuss. Und daneben gleich noch eine. Als Findetti Dicksten eine der beiden Nüsse in die Pfote nimmt, passiert es: Die Nuss beginnt zu sprechen!

»Huuaa!!!«, ruft es schaurig.

Das war Luisa, eine Haselnusshexe.

Haselnusshexen wohnen in Haselnüssen, und sie tun nichts lieber, als Eichhörnchen zu ärgern. Sie zwicken und zupfen und knuffen und schubsen sie. Haselnusshexen können allerdings erst dann aus ihrer Nuss heraus, wenn ein Eichhörnchen Angst vor ihnen hat. Dann lässt es die Nuss nämlich vor Schreck fallen und die Nuss zerspringt am Boden. Aber das klappt immer. Die Eichhörnchen haben schon so viel von den

frechen Haselnusshexen gehört, dass sie anfangen zu zittern, wenn nur jemand ihren Namen
sagt.

Nur Findetti Dicksten nicht. Der war beim
Geschichtenerzählen nicht dabei. Der weiß gar
nicht, dass es Haselnusshexen gibt.

»Huuaa!!!«, ruft Luisa noch einmal. Und sie
freut sich schon darauf, gleich herauskommen
zu können.

Doch nichts passiert.

Denn Findetti Dicksten schaut sich nur erstaunt
um. Aber er sieht niemanden, der etwas gesagt
haben könnte. Deshalb klettert er herunter
vom Strauch. Aber unten ist auch niemand.

»Hallo? Wo bist du denn? Ich kann dich
gar nicht sehen«, ruft er.

Luisa in der Nuss ist wütend.

»He! Ich bin eine Haselnusshexe!«, schreit sie laut, weil sie glaubt, dass das Eichhörnchen schwerhörig ist. Und sie poltert und klopft gegen die harte Haselnussschale.

Aber Findetti Dicksten bekommt keine Angst. Stattdessen untersucht er neugierig die Hexenhaselnuss. Er riecht an ihr. Er klopft. Er schüttelt sie. Aber er kann nichts Ungewöhnliches entdecken. Schließlich stellt er fest: »Du bist doch einfach nur eine dicke Haselnuss!«

So etwas ist noch nie passiert.

Luisa ist so wütend auf Findetti Dicksten, dass sie vor Zorn verpufft. Da ist die dicke Haselnuss auf einmal ganz leicht. Findetti Dicksten klemmt sich die beiden dicken Nüsse unter den Arm und trägt sie nach Hause.

Leila, die andere Haselnusshexe in der anderen dicken Haselnuss, will ihre Sache geschickter anstellen. Sie sucht in ihrem Zauberhandbuch, wie sie dem Eichhörnchen doch noch Angst machen kann.

Leila blättert und sucht und blättert und liest und wird vor Zorn ganz grün.

Denn in ihrem Zauberhandbuch steht: Wenn sie vom Strauch gepflückt wird, muss sie sich innerhalb eines Vierteltages befreien. Weil sie sich sonst verwandelt. Und zwar in eine Haselnuss.

Findetti Dicksten ist bei seinem Baum angekommen. Er stapelt die beiden dicken Haselnüsse auf einen Haufen. Und weil es schon Abend ist, legt er sich hin und schläft ein.

Leila hat sich unterdessen einen gemeinen Plan ausgedacht. Sie muss dem Eichhörnchen doch Angst einjagen! Sie schaukelt so lange hin und her, bis die dicke Haselnuss mit ihr nach unten kullert. Direkt neben Findetti Dickstens Puschelohren. Dann murmelt Leila grimmig eine lange Zauberformel. Sie holt tief Luft und pustet mit aller Kraft gegen

die Haselnussschale. Leila hat ihren Atem heiß gezaubert. Sie will Findetti Dicksten damit kräftig einheizen. Seine Puschelohren sollen nur so qualmen!

Die Nuss wird wärmer und wärmer.

Findetti Dicksten zuckt im Schlaf mit seinem Ohr und wacht auf. Erstaunt schaut er auf die Nuss. Er fasst sie an. So was hat er noch nie erlebt – eine heiße Haselnuss. Er nimmt sie hoch. Da die Nuss aber wirklich sehr heiß ist, kann er sie nicht lange in einer Pfote halten. Er wirft sie deshalb immer hin und her.

Leila wird ganz durcheinandergewirbelt und das Zauberhandbuch zerfällt in seine Einzelseiten.

»Hör sofort auf damit!«, schreit Leila. »Ich bin eine gefährliche Haselnusshexe! Ich werde dich in eine Ameise verwandeln!«

Da lügt sie, denn diesen Trick beherrscht sie gar nicht. Aber sie ist sicher, dass das Eichhörnchen die Nuss gleich vor Schreck fallen lassen wird. Und dann kommt sie heraus und ärgert es. Sie wird das Eichhörnchen zwicken, zupfen, knuffen und schubsen!

Doch nichts passiert. Denn Findetti Dicksten weiß nicht, ob er noch träumt oder schon wach ist. Deshalb legt er die Nuss vorsichtig auf den Boden. Er betrachtet sie. Aber er sieht nichts Ungewöhnliches. »Du bist doch einfach nur eine dicke Haselnuss!«, murmelt er.

Leila wird wieder grün vor Wut und will laut loszetern. Doch dazu bleibt ihr keine Zeit mehr, denn der Vierteltag ist jetzt um.

Den Rest der Nacht schläft Findetti Dicksten ungestört.

Am nächsten Morgen zeigt er den anderen Eichhörnchen die beiden dicken Haselnüsse. Doch als sie sie gemeinsam knacken und knabbern wollen, ist die eine dicke Haselnuss leer. Und die andere schmeckt bitter.

Findetti Dicksten ist enttäuscht. Er erzählt den anderen Eichhörnchen die ganze Geschichte. Die wundern sich sehr. Sie können kaum glauben, dass Findetti Dicksten nicht von den Haselnusshexen geärgert wurde. Und sie merken sich seinen Trick.

Seitdem macht es jedes Eichhörnchen wie Findetti Dicksten: Wenn es auf eine Hexenhaselnuss trifft, hält es die Nuss ganz fest. Es nimmt all seinen Mut zusammen und sagt: »Du bist doch einfach nur eine dicke Haselnuss!«

Und es klappt! Seither ist nie wieder ein Eichhörnchen von einer Haselnusshexe geärgert worden. Aber dafür gibt es manchmal leere Haselnüsse und solche, die bitter schmecken.

Die Wolfsjungen

Am Rand eines Waldes lebte eine Wolfsfamilie. Wolfsvater, Wolfsmutter und zwei Wolfsjungen.

Am Tag war der Vater jagen und die Wolfsjungen blieben bei der Mutter. Sie spielten Fangen und Verstecken und tollten herum, und nur wenn sie zu heftig miteinander tobten, knurrte die Mutter, aber es klang nicht sehr böse.

Wenn der Vater vom Jagen kam, fraßen sie gemeinsam zu Abend, dann balgten die Wolfsjungen noch eine Weile mit dem Vater, und wenn es dunkel wurde, kuschelten sie sich alle aneinander und schliefen.

Manchmal, wenn Vollmond war, träumten die Wolfsjungen schlecht und heulten. Dann leckte die Mutter ihnen mit der Zunge warm übers Gesicht, bis sie wieder eingeschlafen waren.

Der Winter kam. Es lag viel Schnee, und das Jagen wurde immer schwieriger. Die Wolfsjungen froren und blieben oft hungrig. Die Stimmung unter den Wolfseltern wurde gereizt. Manchmal knurrten sie sich an und schnappten sogar nacheinander. Die Wolfsjungen zogen die Schwänze ein und verkrochen sich.

Eines Nachts wachten sie auf, weil sich die Wolfseltern böse anbellten. Der Wolfsvater hatte die Ohren angelegt und fletschte die Zähne. Der Wolfsmutter sträubten sich die Nackenhaare und sie knurrte wütend. Und dann kämpften die Wolfseltern miteinander und bissen sich sogar. Die Wolfsmutter jaulte laut auf und der Wolfsvater stürzte davon. Er hatte die Mutter so gebissen, dass sie blutete. Sie leckte die Wunde und legte sich still zu den Wolfsjungen.

Die Wolfsjungen zitterten noch lange.

Am nächsten Morgen machte sich die Mutter mit den Wolfsjungen auf die Suche nach einem neuen Revier.

Die Wolfsjungen witterten in alle Richtungen nach dem Vater, aber sie rochen ihn nicht. Er war verschwunden.

In der Nacht heulten die Wolfsjungen nach ihm, doch die Mutter tröstete sie nicht.

Nun gingen die Wolfsjungen jeden Tag zusammen mit der Mutter jagen.
Als sie eines Abends nach Hause kamen, witterten sie schon von Weitem den Vater. Er war zurückgekommen.

Die Wolfsjungen bellten und wollten ihm entgegenlaufen, doch die Wolfsmutter knurrte. Ihre Nackenhaare sträubten sich.

Der Wolfsvater duckte sich, als Zeichen der Versöhnung, aber die Mutter fletschte die Zähne.

Die Wolfsjungen fiepten – sie wollten zu ihm. Doch die Mutter ging auf den Vater los, schnappte und biss nach ihm, bis er schließlich davonrannte.

Die beiden Wolfsjungen konnten die Mutter nicht verstehen. Warum durfte der Vater nicht mehr zu ihnen?

»Er ist böse, ich muss euch vor ihm beschützen«, sagte die Wolfsmutter.

Der Sommer kam.

Die Wolfsjungen lernten von der Mutter schwimmen, über Felsen springen und Hasen aufstöbern. Manchmal stießen sie beim Jagen auf die Fährte des Vaters, dann wechselte die Mutter sofort die Richtung.

Die Wolfsjungen merkten dennoch, dass der Vater häufig in ihrer Nähe

war. Oft hörten sie ihn nachts nicht weit entfernt von ihrem Lager bellen, und es klang, als ob er sie rufen würde.

Ein anderes Mal sahen sie ihn am gegenüberliegenden Flussufer stehen und zu ihnen hinüberschauen. Doch sobald die Wolfsmutter merkte, dass er in der Nähe war, sträubten sich ihr die Haare und sie knurrte.

Die Zeit verging und die Wolfsjungen wuchsen heran. Immer seltener hörten sie den Wolfsvater bellen. Allmählich vergaßen sie ihn. Inzwischen waren sie so groß, dass sie allein jagten.

Eines Tages begegneten sie dabei dem Vater.

Die Wolfskinder hatten ein Reh verfolgt und waren dabei in ein fremdes Revier gekommen. Plötzlich nahmen sie die Fährte des Wolfsvaters auf.

Sie schauten sich um – da stand er auf einem Hügel und sah aufmerksam zu ihnen hinunter.

Die Wolfskinder waren unsicher. Was würde der Vater tun? Sie waren in seinem Revier, vielleicht war er wirklich so gefährlich, wie die Mutter sagte? Abwechselnd winselten und knurrten die Wolfskinder, hin- und hergerissen zwischen Freude und Furcht.

Der Wolfsvater kam langsam näher. Gespannt umkreisten sich die drei und beschnupperten sich.

»Ich habe euch vermisst«, sagte der Wolfsvater.

Da waren sie wie wild vor Freude! Die Wolfskinder tollten mit dem Vater durch den Wald, wie sie es früher gemacht hatten, als sie noch kleiner waren.

Erst spät am Abend kamen sie nach Hause.

Als die Mutter den Geruch des Vaters an den Wolfskindern wahrnahm, knurrte sie.

»Er tut uns nichts«, beruhigten die Wolfskinder sie.

119

Von nun an gingen die Wolfskinder oft zu dem Hügel, um den Vater zu treffen und mit ihm gemeinsam zu jagen. Er brachte ihnen manches bei, was sie noch nicht gelernt hatten.

Er lehrte sie, wie sie sich vor dem Bären schützen konnten.

Er zeigte ihnen, wie sie zu zweit eine Schnappfalle öffnen konnten.

Und er machte ihnen vor, wie sie eine Wölfin umschmeicheln sollten, wenn sie verliebt waren.

Als die Wolfssöhne eines Abends nach Hause kamen, war die Mutter nicht da. Die Wolfssöhne warteten, bis der Mond aufgegangen war. Die Wolfsmutter kam nicht. Schließlich gingen sie los, um sie zu suchen. Lange streiften sie durch den Wald und riefen nach ihr.

Der Mond stand schon hoch am Himmel, als auf ihr Rufen endlich ein schwaches Jaulen antwortete.

Die Wolfsmutter lag völlig entkräftet zwischen Farnen und Büschen auf dem Waldboden. Sie war mit einer Pfote in eine Schnappfalle getreten und hatte sich nicht befreien können.

»Ich werde sterben«, sagte sie.

Die beiden Wolfssöhne waren verzweifelt, legten den Kopf in den Nacken und heulten. Doch dann fiel ihnen ein, was der Vater ihnen beigebracht hatte. Sie schafften es, zu zweit die Schnappfalle zu öffnen und die Mutter zu befreien. Gemeinsam schleppten sie sie nach Hause.

Tage später ging es der Mutter endlich besser.

»Woher wusstet ihr, wie ihr mich befreien könnt?«, fragte sie.

»Der Vater hat es uns gezeigt«, antworteten die Wolfssöhne.

Die Wolfsmutter knurrte leise. Doch dann sagte sie: »Sagt ihm ›Danke‹ von mir, wenn ihr ihn das nächste Mal trefft.«

Die Wunde verheilte schnell. Bald konnte die Wolfsmutter wieder jagen.

Die Wolfssöhne waren nun so groß, dass sie sich ein eigenes Revier suchten. Und eine Wölfin, mit der sie leben und Wolfsjunge haben wollten.

Die Wolfsmutter und der Wolfsvater blieben jedoch allein. Sie sahen sich nicht wieder. Aber die Wolfssöhne besuchten sie: manchmal die Mutter und manchmal den Vater.

VERSTECKTE TIERE

Anne ist bei ihren Eltern zu Besuch. Beim gemeinsamen Frühstück sagt Paul zu Anne: »Weißt du, dass in deinem Eidotter ein Tier versteckt ist?«

»Klar!«, sagt Anne. »Im Eidotter steckt der Otter. Aber in deinem Eigelb ist auch ein Tier!«

Da muss Paul erst eine Weile nachdenken, bis er im Eigelb den Igel entdeckt.

Nach dem Frühstück suchen beide zusammen Wörter, in denen sich ein Tier versteckt:

Eiswaffel

Drehtür

Hochseil

Radlerhose

Leselampe

Gastarbeiter

Stemmeisen

Tariflohn

Radachse

Musikalbum

Tanzsaal

Ehering

Wasserschwall

Freundschaft

Ziegelstein

Duschwand

Schrebergarten

Rentenbescheid
Organspende
Zwischenteil
Dampfautomat
Schotterstraße

Noch schwieriger wird es, wenn man Vornamen finden soll, in denen sich ein Tier versteckt hat:

Bärbel
Melchior
Walter
Renate
Wolfgang
Klaus
Eberhart
Lieselotte
Amadeus

Und am allerschwierigsten ist es, Tiernamen zu finden, in denen sich ein anderes Tier versteckt hat:

Grauhuhn
Ameisenbär
Albatross

Dornschwanz
Schwalbe
Tyrannosaurus
Schlammfisch
Dasselfliege
Hammerhai
Salamander
Giraffe

Isidor, der Igel liest wöchentlich den SPIEGEL

Giselher, das Gürteltier liest jede Nacht bis gegen vier

Adalbert, der Auerhahn guckt sich lieber Comics an

Kunibert, das Krokodil liest sehr schnell und auch sehr viel

Peter Paul, der Pelikan

greift am liebsten zum Roman

Zeno, der Zitronen=falter

ist recht belesen für sein Alter

Eduard, der Elefant

nimmt gern ein Gruselbuch zur Hand

Leonhard, der Leguan

schaut sich Bilderbücher an

Balduin, der Biber

mag Märchenbücher lieber

Spartakus, das sanfte Schwein

guckt gern mal in 'nen Krimi rein

ZWEI Geschichten vom Einschlafen

Ein Glas Milch

Prinzessin Laura-Luise konnte einfach nicht einschlafen, obwohl sie es wirklich ganz, ganz stark versuchte.

Ihr Vater, der König, hatte ihr schon zwei Geschichten vorgelesen, aber sie schlief immer noch nicht. Also las er auch noch eine dritte vor. Danach gähnte er tief »Uaaaah« und fragte vorsichtig: »Schläfst du jetzt?«

»Nein«, antwortete die Prinzessin Laura-Luise. »Außerdem ist das eine ganz doofe Frage.«

»Na, hör mal! Wie redest du mit deinem Vater?«, sagte der König. »Wieso ist das eine doofe Frage?«

»Weil man darauf nur mit Nein antworten kann«, entgegnete die Prinzessin Laura-Luise. »Wenn man nämlich schläft, kann man nicht Ja sagen.«

»Da ist etwas Wahres dran«, gab der König zu. »Muss ich jetzt noch eine vierte Geschichte vorlesen? Oder gibt es vielleicht etwas anderes, das dich endlich einschlafen lässt?«

Die Prinzessin Laura-Luise dachte eine Weile nach und sagte dann: »Wenn ich ein Glas warme Milch bekäme, könnte ich vielleicht einschlafen.«

»Warme Milch?«, rief der König. »Nichts leichter als das.«

Und schon rannte er durch das königliche Treppenhaus hinunter zur königlichen Hofküche.

Der Oberhofkoch schreckte hoch, als der König in die Hofküche stürmte. Er hatte sich nämlich gerade auf seinen Oberhofkochstuhl gesetzt, um ein wenig zu schlummern.

»Die Prinzessin Laura-Luise kann nicht einschlafen. Ich brauche sofort ein Glas warme Milch!«, rief der König.

»Nichts leichter als das, Hoheit«, sagte der Oberhofkoch.

»Na also«, sagte der König. »Dann fang mal gleich an!«

Der Oberhofkoch wiegte den Kopf hin und her und sagte zögernd: »Es gibt allerdings ein Problem dabei.«

»Ein Problem?«, fragte der König.

»Um die Milch zu wärmen, muss ich den Oberhofkochküchenherd an- schüren. Leider habe ich kein Kleinholz«, sagte der Oberhofkoch. »Aber schon morgen früh kommt der königliche Holzfäller und bringt wel- ches.«

»Denkst du, ich will bis morgen früh warten?«, rief der König, schwang sich auf sein Pferd und ritt zum Holzfäller.

Der Holzfäller hatte es sich in seinem hölzernen Schaukelstuhl bequem gemacht und war gerade dabei einzuschlafen, als plötzlich der König in seine Hütte stürmte.

Der Holzfäller schreckte hoch und fragte: »Womit kann ich dienen, gnädiger Herr König?«

Der König sagte: »Die Prinzessin Laura-Luise kann nicht einschlafen und möchte ein Glas warme Milch. Der Oberhofkoch soll sie warm machen, aber er kann den Herd nicht anschüren, weil er kein Kleinholz hat. Also brauche ich Kleinholz. Und zwar schnell.«

»Nichts leichter als das«, sagte der Holzfäller.

»Na also«, sagte der König. »Dann fang mal gleich an!«

Der Holzfäller sagte: »Es gibt allerdings ein Problem dabei.«

»Ein Problem?«, fragte der König.

»Um Kleinholz zu machen, muss ich einen großen Holzklotz zerhacken. Aber mein Beil ist stumpf geworden«, sagte der Holzfäller. »Gleich morgen früh gehe ich zum königlichen Schmied und lasse das Beil schärfen.«

»Denkst du, ich will bis morgen früh warten?«, rief der König, ergriff das Beil des Holzfällers, schwang sich auf sein Pferd und ritt damit zum Schmied.

Der Schmied saß in seiner Werkstatt auf einem Schmiedehocker, hatte die Beine auf den Amboss gelegt, schlief und schnarchte wie ein Walross, als der König hereinkam. Er sprang auf, als er seinen König erkannte, verbeugte sich tief und fragte: »Womit kann ich dienen, Herr König?«

Der König sagte: »Die Prinzessin Laura-Luise kann nicht einschlafen und möchte ein Glas warme Milch. Der Oberhofkoch soll sie warm machen, aber er kann den Herd nicht anschüren, weil er kein Kleinholz hat. Der Holzfäller soll das Holz klein hacken, aber kann es nicht, denn das Beil ist stumpf. Du sollst es schärfen.«

»Nichts leichter als das«, sagte der Schmied.

»Und was ist diesmal das Problem dabei?«, fragte der König.

»Problem?«, fragte der Schmied. »Wieso? Es gibt kein Problem.«

Und im Nu hatte er das Beil geschärft.

Der König bedankte sich und brachte es dem Holzfäller.

Es dauerte gerade mal achteinhalb Minuten, da hatte der Holzfäller schon ein ganzes Bündel Kleinholz gehackt, es gut verschnürt und dem König gereicht.

Der schwang sich aufs Pferd und ritt damit zurück zum Schloss, wo der Oberhofkoch gleich Feuer im Herd machte, einen Topf mit Milch aufsetzte und sie gerade so lange auf dem Herd ließ, dass sie gut warm wurde, aber trotzdem keine Haut bekam. Das ist eine große Kunst, die nur die wenigsten Köche beherrschen. Aber schließlich war er ja auch Oberhofkoch.

Die warme Milch wurde in einen königlichen Kristallbecher geschüttet, aufs königliche Silbertablett gestellt und schon stieg der König damit hoch zum Schlafzimmer der Prinzessin Laura-Luise.

»Jetzt kannst du endlich einschlafen, denn hier bringe ich dir deine …«, fing er an, verstummte aber schnell. Denn die Prinzessin Laura-Luise lag friedlich schlafend in ihrem Daunenbett.

»Hm. Und was macht man mit einer schönen warmen Milch ohne Haut, die nicht gebraucht wird?«, fragte sich der König. Er flüsterte natürlich, um seine Tochter nicht zu wecken. »Wäre es nicht schade, sie einfach wieder kalt werden zu lassen? Ja, das wäre sogar sehr schade!«

Also setzte er sich in einen der königlichen Hofsessel und trank den Becher in einem Zug leer.

Dann wischte er sich die letzten Milchtropfen von den Spitzen des königlichen Schnurrbarts und murmelte: »So eine schöne, warme Milch schmeckt nicht nur gut, sie macht auch ziemlich …«

Mehr sagte er nicht. Denn nun war auch der König eingeschlafen.

Alles falsch!

Abends, wenn Mama und Papa Julia ins Bett bringen, dann ist das immer so:

Papa fängt an. Er sagt zum Beispiel: »Julia, es ist schon spät!«, oder: »Bist du nicht schrecklich müde?«

Doch das ist alles noch nicht so ernst gemeint. Erst wenn Mama sagt: »Jetzt ist es aber Zeit fürs Bett!«, wird es brenzlig.

»Ach nein«, widerspricht Julia dann, aber wenn Mama darauf mit »Doch! Waschen, Zähne putzen, Bett hüpfen!« antwortet, gibt es kein Hinausschieben mehr.

Mama geht mit Julia ins Bad und hilft ihr beim Ausziehen. Beim Waschen singt Julia ein selbst erfundenes Lied:

»Sonne, Mond und Sterne

habe ich so gerne,

lieber noch als Wurst,

und jetzt hab ich Durst.«

Das singt sie immer, egal, ob sie wirklich Durst hat oder nicht. Das gehört einfach dazu. Während Mama ihr die Haare kämmt und einen Zopf flicht, damit sich die Haare in der Nacht nicht so verknoten, schneidet Julia Grimassen und betrachtet sich dabei im Spiegel. Manchmal erzählt sie Mama aber auch, was am Tag so alles passiert ist.

Dann kommen die Zähne dran. Julia muss sie so lange putzen, bis der Sand in der Giraffeneieruhr durchgerieselt ist.

Jetzt ist Julia im Bad fertig und rennt in ihr Zimmer. Im Bett wartet sie auf Papa. Der liest ihr nämlich noch aus einem Buch vor. Julia hat eine Lieblingsgeschichte, bei der hat Papa ganz verschiedene Stimmen, je nachdem, wer in der Geschichte gerade redet. Wenn Papa fertig ist, gibt er ihr ein Küsschen, sagt: »Gute Nacht, träum schön«, und geht. Aber das Licht macht er noch nicht aus, denn jetzt kommt Mama noch einmal. Mama singt immer ein kleines Einschlaflied:
»Lalelu, nur der Mann im Mond schaut zu, wenn die kleinen Julias schlafen, so schlaf auch du!«
Dafür bekommt sie von Julia mindestens drei Küsschen und dann geht Mama. Die Tür bleibt aber einen Spaltbreit offen, sodass Julia das Licht im Gang sehen kann. Und dann schläft sie ein.

Eines Tages wollen Mama und Papa schön essen gehen und danach ins Kino. Ohne Julia. Und deshalb kommt Tante Hanna zu Besuch, um auf Julia aufzupassen und sie später ins Bett zu bringen.

Julia mag Tante Hanna. Sie ist ihre Patentante. Mit ihr kann sie lustig, aber auch ernst sein, und außerdem backt Tante Hanna ganz leckere Pfannkuchen. Die macht sie auch an dem Abend, als Mama und Papa weg sind.

»Noch einen!«, ruft Julia, obwohl sie schon drei gegessen hat, und Tante Hanna macht ihr noch einen vierten Pfannkuchen. Danach spielen sie Memory. Nach der zweiten Runde guckt Tante Hanna auf die Uhr. »Oh, es ist ja schon nach acht. Ich glaube, ich muss dich jetzt ins Bett bringen«, sagt sie.

»Erst nach der nächsten Runde, ja?«, sagt Julia. »Bitte, bitte.«

»Na gut«, gibt Tante Hanna nach.

Aber nach der nächsten Runde will Julia immer noch nicht ins Bett.

»Noch ein Spiel«, bettelt sie.

»Nein, du musst jetzt schlafen gehen«, sagt Tante Hanna bestimmt. »Du bist doch bestimmt auch schon müde.«

»Kein kleines bisschen«, sagt Julia. »Ich will noch was spielen!«

Sie steht auf und läuft zu dem Schrank, in dem die Spiele liegen.

»Nein, Julia!«, sagt Tante Hanna ein bisschen strenger als sonst.

»Du bist gemein«, mault Julia.

»Komm, ich bring dich jetzt ins Bett«, sagt Tante Hanna. »Ich les dir auch noch was vor.«

Julia verschränkt die Arme vor ihrer Brust. »Ich geh erst ins Bett, wenn du den Spruch sagst«, sagt sie.

»Was für einen Spruch?«, fragt Tante Hanna.

»Den Mama immer sagt«, antwortet Julia.

»Meinst du so eine Art Bettgeh-Zauberspruch?«, fragt Tante Hanna. »Hokuspokus, geh ins Bett? Oder: Julia, werd müde, Simsalabim? Oder: Bettchen, öffne dich?«

Julia muss lachen. »So ein Quatsch. Nein, der heißt ganz anders: Waschen, Zähne putzen, Bett hüpfen.«

»Ach so«, sagt Tante Hanna. Sie stellt sich an die Tür und sagt: »Also los: Waschen, Zähne putzen, Bett hüpfen!«

Julia geht ins Bad. Tante Hanna hilft ihr beim Ausziehen. Während des Waschens singt Julia wie immer ihr Lied:

»Sonne, Mond und Sterne
habe ich so gerne,
lieber noch als Wurst,
und jetzt hab ich Durst.«

Nach dem zweiten Mal sagt Tante Hanna: »Moment«, und geht hinaus. Julia wundert sich und wartet. Tante Hanna kommt mit einem Glas Wasser zurück. »Hier«, sagt sie.

»Nein, danke«, sagt Julia höflich.

»Willst du was anderes, ein Glas Milch vielleicht?«, fragt Tante Hanna. Julia schüttelt den Kopf.

»Was trinkst du denn sonst immer abends?«, fragt Tante Hanna.
Julia zuckt mit den Schultern. »Gar nichts«, sagt sie.
»Hm«, macht Tante Hanna etwas ratlos und stellt das Glas Wasser auf
der Badewanne ab.

»So, und jetzt Zähne putzen.«
»Nein, das ist doch falsch!«, widerspricht Julia. »Jetzt kommen erst die
Haare dran.«
»Die Haare?«, fragt Tante Hanna.
»Die musst du kämmen und flechten, damit sie sich in der Nacht nicht
verknoten«, erklärt Julia.

»Ach so«, sagt Tante Hanna und fängt an zu kämmen. Julia schneidet
Grimassen.
»Tut's weh?«, fragt Tante Hanna besorgt.
»Nein«, sagt Julia und schneidet keine Grimassen mehr.

Danach werden die Zähne geputzt. Tante Hanna vergisst, die Giraffen-eieruhr umzudrehen. Aber das sagt Julia nicht. Danach rennt sie in ihr Zimmer.

»Jetzt musst du als Papa kommen und mir was vorlesen«, ruft Julia. Sie liegt im Bett und wartet. Da kommt Tante Hanna. Sie hat sich die Strick-jacke von Papa übergezogen und seine großen Schuhe. Julia lacht. »Was soll ich dir denn heute vorlesen?«, fragt Tante Hanna mit nachgemach-ter tiefer Papa-Stimme. Julia gibt ihr ihr Lieblingsbuch. Tante Hanna liest daraus vor. Aber sie verstellt ihre Stimme gar nicht, wenn ein anderer spricht. »Du machst das falsch!«, beschwert sich Julia. »Die Hexen spre-chen doch ganz anders!«

Tante Hanna versucht es genauso zu machen wie Papa, aber Julia ist trotzdem nicht ganz zufrieden.

»Und jetzt?«, fragt Tante Hanna.

»Jetzt musst du als Papa gehen und als Mama wiederkommen«, sagt Julia.

Tante Hanna geht hinaus und kommt ohne große Schuhe und Strick-jacke wieder herein.

»Jetzt musst du singen«, befiehlt Julia.

»Was denn?«, fragt Tante Hanna.

Julia will nicht vorsingen. Deshalb antwortet sie nicht.

»Vielleicht: Guten Abend, gut' Nacht?«, schlägt Tante Hanna vor.

»Nein!«, widerspricht Julia. »Es geht los mit Lalelu …«
»Ach ja, das kenne ich«, sagt Tante Hanna und fängt an:
»Lalelu, nur der Mann im Mond schaut zu, wenn die kleinen Babys schlafen, so …«

»Nein, das stimmt nicht!«, schreit Julia. »Ich bin doch kein Baby mehr. Das heißt anders. Du machst alles falsch, jetzt kann ich bestimmt nicht einschlafen.«
»Das tut mir leid«, sagt Tante Hanna. »Ich weiß einfach nicht, wie ihr das immer macht.« Julia hat sich beleidigt auf die Seite gedreht.
»Bei mir war das früher nämlich ganz anders«, sagt Tante Hanna. »Ich musste immer gleich nach dem Sandmännchen ins Bett, mit meiner Schwester, obwohl die ein Jahr jünger ist als ich. Das fand ich immer gemein.«
Julia dreht sich wieder um und hört Tante Hanna zu.

»Unser Papa hat uns im Wohnzimmer Gute Nacht gesagt und uns einen Kuss gegeben. So.« Tante Hanna gibt Julia einen Kuss auf die Stirn. »Danach sind wir mit Mama in unser Zimmer gegangen. Mama hat noch ein Lied gesungen und meine Schwester und ich haben ganz laut mitgesungen.«

»Und dann?«, fragt Julia.

»Dann ist Mama gegangen und hat das Licht ausgemacht. Und weil wir nichts vorgelesen bekommen haben, haben meine Schwester und ich uns immer noch eine Geschichte erzählt. Die haben wir uns selbst ausgedacht. Aber vorher haben wir geknobelt, wer dran ist.«

»Was waren denn das für Geschichten?«, fragt Julia.

Tante Hanna überlegt. »Hm. Meine Schwester hat immer ganz gruselige Geschichten von einem Krokodil unterm Bett erfunden.«

»Au ja, erzähl mal«, bittet Julia.

Tante Hanna lacht. »Dafür ist es jetzt schon zu spät. Aber vielleicht das nächste Mal.«

»Hm«, brummt Julia.

»Gleich kommen deine Eltern zurück und du schläfst immer noch nicht«, sagt Tante Hanna. Sie gibt Julia ein Küsschen. »Meinst du, du kannst jetzt einschlafen?«

»Ich versuch's mal«, sagt Julia, umarmt sie und gibt ihr auch ein Küsschen.

Als Tante Hanna hinausgeht, macht sie im Gang das Licht aus.

»Das ist falsch, das Licht bleibt an!«, ruft Julia aus ihrem Zimmer.

»Entschuldige«, ruft Tante Hanna zurück und macht das Licht wieder an.

Bevor Mama und Papa zurückkommen, ist Julia tatsächlich eingeschlafen.

Als Julia am nächsten Tag mit Mama und Papa beim Frühstück sitzt, fragt
Mama: »Na, hat gestern alles geklappt mit Tante Hanna?«

»Erst hat sie alles falsch gemacht«, antwortet Julia. »Aber dann ging's
doch.«

Mama lächelt.

»Und darf sie dich wieder mal ins Bett bringen, wenn wir abends weg-
wollen?«, fragt Papa.

Julia überlegt einen Moment. »Ja, schon«, antwortet sie. »Aber dann soll
sie es gleich so machen wie bei ihr früher. Mit laut singen und Geschichten vom Krokodil unterm Bett.«

GLEICHER ANFANGSBUCHSTABE

Manchmal, wenn Anne und Paul wirklich nichts Besseres zu tun haben, spielen sie dieses Spiel: Einer fängt an und schreibt einen kurzen Satz, bei dem alle Wörter mit dem gleichen Buchstaben beginnen müssen. Der Nächste fügt ein neues Wort ein. Das geht abwechselnd so weiter, bis schließlich ein ganz langer Satz entstanden ist, zu dem keinem der beiden ein neues Wort mit dem gleichen Anfangsbuchstaben einfällt.

P: Alle Ameisen arbeiten.
A: Alle alten Ameisen arbeiten.
P: Alle alten Ameisen arbeiten am Abend …
ENDE: Alle alten Ameisen arbeiten angestrengt am Abend, aber alle arbeitsunwilligen Adler angeln abends ab acht amerikanische Aale aus Alaska.

A: Herrenlose Hunde heulten.
P: Hundert herrenlose Hunde heulten.
A: Hundert herrenlose Hunde heulten heute …
ENDE: Hundert hagere, herrenlose Hunde heulten heute höllisch hinter Herrn Hubers hohem Holzhaus.

P: Elf elegante Elefanten essen.
A: Elf elegante Elefanten essen eifrig.
P: Elf echt elegante Elefanten essen eifrig Eis, ehe … (Bitte weitermachen!)

Dies ist der längste Text, der auf diese Weise entstanden ist:
Drei dicke dänische Diplomaten drohten dem deutschen Dichter Dieter Dachs, denn der drückte dauernd dem dopingverdächtigen dänischen Dauerläufer Daniel Drumström die Daumen. Dabei disqualifizierte Dänemarks Dopinggericht Daniel Drumström dauerhaft. Doch der deutsche Dichter Dieter Dachs denkt, dass das Dopinggericht Dänemarks den Dauerläufer Daniel Drumström dabei denunzierte. Dies disqualifiziere das Dopinggericht deutlich, diktierte der deutsche Dichter den Druckereibesitzern. Die druckten das. Das Druckerzeugnis deklassierte die dänischen Diplomaten dergestalt, dass die drei davonliefen. Dadurch drohen den Druckereibesitzern deutliche Disziplinarstrafen durch den deutschen Druckbeauftragten, Doktor Detlef Dorrmann.

**Beeren wäscht man vor dem Essen,
bei Bären kannst du das vergessen.**

EINE lange Geschichte
von einem Jungen,
der keine Geschichten
erzählen konnte

Die Geschichte vom Jungen, der keine Geschichten erzählen konnte

Pestalozzistraße vier, das war das Haus, in dem Konrad lebte. Dort wohnte er zusammen mit seinen Eltern und seiner kleinen Schwester im ersten Stock links.

Konrad, das ist der Junge, von dem diese Geschichte erzählt. Der Junge, der keine Geschichten erzählen konnte.

Wenn zum Beispiel Konrads kleine Schwester fragte: »Konrad, erzählst du mir eine Geschichte?«, antwortete er: »Du weißt doch, ich kann keine Geschichten erzählen.«

Konrads kleine Schwester hieß übrigens Sofie.

Manchmal konnte Sofie nachts nicht einschlafen und drehte sich so lange hin und her, bis ihr Bruder drüben im anderen Bett wieder wach wurde und flüsterte: »Jetzt schlaf doch endlich!«

Aber wenn sie dann sagte: »Ich könnte einschlafen, wenn du mir eine Einschlafgeschichte erzählst«, antwortete Konrad bestimmt: »Du weißt doch, ich kann keine Geschichten erzählen.«

Konrads Eltern erzählten liebend gern Geschichten. Früher hatten sich sein Vater und seine Mutter nie einigen können, wer Konrad und seiner kleinen Schwester zuerst eine Geschichte erzählen durfte. Es kam sogar zum Streit deswegen. Aber weil Konrads Eltern verträgliche Menschen waren, fanden sie bald eine Lösung. Sie beschlossen, dass mal der eine, mal die andere erzählen durfte, immer schön abwechselnd, und achte-

ten darauf, dass diese Regel streng eingehalten wurde. Zu diesem Zweck führten sie eine Liste. Hatte Vater eine Geschichte erzählt, schrieb Mutter mit dem Bleistift ein R aufs Papier, nach Mutters Erzählung malte Vater ein schönes rundes O.

Das R und das O erklärt sich daraus, dass Konrads Vater mit Vornamen Roland hieß, seine Mutter Olivia.

Bei einem Blick auf die Liste konnte man sehen, dass sich beide an die Regel hielten. In den vielen Buchstabenreihen, die da untereinanderstanden, wechselten sich R und O immer hübsch ab. Neuerdings stand zwischen all den R und O manchmal ein winziges S. Das bedeutete »Sofie«. Konrads Schwester fing nämlich auch schon an, Geschichten zu erzählen, allerdings recht kleine. Aber sie war ja auch noch klein.

Meistens hatten Vater und Mutter beim Frühstück einen Bleistift neben der Teetasse liegen, um gleich ein O oder R in die Liste eintragen zu können, wenn der andere eine Geschichte begann. Denn am liebsten erzählten sie während des Frühstücks. Besonders am Samstag oder Sonntag.

Nun kann man ja nicht immer gleich erkennen, ob es sich um eine Geschichte handelt, wenn einer etwas sagt. Ein Satz wie »Olivia, würdest du mir bitte mal die Erdbeermarmelade reichen?« ist noch keine Geschichte. Der zählt natürlich nicht.

Aber es kam vor, dass Vater dann mit dem Marmeladenglas in der Hand versonnen vor sich hin guckte, ohne die Marmelade aufs Brot zu streichen, und so anfing: »Das erinnert mich an meinen Großvater. Einmal, da war ich vielleicht acht oder neun, fragte Opa beim Mittagessen nach Erdbeermarmelade. Beim Mittagessen, wohlgemerkt. Wir dachten erst, wir hätten uns verhört, denn es gab Sauerbraten mit breiten Nudeln, wie immer am zweiten September.«

150

Das führte natürlich dazu, dass Mutter sofort nach dem Bleistift griff und ein neues R in die Liste eintrug.

Überhaupt führten alle Sätze, die mit »Einmal«, »Vor langer Zeit«, »Eines Tages« oder gar mit »Es war einmal« begannen, unverzüglich zu einem neuen O oder R auf der Liste.

Seinen Eltern war es natürlich aufgefallen, dass Konrad keine Geschichten erzählen konnte, und sie grämten sich deswegen.

Aber sie trösteten sich gegenseitig und sagten oft: »Es wird schon werden« oder »Manche Kinder entwickeln sich eben langsamer als andere« oder »Man darf ihn nicht drängen«.

Als Konrad zwölf Jahre alt war und immer noch keine Geschichten erzählen konnte, drängten sie ihn doch.

Es war Samstagmorgen, die Familie saß am Frühstückstisch, da sagte Vater nach einem Blick in die Liste: »Der letzte Buchstabe ist ein O. Eigentlich bin ich jetzt dran. Aber vielleicht hat Konrad ja Lust, eine Geschichte zu erzählen.«

»Das wäre schön«, sagte Mutter. »Heute ist ein so gemütlicher Regentag.«

Konrad sagte: »Ihr wisst doch, ich kann keine Geschichten erzählen.«

»Du meinst, du *willst* keine Geschichten erzählen«, verbesserte ihn sein Vater.

»Nein, ich kann es nicht«, antwortete Konrad. »Ich weiß nicht, wie es geht, und ich weiß nicht, was ich erzählen soll.«

»Fang doch mal so an: Vor langer, langer Zeit …«, half ihm sein Vater.

»*Vor langer Zeit* ist doch viel zu ungenau«, sagte Konrad. »Da müsste ich doch erst wissen, was du unter einer langen Zeit verstehst. Denkst du dabei an hundert Jahre oder eher an tausend? Vor tausend Jahren zum Beispiel herrschte Kaiser Heinrich der Zweite, vor mehr als hundert Jahren, also 1904, wurde der Fußballverein Schalke gegründet. Daher der Name Schalke 04.«

Konrad hatte eine Eins in Geschichte und kannte sich mit Sport sehr gut aus.

Seine Mutter sagte: »Ist schon gut. Dann versuch es doch mal mit diesem Anfang: Eines Tages …«

»Was heißt *eines Tages*?«, sagte Konrad. »Woher soll ich wissen, von welchem Tag du sprichst, Mama? Meinst du einen normalen Werktag oder einen Feiertag? Ich kann dir doch nicht von einem Tag erzählen, wenn ich nicht einmal weiß, welcher gemeint ist.«

Konrads Mutter seufzte.

»Erzähl uns einfach, was du gestern erlebt hast«, schlug sein Vater vor.

»Gestern war ich in der Schule. Wir hatten erst Mathe, dann Deutsch, dann Bio und dann zwei Stunden Sport. Dann bin ich nach Hause gegangen und habe Hausaufgaben gemacht. Dann habe ich noch ein bisschen am Computer gesessen und später bin ich dann ins Bett gegangen«, sagte Konrad.

Vater und Mutter blickten sich an und schüttelten den Kopf. Nein, das war keine Geschichte.

Seine kleine Schwester Sofie kam ihm zu Hilfe. »Ich fange immer so an: Es war einmal eine Maus«, fing sie an.

»Spitzmaus, Hausmaus oder Wühlmaus?«, fragte Konrad, der sich auch in Biologie bestens auskannte. »Die Mäuse gehören zur Gattung der Nagetiere. Man unterscheidet zwei Gruppen, die echten Mäuse und die Wühlmäuse. Dann gibt es natürlich eine Menge Untergruppen, wie zum Beispiel die Feldmaus, die Wollmaus und die Erdmaus …«

»Meine Maus heißt Micky«, sagte Sofie.

»Deine Maus? Du hast doch gar keine«, sagte Konrad. »Im Gegensatz zu mir. Ich habe eine. Sie hängt an meinem Computer. Aber die hat keinen Namen, sie heißt einfach nur Maus.«

Nun seufzte auch sein Vater. »Ich merke, du weißt wirklich nicht, wie man Geschichten erzählt«, sagte er.

Eine Weile war es nun ruhig am Frühstückstisch. Vater und Mutter schauten interessiert zu, wie Konrad eine Scheibe Toast mit Butter bestrich, sie dann mit Schinkenwurst belegte, etwas Käse darüberschichtete, dann noch eine Scheibe Fleischwurst, schließlich zwei Gürkchen obenauf türmte und das Ganze zum Mund balancierte, ohne dass die Gürkchen abstürzten.

Vater sagte leise zu Mutter: »Wenn er nur so gut erzählen könnte, wie er isst! Ich fürchte, wir müssen den Jungen zu Fräulein Muhse schicken. Sie wird ihm das Erzählen bestimmt beibringen.«

»Zu Fräulein Muhse? Meinst du wirklich?«, flüsterte Mutter zurück. »Das würde ihn aber ziemlich anstrengen.«

»Er wird es schon überstehen«, flüsterte Vater.

»Aber wenn sie dazu drei Tage braucht, wie bei dir damals?«, fragte Mutter leise.

»Wäre das so schlimm? Er hat gerade Herbstferien und müsste nicht mal die Schule schwänzen«, flüsterte Vater. »Wir schicken ihn zu ihr, ja?«

Sofie hatte mit großen Ohren gelauscht und alles verstanden.

Sie rief: »Aber Fräulein Muhse ist doch eine Hexe, das hat mir Lea erzählt.«

Konrad hörte auf zu kauen und fragte: »Lea? Wer ist denn Lea?«

»Die geht mit mir in den Kindergarten«, sagte Sofie.

»Ach so«, sagte Konrad und kaute weiter.

Mutter sagte zu Sofie: »Sag Lea, sie soll nicht immer so dumme Sachen erzählen. Fräulein Muhse ist keine Hexe!«

»Eine Zauberin?«, fragte Sofie.

»Auch das nicht. Sie ist eine ganz gewöhnliche Frau. Sie war das Kindermädchen von deinem Opa Wolfgang«, sagte Mutter. »Davor hat sie

sogar schon den Vater von Opa Wolfgang im Kinderwagen herumgefahren. Sie ist durch und durch vertrauenswürdig.«

Konrad sagte: »Und zu der wollt ihr mich schicken? Weshalb denn?«

»Konrad, du leidest doch darunter, dass du keine Geschichten erzählen kannst«, fing Konrads Vater an. »Und deswegen …«

Konrad unterbrach ihn: »Ich leide kein bisschen. Ihr erzählt schon so viele Geschichten, dass kaum noch Platz auf der Liste ist. Weshalb sollte ich da auch noch welche erzählen?«

»Hm«, machte Vater und sagte zu Mutter: »Vielleicht kannst du es ihm klarmachen.«

Mutter gab sich einen Ruck, setzte sich kerzengerade auf und sagte: »Konrad, du gehst auf der Stelle zu Fräulein Muhse, Calliopestraße 12, sagst ihr einen Gruß von deinen Eltern und sie möchte dir bitte das Geschichtenerzählen genauso beibringen wie damals uns, deinem Großvater und deinem Urgroßvater. Die Rechnung soll sie dann an Papas Adresse schicken.«

»Jetzt gleich?«, fragte Konrad. »Aber es regnet doch.«

»Du kannst ja einen Regenschirm mitnehmen«, sagte sein Vater. »Und sag Fräulein Muhse, sie möchte in der Rechnung bitte die Mehrwertsteuer nicht vergessen.«

Konrad hatte sich vorgestellt, dass Fräulein Muhse eine junge Frau sei. Schließlich hatten seine Eltern sie Fräulein genannt und nicht Frau. Aber Fräulein Muhse, die ihm die Tür öffnete, war eine sehr alte Frau. Sie trug eine runde Brille, ihre Haare, die sie hinten zu einem Knoten gebunden hatte, waren weiß. An ihren dichten, immer noch dunklen Augenbrauen konnte man sehen, dass die Haare wohl einmal tiefschwarz gewesen waren.

»Aha, da haben dich deine Eltern also zu mir geschickt, damit du das Erzählen lernst«, sagte sie, bevor Konrad auch nur ein Wort gesagt hatte. »Mach deinen Schirm zu und komm rein, Konrad!« Konrad wunderte sich: Woher kannte sie seinen Namen? Zögernd folgte er ihr ins Haus.

Das Haus Nummer 12 hatte von außen recht klein gewirkt. Merkwürdigerweise war es innen

viel größer. Konrad folgte der Alten durch einen endlos langen Flur zu einer schmalen Treppe. Die Stufen waren kaum breiter als ein Turnschuh.

»Bring das Päckchen bitte hoch zu meiner Schwester«, sagte sie und drückte Konrad ein kleines Paket in die Hand. »Aber lass es nicht fallen, es ist sehr, sehr wertvoll.«

»Ich dachte, Sie wollten mir beibringen, wie man Geschichten …«, fing Konrad an. Fräulein Muhse unterbrach ihn. »Alles zu seiner Zeit, alles zu seiner Zeit«, sagte sie und deutete auf die Treppe. »Du gehst voraus!«

»Da hinauf?«, fragte Konrad und betrachtete unschlüssig die schmalen Stufen.

»Ja, da hinauf!«, befahl Fräulein Muhse und ließ Konrad vorangehen. Als er schon mehr als hundert Stufen hochgestiegen war, fragte er: »Wie ist das möglich? Ich habe das Haus doch von außen gesehen. Da war es einstöckig. Wir müssen jetzt mindestens im siebten Stock sein.«

Niemand antwortete.

Er drehte
sich um und
merkte, dass er allein
war. Fräulein Muhse war
ihm nicht gefolgt.
Konrad rief: »Hallo, Fräulein Muhse?«
Während er unschlüssig dastand und nach
unten blickte, öffnete sich neben ihm eine niedrige
Tür in der Wand.
»Da bipst du ja endlich!«, sagte eine heisere Stimme. »Nun
krach schon und komm hier schwein!«
»Wollten Sie sagen, ich soll hier reinkommen?«, fragte Konrad.
Er streckte den Kopf durch die Tür. Im Raum dahinter war es so finster,
dass er kaum etwas erkennen konnte. Im ersten Augenblick glaubte er
im Dunkeln eine Eule zu sehen. Aber er merkte gleich, dass er sich
getäuscht haben musste, denn Eulen waren nicht so groß wie er selbst
und trugen auch keine Brillen.
»Natürlich wollte ich das schlagen«, sagte die Stimme. »Mach gefüh-
ligst deine Uhren auf, wenn man was zu dir sackt.«
»Wer sind Sie?«, fragte Konrad.
»Sei nicht so neuschmierig. Willst du mich vielleicht essig warten
lassen?«, keifte die Stimme. »Die Kinder heutzuschlage haben keine

158

Achtung mehr
vor dem Ulster.«
»Entschuldigung«, sagte Konrad,
bückte sich und trat durch die Tür.
»Gleich weht's abwärts!«, kicherte die Stimme.
»Schnute Reise!«
Im selben Augenblick merkte Konrad, dass der dunkle Raum hinter
der Tür keinen Boden hatte. Er stürzte in ein großes Rohr und rutschte
in rasendem Tempo nach unten. Er versuchte, sich an den Rohrwänden
festzuhalten, aber sie waren zu feucht und zu glatt. Nach wenigen Sekunden wurde seine Fahrt ein wenig gebremst, weil das Rohr Kurven
und Schleifen bildete, sich verbreiterte und dann sogar einen kleinen
Bogen nach oben vollführte. Es kam Konrad vor, als wäre er im Bauch
eines lebendigen Wesens, das ihn verschluckt hatte und ihn nun durch

sämtliche Innereien nach unten beförderte. Und, dachte er, hoffentlich wieder nach draußen entließ.

Kaum hatte er so gedacht, spuckte ihn das Rohr aus, direkt vor die Füße von Fräulein Muhse.

»Was suchst du immer noch hier?«, fragte sie, während Konrad aufstand und sich die Hände an der Hose abwischte. »Hab ich dir nicht gesagt, du sollst die Treppe hochsteigen?«

»Ich war doch oben«, protestierte Konrad.

»Ach was, oben«, sagte sie. »Und was hast du mit dem Päckchen gemacht?«

»Ich muss es unterwegs verloren haben«, sagte Konrad. »Es ist nicht mehr da.«

»So, es ist nicht mehr da!« Sie blickte ihn durch ihre runden Brillengläser streng an. »Gib es zu: Du hast es aufgegessen!«

»Nein, ich weiß ja nicht mal, was drinnen war«, protestierte Konrad.

»Wieso drinnen?«, fragte Fräulein Muhse. »Es war natürlich leer. Wenn zum Beispiel ein Pfirsichkern drinnen gewesen wäre, hätte ich nicht gesagt: ›Bring das Päckchen hoch‹, sondern: ›Bring den Pfirsichkern hoch.‹ Und wenn eine Taschenuhr drinnen gewesen wäre, hätte ich bestimmt gesagt: ›Bring die Uhr da hoch.‹ Das ist doch wohl logisch, oder?«

»Ich weiß nicht«, antwortete Konrad zögernd.

»So, du weißt nicht«, wiederholte sie. »Ich will's dir noch mal durchgehen lassen.«

Sie fasste in eine Tasche ihres grauen Kleides, holte ein Päckchen heraus und reichte es Konrad. Er hätte schwören mögen, dass es dasselbe war, das sie ihm schon einmal in die Hand gedrückt hatte.

»Hier«, sagte sie dabei. »Bring das bitte hinunter zu meinem Bruder.

Wenn du nicht hinaufsteigen kannst, dann schaffst du es vielleicht nach unten.«

»In den Keller?«, fragte Konrad.

»Unsinn«, sagte Fräulein Muhse. »Du findest ihn unten im Erdgeschoss.«

Und da Konrad sie ganz verwirrt anblickte, sagte sie: »Wir sind hier oben im siebten Stock, das weißt du doch! Jetzt geh endlich!«

Vorsichtig stieg Konrad die schmale Treppe hinunter. Nachdem er mindestens hundert Stufen hinabgestiegen war, endete sie. Konrad stand in einem halbdunklen Flur.

Er rief: »Hallo?«

Niemand antwortete. Ob der Bruder von Fräulein Muhse wohl so hieß wie sie? Konrad versuchte es mit einem »Hallo, Herr Muhse! Hören Sie mich?«.

Da öffnete sich die Tür neben ihm.

»Natürlich schwöre ich dich. Ich bin doch nicht staub!«, sagte eine krächzende Stimme. »Komm schnell wein!«

Der Raum hinter der Tür war dunkel. Konrad spähte vorsichtig hinein. Wenn Biber Zigarren rauchen würden, Brillen trügen und so groß wären wie ein zwölfjähriger Junge, hätte er das Wesen da drinnen für einen Biber gehalten.

Das Biberwesen fragte: »Worauf kartest du noch? Komm endloch nein!«

Einen Augenblick zögerte Konrad. Er wollte nicht wieder in ein Loch fallen. Aber dann sagte er sich, dass man nicht gut nach unten fallen kann, wenn man schon unten ist, und er trat ein.

Im selben Moment spürte er, dass er wieder nach unten stürzte. Noch einmal musste er den langen, dunklen Weg durch die Eingeweide des Hauses machen, bis es ihn schließlich ausspuckte, genau vor die Füße von Fräulein Muhse.

Sie zog erst lange an einer dünnen Zigarre und sagte dann: »Wie ich dich kenne, hast du das Päckchen wieder nicht abgegeben.«

»Nein«, sagte Konrad. Mutig fügte er hinzu: »Ich bin ja auch nicht hier, um Päckchen abzugeben, sondern um das Erzählen zu lernen.«

»Wie soll ich einem Jungen, der nicht mal ein Päckchen die Treppe hochtragen kann, das Erzählen beibringen!«, sagte sie und pustete Konrad den Rauch ihrer Zigarre ins Gesicht. »Geh mal lieber nach Hause, du bist ein aussichtsloser Fall.«

Sie reichte ihm seinen Schirm und Konrad ging zur Haustür.

»Fräulein Muhse, ich kann nicht raus! Die Tür ist abgeschlossen«, rief er von da.

»Du wirst doch nicht etwa die Haustür nehmen wollen?«, fragte Fräulein Muhse. »Hier, geh da durch!«

Sie öffnete eine Tür in der Wand neben ihm. Konrad hatte sie vorher gar nicht bemerkt.

»Gute Preise und alles Hüte«, sagte Fräulein Muhse, verbesserte sich aber gleich. »Ich wollte sagen: Gute Reise und alles Gute!«

Sie gab Konrad einen kleinen Schubs, und wieder glitt er durch zahllose Windungen nach unten, bis das Rohrsystem ihn schließlich ausspuckte. Diesmal landete er nicht vor Fräulein Muhse, sondern erstaunlicherweise auf einem Gehsteig, direkt vor seinem Elternhaus.

Seine Eltern und Sofie saßen immer noch beim Frühstück. Da kam Konrad ins Zimmer gestürmt, warf den nassen Schirm einfach auf den Boden und rief: »Ich muss euch gleich eine Geschichte erzählen. Sie handelt von einem Jungen, der glaubte, dass er keine Geschichten erzählen kann. Aber dann schickten ihn seine Eltern an einem Samstag zu einer alten Frau in die Calliopestraße. Ihr könnt euch nicht vorstellen, was er da erlebt hat …«

Konrads Eltern blickten sich glücklich an.

»Na also!«, sagte seine Mutter und trug ein großes K in die Liste ein.

Was mein Körper alles so treibt ...

Meine Nase läuft.

Mein Bein ist eingeschlafen.

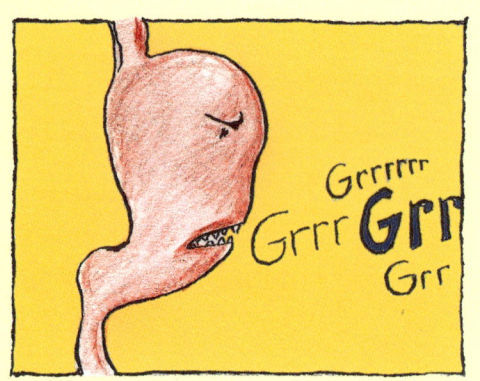

Mein Magen knurrt.

Mein Herz klopft.

Die ersten Arbeiten eines
unbegabten Rätselmacherlehrlings

1. Zwei Rätsel

A.
Was ist das?
Es steht auf dem Parkplatz,
und wenn es weggefahren ist,
steht es nicht mehr da.

Antwort: Onkel Richards Auto

B.
Welches Tier ist das?
Es hat ein Fell und lange Ohren,
frisst gerne Möhren
und sein Name
beginnt mit Ha und endet mit se?

Antwort: Der Hase

2. Geografie-Rätsel

Frage: Wo steht der bekannte Turm mit der eisernen Spitze?

Antwort: Auf dem Bild hinten rechts

3. Bilderrätsel (Rebus)

Antwort: Uhu

4. Suchbild

Wo ist der Förster?

Antwort: Er liegt in seinem Haus auf dem Sofa und macht ein Mittagsschläfchen.

5. Original und Fälschung

Das rechte Bild unterscheidet sich vom linken durch 327 Einzelheiten. Finde die Veränderungen heraus!

6. Kreuzworträtsel

Waagrecht:

1. großer Eulenvogel, der »Uhu« ruft
3. »Eins« auf Englisch

Senkrecht:

2. Haustier, das bellt

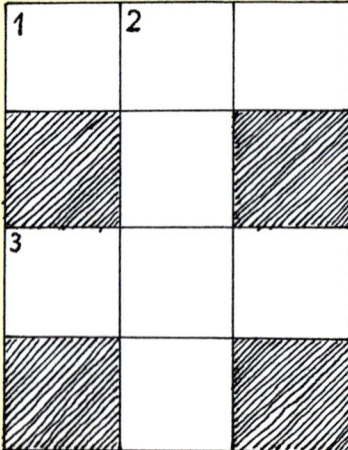

Ziemlich selten sieht man Fliegen
friedlich in der Sonne liegen,
während Hunde sich dagegen
gerne in die Sonne legen.

Sehr logisch!

Wenn zwei Giraffen
drei Affen begaffen
und drei Affen
zwei Giraffen,
gaffen mehr Affen
als Giraffen.

Lösungen

Drudel

S. 24   Ein Mexikaner auf dem Fahrrad, von oben gesehen
S. 25   Zwei Mexikaner beim Fernsehen
S. 25   Ein Messer ohne Klinge, bei dem der Griff fehlt
S. 26   1: Kirchturmspitze hinter Hügel
S. 26   2: Der letzte Zahn der alten Hexe
S. 26   3: Nashorn hinter einer Mauer
S. 26   4: Nashorn beim Schnorcheln
S. 26   5: Die sieben Zwerge hinter einer Mauer
S. 26   6: Zwerg beim Kopfsprung
S. 27   7: Zwerg beim Mittagsschlaf
S. 27   8: Zwerg mit geflickter Mütze
S. 27   9: Schere, die Papier schneidet
S. 27   10: Schnecke schaut vorsichtig um die Ecke
S. 27   11: Vogel Strauß mit zu großem Hut
S. 27   12: Elefant hinter einer Mauer
S. 27   13: Zwei Stücke vom Geburtstagskuchen
S. 27   14: Tausendfüßler unter der Lupe
S. 92   15: Wurm beim Fallschirmspringen
S. 92   16: Kuh, Detailaufnahme
S. 92   17: Banane nach dem Bügeln
S. 92   18: Seehund mit Kopfhörer
S. 92   19: Kreuzspinne beim einarmigen Handstand
S. 92   20: Wurm betritt seinen Apfel

S. 93   21: Verkehrt herum angebrachtes Schlüsselloch

S. 93   22: Elefant streckt sich nach Banane

S. 93   23: Kahlkopf unter Lampe

S. 93   24: Krokodil unterm Sonnenschirm

S. 93   25: Katze, die eine Maus verschluckt hat

S. 93   26: Bienenstich

Fehlender Buchstabe: Seite 43 bis 45

Liebe Tante Helga … (z)

Das moderne Yak … (v)

»So ein ekliger Quatsch« … (j)

Herr Meyer tröstet … (q)

Vorsicht, Yvonne: … (x)

»Eine Xanthippe … (c)

»Den hast du ja … (w)

Die Qualle lässt sich nicht gern … (k)

Zwölf scheue junge Hasen … (i)

Spielen Quallen Xylofon …(j)

Der junge Max … (q)

Rätselgedichte: Seite 68 und 69

1. Hose / Hase
2. Luft
3. Ofen
4. Pullover
5. Spiegel

Versteckte Tiere: Seite 122 bis 124

Eisw**affe**l

D**reh**tür

Hochseil

R**adler**hose

L**esel**ampe

Ga**star**beiter

Stem**meise**n

Tari**floh**n

Ra**dachs**e

Musi**kalb**um

Tanzs**aal**

E**hering**

Wassersch**wall**

Freund**schaf**t

Ziegelstein

Du**schwan**d

Schr**eber**garten

173

R**ente**nbescheid
Or**gans**pende
Zwisch**ente**il
Dam**pfau**tomat
Sch**otter**straße

Bärbel
M**elch**ior
Walter
Renate
Wolfgang
K**laus**
Eberhart
Li**esel**otte
A**made**us

Gra**uhu**hn
A**meise**nbär
Albat**ross**
Dorn**schwan**z
Sch**wal**be
Tyranno**sau**rus
Sch**lamm**fisch
D**assel**fliege
Hammerhai
Sa**lama**nder
Gi**raffe**

Paul Maar, 1937 in Schweinfurt geboren, ist einer der renommiertesten und vielseitigsten deutschen Kinder- und Jugendbuchautoren. Der virtuose Wortkünstler hat so beliebte Figuren wie das rotznäsige *Sams*, den wandelbaren *Herrn Bello* und den träumenden *Lippel* geschaffen, die allesamt mit großem Erfolg den Sprung auf die Kinoleinwand geschafft haben. Paul Maar erhielt zahlreiche bedeutende Auszeichnungen, u. a. den Deutschen Jugendliteraturpreis für sein Gesamtwerk, den Friedrich-Rückert-Preis und den E.T.A.-Hoffmann-Preis.

Anne Maar, 1965 geboren, leitet seit 2002 das Fränkische Theater Schloss Maßbach. Sie schreibt Drehbücher und Theaterstücke und hat bereits zahlreiche Kinderbücher veröffentlicht. Anne Maar wurde mit dem Troisdorfer Bilderbuchpreis ausgezeichnet und für den Deutschen Jugendliteraturpreis nominiert. 2007 erhielt sie den »Otto Grau Kulturpreis«. Mehr unter www.anne-maar.de.

Verena Ballhaus, 1951 in Unterfranken geboren, studierte an der Akademie der Bildenden Künste in München und illustriert seit 1985 Bilder- und Kinderbücher. Für ihre Arbeit wurde sie u. a. von der »Stiftung Buchkunst« ausgezeichnet und mit dem Deutschen Jugendliteraturpreis geehrt. Verena Ballhaus hat auch das große Paul-Maar-Buch »Kreuz und Rüben, Kraut und quer« illustriert.

Für »Mehr Affen als Giraffen« haben sich Paul und Anne Maar, Vater und Tochter, gemeinsam an den Schreibtisch gesetzt. Verena Ballhaus ergänzt das Familienteam kongenial.

Mehr von Paul Maar bei Oetinger (Auswahl)

Herr Bello und das blaue Wunder
In einem tiefen, dunklen Wald … (Illustration: Verena Ballhaus)
Jaguar und Neinguar. Gedichte von Paul Maar
Das kleine Känguru und seine Freunde
Der tätowierte Hund
Eine Woche voller Samstage
Vom Lesen und Schreiben. Aufsätze zur Kinderliteratur.

GÄRTEN

*in den Niederlanden
und Belgien*

Barbara Abbs

GÄRTEN

in den Niederlanden
und Belgien

Ein Reiseführer zu
den schönsten Gartenanlagen

Aus dem Englischen von Frank von Berger

Birkhäuser Verlag
Basel · Boston · Berlin

Die englische Originalausgabe erschien 1999 unter dem Titel „Gardens of the Netherlands & Belgium. A touring guide to over 100 of the best gardens" bei Mitchell Beazley, an imprint of Octopus Publishing Group Ltd, Michelin House, 81 Fulham Road, London SW3 6RB.

Die Deutsche Bibliothek – CIP-Einheitsaufnahme
Abbs, Barbara
Gärten in den Niederlanden und Belgien : ein Reiseführer zu den schönsten Gartenanlagen / Barbara Abbs. Aus dem Engl. von Frank von Berger. –
Basel ; Boston ; Berlin : Birkhäuser, 2000
Einheitssacht.: Gardens of the Netherlands & Belgium <dt.>
ISBN 3-7643-6185-9

© 2000 der deutschsprachigen Ausgabe: Birkhäuser Verlag,
Postfach 133,
CH-4010 Basel, Schweiz
Umschlaggestaltung: Atelier Jäger, D-88682 Salem
Gedruckt auf säurefreiem Papier, hergestellt aus chlorfrei gebleichtem Zellstoff. ∞

Seite 1: Queekhoven
Innentitel: Kasteel Hex
Seite 5: Han Njio Tuin

Printed in China.

ISBN 3-7643-6185-9

9 8 7 6 5 4 3 2 1

Inhalt

Wie man dieses Buch benutzt 6

Danksagung 7

Einleitung 8

Nördliche Niederlande 12

Mittlere Niederlande 40

Südliche Niederlande 72

Nördliches Belgien 94

Südliches Belgien und Brüssel 120

Glossar 140

Biographische Angaben 141

Register 142

Bildnachweis 144

Wie man dieses Buch benutzt

Dieses Buch wendet sich an Reisende, die historische und schöne Gärten in den Niederlanden und Belgien besuchen möchten. Es ist in fünf Abschnitte untergliedert, die jeweils eine bestimmte Region beschreiben. Jedes Kapitel beginnt mit einer Einführung, einer Karte und einer Liste der Gärten, die ausführlich beschrieben werden. Zu jedem Garten finden Sie eine ausführliche Kurzinformation, in die typische Merkmale und lohnende Ziele der Umgebung aufgenommen wurden. Daneben enthält der Reiseführer fünf „Typengärten", die mit dreidimensionalen Plänen vorgestellt werden.

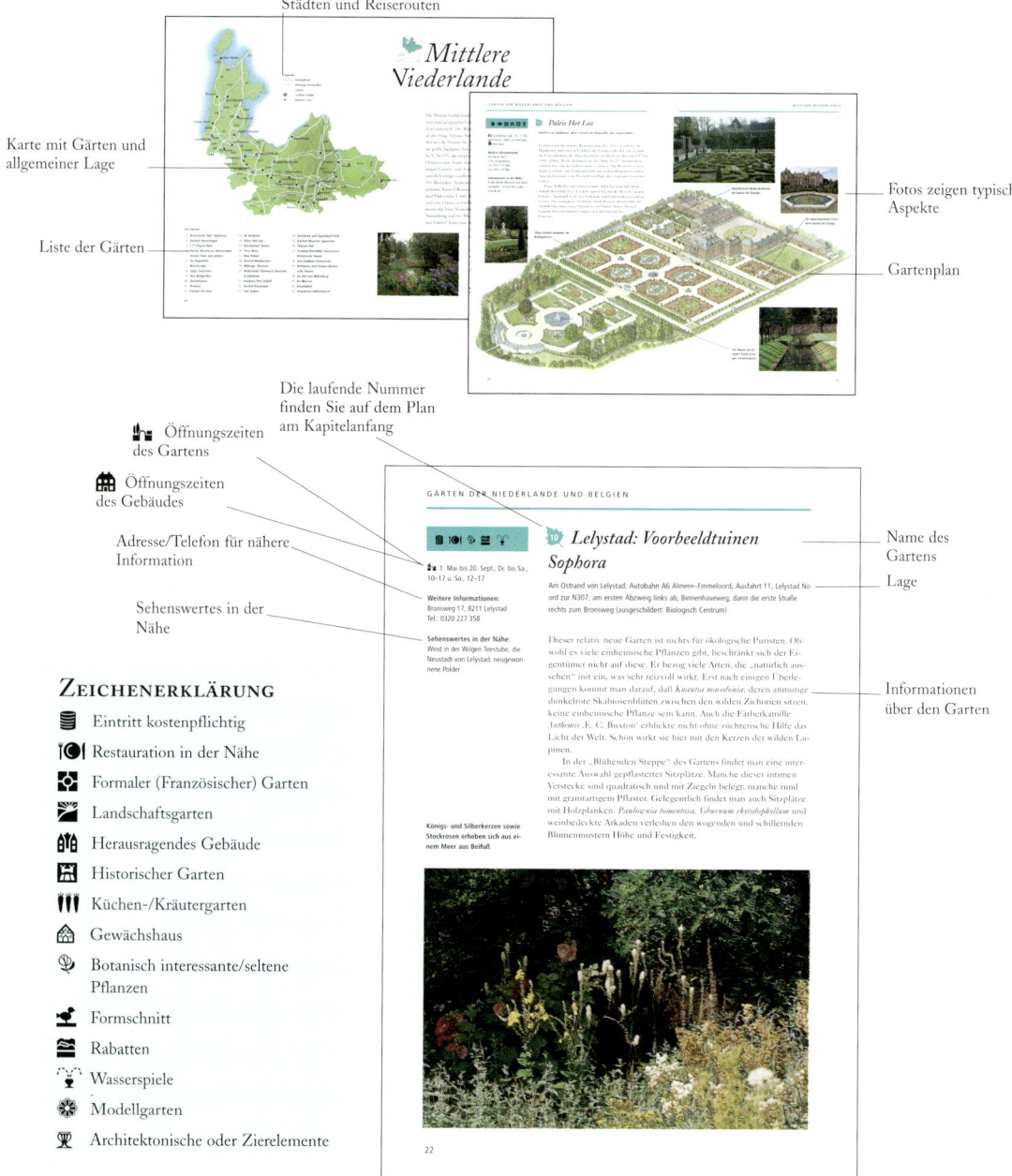

Legende zu Straßen, Städten und Reiserouten

Karte mit Gärten und allgemeiner Lage

Liste der Gärten

Fotos zeigen typische Aspekte

Gartenplan

Die laufende Nummer finden Sie auf dem Plan am Kapitelanfang

Öffnungszeiten des Gartens

Öffnungszeiten des Gebäudes

Adresse/Telefon für nähere Information

Sehenswertes in der Nähe

Name des Gartens

Lage

Informationen über den Garten

ZEICHENERKLÄRUNG

- Eintritt kostenpflichtig
- Restauration in der Nähe
- Formaler (Französischer) Garten
- Landschaftsgarten
- Herausragendes Gebäude
- Historischer Garten
- Küchen-/Kräutergarten
- Gewächshaus
- Botanisch interessante/seltene Pflanzen
- Formschnitt
- Rabatten
- Wasserspiele
- Modellgarten
- Architektonische oder Zierelemente

Danksagung

Ein Buch wie dieses kann man kaum ohne die Unterstützung zahlreicher Leute schreiben. Vor allem gilt mein Dank Dorothy Groeneveld und ihrem Mann Simon für all ihre Hilfe auf vielen Gebieten, einschließlich ihrer Übersetzungen, ihrer Gastfreundschaft und der Entdeckungsreisen.

Bei Chris Riddell und Eurolink Ferries möchte ich mich für die vielen angenehmen Kanalüberquerungen bedanken. Dank auch an das Montgomery Hotel in Brüssel für die Gastfreundschaft. Pauline Owen von der Belgischen Touristeninformation war mir ebenso hilfreich wie Madleine Ralston von der Niederländischen Touristeninformation.

Mein Dank gilt auch allen Gartenbesitzern, die mir erlaubten, mich in ihren Gärten umzusehen, und die mir häufig nicht nur Informationen, sondern auch Erfrischungen anboten; im einzelnen Piet und Anne Blanckaert, den Van De Caesbeeks, Dr. Anton De Clercq, Claire Hertoghe, Christine und Renaud de Kerchove, Frank von Orshoven, Lette Propre, Patricia van Roosmalen, Roos und John Volckaert, André van Wassenhove in Belgien; in den Niederlanden Madeleine van Bennekom, Ankie Dekker, Ineke Greve, Etta de Haes, Jetty und Jan de la Hayze, Marjan und Dik van Ingen, Lidy Kloeg, Bartle Laverman, Frau Lenshoek, Han Njio und Hans Brandsma. Einen besonderen Dank an Ellen Mayenfeld und Margriet Diepeveen.

In England liehen mir Virginia Hinze, John Ramsbotham, Helen und Eric Holder sowie Graham Hughes freundlicherweise Bücher und Zeitschriften. Miranda und Peter Abbs haben beide ein riesiges Pensum an Lotsendiensten bewältigt, wofür ich besonders dankbar bin. Jeder, der Christine de Grootes fruchtbares Buch *Le Guide des Jardins de Belgique* kennt, wird wissen, wie viel ich ihm schulde. Andere Autoren, deren Einfluß ich viel verdanke, sind Florence Hopper, Erik de Jong und Simon Schama.

Barbara Abbs, September 1998

Die satten Farben des Spätsommers in einer Rabatte auf De Heerenhof.

Einleitung

„Gibt es dort noch etwas anderes als Tulpen?", war die häufigste Frage, wenn ich erzählte, daß ich an einem Führer zu den Gärten der Niederlande und Belgiens arbeitete. Für gewöhnlich folgte darauf sofort ein um so größeres Staunen, daß es in Belgien überhaupt Gärten geben sollte. Die Niederländer und Belgier sind auf die eine oder andere Art selbst schuld daran, daß man jenseits ihrer Landesgrenzen so wenig über ihre Gärten weiß – sie öffnen sie nicht genug der Allgemeinheit. So mußte ich einige der schönsten Gärten in diesem Führer auslassen, weil sie nur Mitgliedern besonderer Organisationen zugänglich sind. Für Ausländer ist es sehr mühsam, diese ausfindig zu machen. Dadurch wird der Reichtum an Gärten in diesen beiden Ländern oft unterschätzt. Bei längeren Aufenthalten in den Niederlanden oder Belgien ist die Mitgliedschaft in solch einer Organisation sinnvoll (siehe dazu die

Gruppierte Hortensien begleiten die Treppenstufen in Serres Royale.

Informationen auf den Seiten 41 und 97 über die Regelungen der Besuchszeiten in beiden Ländern). Ungeachtet dessen wird der Leser in diesem Führer zahlreiche Gärten finden, die ihre Pforten jedem Reisenden aus dem Ausland gern öffnen.

Gartenbau und -pflege haben eine lange Tradition in den Niederlanden. Die früheren Gärten bestanden aus Obstbäumen, Wiesen, um darauf das Leinen zu bleichen, sowie Kräutern. Doch sehr bald wurde dort mit Buchs, geflochtenen Linden und Hügeln gestaltet. Einige dieser einfachen Gärten findet man im Nederlands Openlucht Museum Kruidentuin (siehe S. 61).

Größere Gärten bestanden aus Kanalnetzen oder besaßen kunstvolle Laubengänge aus Hainbuche, so etwa in Prinsenhof (siehe S. 18), im Paleis Het Loo (siehe S. 54–57) oder im Kasteel Amerongen (siehe S. 45). Ergänzt wurden sie durch streng formale französische Elemente. Die Flachheit der Landschaft, der zur Verfügung stehende Platz und das stets präsente Wasser beeinflußten die Gestaltung der Gärten. Die Mode englischer Landschaftsgärten, die im 18. Jahrhundert über Europa hinwegfegte, ließ viele der schönsten niederländischen Gärten verschwinden, einschließlich Slot Zeist, De Voorst und Clingendael (siehe S. 82–83). Gleichzeitig hinterließ die niederländische Gartenkultur, besonders die „Tulpomanie", im aufblühenden Handel mit holländischen Blumenzwiebeln und dem Keukenhof (siehe S. 86) ein bedeutendes Erbe. Viele botanische Gärten besitzen Sammlungen, die zum Teil aus dem frühen 17. Jahrhundert stammen. In jüngster Zeit werden die Niederlande bei Kennern sowohl wegen der Staudengärtne-

Herrliche Bäume umgeben Park und See in Clingendael.

Die elegante Orangerie in Amerongen.

reien als auch wegen der modernen Gartengestaltung geschätzt, basierend auf ökologischen Prinzipien und der wegweisenden Arbeit von J. P. Thijsse (siehe S. 46). Die Grande Dame der modernen Gartengestaltung ist Mien Ruys (siehe S. 24–25), deren Konzepte die Zeit von 1925 bis 1990 umspannen. Zu den bemerkenswerten zeitgenössischen Gartengestaltern zählen Piet Oudolf, Rob Herwig, Elisabeth de Lestrieux und Arend Jan van der Horst.

In Belgien stellt sich die Situation anders dar. Im Norden, um Antwerpen, Brügge und Gent, sowie in Limburg findet man viele herrliche Gärten, von denen leider die wenigsten geregelte Öffnungszeiten haben. Starker französischer Einfluß sorgte im südlichen Belgien für die Entstehung vieler wundervoller historischer Gärten, die man nicht missen möchte. Zahlreiche Baumschulen züchten allerlei Gehölze, neue Rosensorten, Rhododendren und, natürlich, die berühmten Genter Azaleen.

Dennoch bleibt der übermächtige Eindruck, daß in diesem Land Gärten keine Rolle spielen. Einige historische Anlagen wurden erschreckend kommerzialisiert, andere parzelliert oder vernachlässigt. Dem außenstehenden Betrachter kommt es so vor, als würde ein historischer Garten als unschätzbares Kunstwerk auf das belgische Parlament nicht den geringsten Eindruck machen. Noch kann man jedoch durch die häßlichsten Dörfer oder Städte fahren, in eine Seitenstraße einbiegen und Privatgärten entdecken, die aufs schönste bepflanzt und gepflegt sind. In Belgien arbeiten einige erstklassige Gartengestalter, darunter René Pechère und Jacques Wirtz, Piet Bekaert sowie André Van Wassenhove, deren Gärten man aufsuchen sollte. Die beiden letztgenannten wohnen in Flandern, das ein neues und sehr erfolgreiches Schema des „Offenen Gartens" besitzt. Einzelheiten erfahren Sie von der Belgischen Touristeninformation (siehe S. 97).

Kühne, moderne Pflanzung um den Teich in Piet Bekaerts Garten bei Gent.

Die Gärten

1 Botanische Vijvertuin Ada Hofman
2 Borg Verhildersum
3 Dehullu Beeldentuin
4 Fraeylemaborg
5 Prinsenhof
6 Hortus Haren
7 Horsthoeve Tuinen
8 Irene Jansen Kijktuinen Kwekerij
9 Jan Boomkamp Tuinen
10 Voorbeeldtuinen Sophora
11 Erve Odinc
12 Menkemaborg
13 Mien Ruys Tuinen
14 Kasteel van Het Nijenhuis
15 Hannie Kamstra
16 Pethitha Tuinen
17 Domies Toen
18 Priona Tuinen
19 Stania-state
20 Tuinen Ton ter Linden
21 Kasteel Twickel
22 Marxveld Historische Tuinen
23 Ommie Hoek en Dirk Bolhuis Tuin
24 Het Warmelo
25 Kasteel Weldam
26 Tuinen van de Westrup

Legende

═══ Autobahnen
═══ Wichtige Fernstraßen
　　 Gärten
⬤　 Größere Städte
●　 Kleinere Orte

12

Nördliche Niederlande

Die Niederlande werden zweckmäßigerweise in Norden, Mitte und Süden gegliedert. Der Norden umfaßt die Provinzen Flevoland, Friesland, Groningen, Drenthe und Overijssel.

Flevoland ist die jüngste Provinz der Niederlande. Über den neugewonnenen Polder zu lesen ist − wie bei der Konzeptkunst − interessanter, als ihn zu sehen. Die Anpflanzung von Bäumen ist zwar bemerkenswert, aber sonst ist das Gebiet sehr flach und wird von schnurgeraden Straßen durchzogen. Dennoch gibt es dort zwei sehenswerte Gärten, die beide einheimische niederländische Pflanzen zeigen. Einer der beiden bezieht allerdings ähnlich aussehende Arten aus anderen Teilen der Welt mit ein.

Friesland hat noch immer seine eigene Sprache und war vom Rest der Niederlande bis 1523 getrennt, als Karl V. es ins Habsburger Kaiserreich einbezog. Ein grosser Teil Frieslands wird als Weideland für die berühmten friesischen Kühe genutzt. Um das Dorf Sneek herum liegt der für Wassersport ideale friesische Seendistrikt mit seinen Süßwasserseen, Deichen und Kanälen. Über den Deichböschungen von Hannie Kamstras Garten in Offingawier

Farbenfrohe Rhododendren und Azaleen im Brunnengarten von Warmelo.

13

(siehe S. 26–27) kann man die weißen Segel von Booten sehen. Frieslands bedeutendste Stadt Leeuwarden, gleichzeitig Sitz einer Universität, bietet einige schöne Gebäude und in der näheren Umgebung von Heerenveen manche interessante Anlage.

Die Hauptstadt der Provinz, Groningen, ist eine lebendige Universitäts- und Einkaufsstadt, die im 2. Weltkrieg stark zerstört wurde. Der Prinsenhof, ursprünglich ein Kloster, dann der Sitz des Stadthalters von Friesland, besitzt einen Garten aus dem 17. Jahrhundert (siehe S. 18). Menkemaborg (siehe S. 24) und Borg Verhildersum (siehe S. 17) haben außerhalb der Burggräben attraktive Gärten. Das Wort Borg bezeichnet ein Wasserschloß.

Die arme, torfige Erde und die abseitige Lage bewahrten die Provinz Drenthe in diesem Jahrhundert vor intensiver Landwirtschaft und starker Entwicklung. Eine niedrige Hügelkette, der *Hondsrug*, zog einst megalithische Siedler an. Ihre Gräber, die *Hunebeds*, sind jetzt eine Touristenattraktion. Wie auch im übrigen Norden findet man hier alte Bauernhäuser, die Wohnbereich und Viehstall unter einem strohgedeckten Dach vereinten. Inzwischen zu Wohnhäusern umgebaut, wurden sie zum Herzstück einiger der entzückendsten Gärten der Niederlande, wie etwa der des Künstlers Ton ter Linden (siehe S. 30–31) oder der von Pethitha Tuinen nahe Pesse (siehe S. 27).

Symmetrisch angeordnete Kübel mit Funkien und Margeriten bilden hinter dem Teich im Garten von Hoek-Bolhuis in der Nähe von Groningen eine Blickachse.

Overijssel ist *die* Gartenprovinz. Sie erstreckt sich vom nordöstlichen Polder und von der Stadt Vollenhove bis zur deutschen Grenze und ist übersät mit historischen Anlagen wie Kasteel Twickel (siehe S. 32–35), Kasteel Weldam (siehe S. 38–39) und De Wiesse, wo die über viele Jahre hin angelegten Gärten eine Abfolge historischer Stile zeigen. Hier findet man auch Gärten aus dem 20. Jahrhundert von Mien Ruys (siehe S. 24–25), der Grande Dame der Gartengestaltung in Holland, und von Priona Tuinen (siehe S. 28–29) sowie einige Privatgärten. Fast schon in Deutschland, hinter Oldenzaal gelegen, liegen Singraven, die Wassermühle in Denekamp sowie das Arboretum von Poort-Bulten.

Oben: Überschwengliche Rabatten in Hannie Kamstras Garten in Friesland. Unten: In Mien Ruys' Garten bilden die horizontalen Linien der Paneele einen Kontrast zu den vertikalen Pflanzen.

Apr. bis Okt., Di. bis So. u.
Schulferien Mo., 10–17

Weitere Informationen:
Westeindigerdijk 3,
7778 HG Loozen
Tel. 0524 562 448

Sehenswertes in der Nähe:
Kasteel Coevorden; Gramsbergen:
Streek Museum „Baron van Voerst
van Lynden"

Kräftige Blattschmuckstauden
rahmen einen Teich in einem von
Ada Hofmans Wassergärten.

1 *Botanische Vijvertuin Ada Hofman*

Auf der N34 von Zwolle kommend Ausfahrt Hardenberg-Oost; auf der alten Straße von Hardenberg nach Gramsbergen nach Radewijk; über die Bahnlinie und zwei Kanäle hinweg den Wegweisern folgen

Ada Hofman begann den 2,25 ha großen Komplex ihrer Wassergärten 1987 und öffnete ihn ab 1988 für das Publikum. In über 30 Abteilungen werden 50 Teiche nahezu jeden Typs und jeder Bauart gezeigt, von einer Größe von 420 l bis zu 500.000 l Fassungsvermögen. An drei natürliche Teiche gliederte man eingefriedete Gebiete mit Teichen aus vorgefertigten Bauteilen an, die ansprechend bepflanzt wurden und Ringelnattern, Frösche, Eisvögel und über 20 Arten von Schmetterlingen beherbergen. Die Randzonen wurden bepflanzt, manche naturnah, andere mehr formal. In vielen Teichen kann man Wasseriris bewundern, die im Juni blühen.

Dem Besucher steht ein praktischer Pflanzenschlüssel zur Verfügung (alles ist mit einem Buchstaben und einer Nummer versehen). Nicht alle Gärten sind jedoch gleich gut gelungen, und der Gesamteindruck ist etwas überbordend, da die Gärten dazu neigen, ineinander überzugehen. Wenn Sie Ideen sammeln möchten, ist die Anlage aber ein guter Ort, um viele Materialien und verschiedene Pflanzen zu sehen – entweder einzeln oder in unterschiedlichen Gestaltungen und Kombinationen. Sie können dann entscheiden, ob in Ihren Garten eher ein formaler oder ein naturnaher Teich paßt.

Kontrastierend zu den horizontalen Flächen der Seen und Teiche gibt es riesige Steingärten, die mit Granitblöcken, Schiefer und überraschenderweise mit großen, in der Sonne funkelnden Glasbrocken gestaltet wurden. Ein großer, informeller Teich besitzt einen Sand- und Kies-„Strand", dessen Randbepflanzung aus Schwertlilien und Schilf abrupt zu in quadratischen Blöcken gesetzten *Sedum*-Arten überwechselt. Einer der beeindruckendsten kleinen Wassergärten besteht aus einem Hochbecken, das von einer Hecke aus Silberweiden und einer Einfassung aus *Artemisia ludoviciana* umgeben ist. Ein anderer zeigt kleine, mit Wasserpflanzen bestückte Schalen, die auf schmale Backsteine gesetzt wurden.

Im Japanischen Garten wurde den sorgfältig zusammengestellten Kieseln, größeren Steinen und Immergrünen ein heiterer Aspekt zugesellt, indem 13 wie Lutscher getrimmte Bäume mit verschieden hohen Stämmen in die Mitte gestellt wurden. Ein weiteres orientalisches Element ist der chinesische Dachgarten, der komplett mit einem Teich auf dem Dach von Ada Hofmans Privathaus angelegt wurde. Zwischen den Teichen wird der aufmerksame Besucher viele Pflanzideen für andere Gartenbereiche finden.

Borg Verhildersum

21 km nordwestlich von Groningen auf der N361; ausgeschildert

Ein typisch friesisches, von einem Wassergraben umgebenes Haus, das man durch eine Lindenallee und über eine Holzbrücke erreicht. Es wurde 1686 erbaut, obwohl das Anwesen selbst aus dem 14. Jahrhundert stammt. Eine Reihe traditionell geflochtener, gestelzter Linden erstreckt sich über die Fassade des niedrigen Gebäudes. Man findet auch formale Buchsbaumparterres und getrimmte Birnbäume.

Die nahegelegene Gemeinde Leens übernahm 1953 die Verantwortung für das Haus. Der damaligen Kuratorin T. F. Clevering-Meyer ist die formale Anlage des Gartens zu verdanken. Ihr zu Ehren wurde eine Gedenkplakette an der Außenseite der hübsch restaurierten Gartenlaube angebracht.

Ein in der Mitte gelegenes Buchsparterre mit Eiben an jeder Ecke enthält Aktplastiken, die sicher nicht jedermanns Geschmack sind. Auf einem etwas erhöhten Gelände an der Seite werden Stauden wie Bergenien, Pfingstrosen und Knöterich gezogen. Weiße Hochstammrosen und Zuchtsorten mischen sich effektvoll mit rosafarbenen Bodendeckerrosen und Lavendel. Am Kanal stehen kräftige Blattstauden und buchsgesäumte Beete mit Waldmeister und Borretsch.

Ganzjährig, Di. bis So., 10.30 bis 17

Weitere Informationen:
Wierde 40, Leens
Tel.: 0595 571 430

Sehenswertes in der Nähe:
Groningen; Lauwersmeer

Traditionell geflochtene Linden im Vorhof.

Dehullu Beeldentuin

Zwischen Hoogeveen und Emmen; Autobahn A28/E232 Zwolle–Groningen, Abfahrt Knooppunt Hoogeveen, von dort auf der N37 nach Emmen; nach etwa 10 km links ab nach Geesbrug und Zwinderen; in Zwinderen die Straße nach Gees, wo Dehullu-Beelden-in-Gees ausgeschildert ist

Hier handelt es sich um einen attraktiven und gut gepflegten Park, der speziell für Skulpturenausstellungen angelegt wurde.

Breite Grasfluren, ein See sowie kleine Teiche bieten spezielle Lebensbereiche für Pflanzen: Gunneras, Koniferen, 40 verschiedene Funkien-Arten sowie ein Geraniengarten mit 20 unterschiedlichen Züchtungen und Sorten. Nah beim Haus befinden sich ein Gemüse- und auf der anderen Seite ein Kräutergarten sowie eine Sammlung von zwölf verschiedenen Buddleias und viele andere Gehölze – eine schöne Umgebung für die Skulpturen.

15. Mai bis 30. Sept., Di. bis So., 13–17

Weitere Informationen:
Schaapveensweg 16, 7863 Gees
Tel.: 0524 582 141
Fax: 0524 581 871

Sehenswertes in der Nähe:
Emmerdennen Hunebed; Schimmer–ES Hunebed

4 *Fraeylemaborg*

16 km östlich von Groningen; A7/E32 Richtung Winschoten, Ausfahrt 41 Hoogezand;
auf der N387 Richtung Slochteren; ausgeschildert

🕐 Ganzjährig, tägl., während der
hellen Tagesstunden
1. März bis 31. Dez., Di. bis Sa. u.
Schulferien, 10–17, So. 13–17

Weitere Informationen:
Hoofdweg 30, 9621 AL Slochteren
Tel.: 0598 421 568

Sehenswertes in der Nähe:
Museum '40–'45

Das befestigte Herrenhaus mit Burggraben und Kanal ist mit steinernen Ananas, Urnen und der traditionellen Reihe geflochtener Linden an der Fassade verziert.

Ursprünglich gab es hier einen wohl von Hendrick Piccardt im späten 17. Jahrhundert angelegten formalen Garten. Fraeylemaborg gehörte Piccardts Schwiegervater, der bei einem Aufruhr die falsche Seite unterstützte und deshalb in den Kerker kam. Piccardt, der seine Jugend in Versailles verbracht hatte, war reich genug, das Anwesen auszulösen und das Haus zu restaurieren. Zwar gibt es Reste eines Buchsparterres, aber der formale Garten ist praktisch verschwunden. In der ersten Hälfte des 19. Jahrhunderts nahm ein Landschaftspark, entworfen von L. P. Roodbard, seinen Platz ein. Eine Reihe Linden, Statuen und eine Laube erinnern noch an den formalen Garten. Die geraden Wege wurden zu gewundenen Pfaden, im Burggraben wächst nun Farn, und an den geschwungenen Teichufern gedeihen Binsen und Farne.

5 *Groningen: Prinsenhof*

Im Zentrum Groningens bei der Martinikerk; mehrere Eingänge, einer am Turfsingel-Kanal, ein anderer von Kattenhage her

🕐 1. Apr. bis 15. Okt., 10 bis Sonnenuntergang; Teehaus: 1. Apr. bis
15. Okt., Mi. bis Fr., 10–17 u.
Sa./So., 12–17

Weitere Informationen:
Turfsingel 43, Groningen

Sehenswertes in der Nähe:
Martinikerk und Martinitoren
(Turm)

Das Buchsparterre stellt eine Krone dar.

Ursprünglich war der Prinsenhof, ein Gebäude aus dem 15. Jahrhundert, ein Kloster, bevor er 1594 zur Residenz des Statthalters wurde. Der ummauerte Garten im Stil des 17. Jahrhunderts wurde von E. A. Canneman nach einem Stich aus der Vogelperspektive von 1635 restauriert.

Der Garten besteht aus vier Teilen. Die zwei runden, von zwölf „Fenstern" und sechs „Türen" durchbrochenen Laubengänge in einem der Gartenbereiche erinnern an den 1620 für den Stadthalter Moritz entworfenen Garten in Den Haag. Der Rest des Gartens – abgetrennt durch mit Rosen berankte Zäune und mit *Clematis* bewachsenen Bögen – besteht aus Parterres. Eines davon stellt eine kunstvoll aus Buchs gebildete Krone auf weißem Muschelgrund dar, ein anderes besteht aus Rosen und Lavendel. Das dritte ist ein Kräutergarten. Rund um die Begrenzungen befinden sich Linden und über dem Hauptportal eine wunderbare Sonnenuhr. Den historischen Eindruck runden die hohen Gebäude aus dem 15. Jahrhundert und das Glockenspiel der nahen Martinikerk ab.

Hortus Haren

2 km südlich von Groningen; auf der A28/E232 von Assen nach Groningen ist Hortus Haren ausgeschildert, ebenso in Haren selbst

Ganzjährig, tägl., 9–17

Weitere Informationen:
Kerklaan 34, 9751 NN Haren
Tel.: 0505 370 053
(Info-Linie, niederländisch)

Sehenswertes in der Nähe:
Havezate Mensinge (Herrenhaus),
Roden; Kasteel Larwoud; Paterswol-
de meer

Dieser ausgedehnte botanische Garten mit gut bestückten Gewächshäusern wäre auch ohne den großartigen und authentischen
Chinesischen Garten einen Besuch wert.

Neben einem Pinetum und einem Arboretum gibt es ein Rho-
dodendron-Tal, Farbgärten sowie Bambus- und Grasgärten. Natürlich gibt es auch mehrere Rosengärten, einen riesigen Stein- sowie
einen Kräutergarten. Ein Beet mit Heilkräutern verweist auf den
Ursprung des Hortus. Der Apothekergarten des Henricus Munting
wurde 1642 an die Universität verkauft und mit der Zeit zu dem,
was er heute ist – ein sehr reizvoller, gut geführter Garten, der von
Kanälen und Wasserflächen durchzogen ist. Die gepflegten Pflanzen
sind gut beschildert.

Hervorragend ist der systematische
Garten. Das tropische Gewächshaus ist
sehr groß und beherbergt Orchideen,
Baumfarne und Bananen. Einheimische
Gärtner bieten ihre Pflanzen im *Floriade*-
Gelände zum Kauf an.

Der Chinesische Garten ist die Rekonstruktion des Gartens eines wohlha-
benden Beamten der Ming-Dynastie des
16. Jahrhunderts. Jedes gartenbauliche
Detail und auch die Pflanzenauswahl ist
angeblich authentisch, wobei Yin und
Yang stets im Gleichgewicht sind. Als dieser Führer entstand, war der Garten noch
sehr neu, so daß die Pflanzen noch üppig
zusammenwachsen müssen. Dann aber
werden sie einen der gelungensten Chinesischen Gärten jenseits des Orients bilden.

Auf einem Felshügel steht ein kleiner
Tempel; andere Gebäude, die horizontale
Linien betonen, baute man um Seen herum. Mit jedem Schritt über die Brücken
und durch die Arkaden eröffnet sich ein
anderes Bild. Obwohl das Gelände recht
klein ist, weiß man nie, ob man alles gesehen oder wirklich verstanden hat.

Nehmen Sie sich Zeit und besuchen
Sie den Garten, wenn wenig los ist. Der
Chinesische Garten sollte ein friedlicher
Ort sein, was nicht immer gewährleistet
ist, wenn viele Familien mit tobenden
Kindern unterwegs sind.

**Der Tempel im Chinesischen Gar-
ten.**

7 *Ijhorst: Horsthoeve Tuinen*

8 km östlich von Meppel; A28/E232, Ausfahrt 23 nach Staphorst, durch das Dorf den Wegweisern in Richtung Ijhorst und Horsthoeve Tuinen folgen

1. Mai bis 30. Sept., Di. bis So., 10–18; vorheriger Anruf, um die Öffnungszeiten zu überprüfen

Weitere Informationen:
Schotsweg 7, 7951 NP Ijhorst
Tel. u. Fax: 0522 442 048

Sehenswertes in der Nähe:
Staphorst; Vollenhove

Die Gärten wurden um ein reetgedecktes Bauernhaus herum angelegt, mit einem schönen Blick auf das Reest-Tal, wo Störche brüten.

Zum Haus und zu einem romantischen Obstanger führt ein schöner, mit Rosen und *Cyclathera pedata*, der kletternden Gurke, bedeckter Laubengang. Der Garten ist zweigeteilt, wobei der formale Teil aus buchsgesäumten Beeten mit einjährigen Blumen und Stauden in reizenden Farben besteht. Der eher informelle Teil war ursprünglich der Platz der Viehtränke. Alljährlich werden dort im Juni, Juli und August Bronzeskulpturen von K. Copinga ausgestellt.

 8 *Irene Jansen Kijktuinen Kwekerij*

15 km östlich von Assen; A28, Ausfahrt Assen-Zuid, dann die N33 Richtung Veendam, nach 15 km rechts ab nach Gieten; die erste Abzweigung links von der Ringstraße in den Parallelweg abbiegen, bis zur Einmündung Gasselterweg

Von Mitte Mai bis Mitte Sept., Fr., Sa. u. So., 10–17, an vier Abenden im Jahr, zwischen Mitte Juli und Anfang August, mit Musik und Beleuchtung

Weitere Informationen:
Gasselterweg 41, Gieten
Tel.: 0592 263 310

Sehenswertes in der Nähe:
Hunebeds in Borger; Drents Museum, Assen

Einfache, moderne Plankentäfelung für einen Sitzplatz am Teich.

Irene Jansen ist eine Architektin, die ihren Schaugarten nicht nur zum Genießen, sondern auch zur Information und Schulung ihrer Besucher plante. Der Garten wurde auf unterschiedlichem Gelände in vielen Stilen angelegt und gleicht darin den „Modellgärten" anderer Gestalter wie Rob Herwig und Mien Ruys (siehe S. 24–25). Es ist ein Ort, um Ideen zu sammeln, etwas über die Zusammenstellung von Pflanzen zu lernen, die Wirkung von Ziegeln, Steinen und Holz zu sehen und zu verstehen, wie verschiedene Materialien eine Pflanzung beeinflussen können.

Ein Schwerpunkt sind Farbstimmungen und gemischte Staudenrabatten. Auf der Veranda vor dem Restaurant blickt man vom Teetisch aus auf einen großen Teich mit Seerosen. Die in warmen Farbtönen gehaltene Blumenrabatte auf der einen Seite steht einer kühlen, blautonigen gegenüber. Andere bunte Rabatten befinden sich im offenen Gelände dahinter. In eine Blatt- und Staudenrabatte geschickt integrierte Einjährige zeigen, wie man die Blütezeit bis Mitte September ausdehnen kann. An anderer Stelle demonstriert mit Kies gemulchter Boden, wie man Arbeit spart, indem das ganze Jahr über das Unkraut unterdrückt und die Feuchtigkeit im Boden gehalten wird.

Durch neugepflanzte Rabatten ergeben sich jedes Jahr Änderungen, die die Besucher, vor allem Gartenneulinge, mitverfolgen können.

Beeindruckend ist auch das mit blauen Ziegeln gepflasterte Gelände – geschmückt mit tiefblauen Kübeln – oder die Pergola, an deren Außenseite *Clematis* und an deren Innenseite Kletterrosen gepflanzt wurden. Im Wassergarten setzen *Gunnera manicata* und Kreuzkraut dramatische Akzente. Ein neuer Wassergarten ist im Bau, und Video-Programme als Hilfe für den Gärtner sind geplant.

 # *Jan Boomkamp Tuinen*

Borne liegt genau nördlich von Hengelo; Autobahn A1/E30 Amsterdam–Osnabrück, Ausfahrt Hengelo/Borne Westermaat, Richtung Borne; nach zwei Kreuzungen rechts, die Gärten sind ausgeschildert

Diese sich schnell erweiternde Gärtnerei mit Gartencenter zeigt 45 Modellgärten. Viele interessante Statuen stehen verteilt im ideenreich und gartenbaulich hervorragend gestalteten Garten.

Wie bei allen Modellgärten gibt es ebenso viele beeindruckende Effekte und einleuchtende Pflanzenarrangements wie auch Dinge, mit denen man lieber nicht leben möchte. Im Blauen und Weißen Garten umranken blaue und weiße Glyzinen eine elegante Pergola; ein aus lokalem Sandstein gebauter Steingarten wurde jedoch leider mit Schiefermenhiren geschmückt.

Schilf, Wasserminze und Binsen umgeben den großen Teich im Wassergarten, der Libellen und Fröschen Zuflucht bietet. Die Englischen Rabatten basieren auf Ideen Gertrude Jekylls und bestehen aus Stauden, die nach Farbe, Wuchs und Blattstruktur ausgewählt wurden. Der Schmetterlingsgarten daneben ist ebenfalls eine doppelte Rabatte, bepflanzt mit *Buddleja davidii* ‚Black Knight‘ und *B. d.* ’Pink Delight‘. Der Französische Garten ist um eine spiralförmige Eibe herum zentriert. In dem kleinen Garten steht eine zylinderförmig beschnittene, panaschierte Blutbuche, *Fagus sylvatica* ’Rohanii‘.

Neben Topf- und Kübelgärten und sogar einem Dachgarten gibt es auch eher konventionelle Rosen- und Schattengärten. Die Grenzen zwischen den Gärten sind ebenso einfallsreich wie die Einfriedungen selbst: Hecken aus Blutbuchen, Eiben, Hainbuchen, Bambus und Feldahorn, *Acer campestre*.

🏛 Ganzjährig, vom 1. Mai bis 15. Nov., Mo. bis Fr., 9–18, Sa. u. So., 10–17

Weitere Informationen:
Hesselerweg 9, 7620 AD Borne
Tel.: 074 266 4181
Fax: 074 266 7995

Sehenswertes in der Nähe:
Poort-bulten Arboretum; Kasteel Singraven; Denekamp watermoelen

Glyzinenbedeckte Pergola auf dem Höhepunkt der Blüte.

10 *Lelystad: Voorbeeldtuinen Sophora*

🏛 1. Mai bis 20. Sept., Di. bis Sa., 10–17, u. So., 12–17

Weitere Informationen:
Bronsweg 17, 8211 AL Lelystad
Tel.: 0320 227 358

Sehenswertes in der Nähe:
Wind in der Wilgen Teestube; die Neustadt von Lelystad; neugewonnene Polder

Am Ostrand von Lelystad; Autobahn A6 Almere–Emmeloord, Ausfahrt 11, Lelystad Noord zur N307; am ersten Abzweig links ab, Binnenhaveweg, dann die erste Straße rechts zum Bronsweg (ausgeschildert: Biologisch Centrum)

Dieser relativ neue Garten ist nichts für ökologische Puristen. Obwohl es viele einheimische Pflanzen gibt, beschränkt sich der Eigentümer nicht auf diese. Er bezog viele Arten, die „natürlich aussehen" mit ein, was sehr reizvoll wirkt. Erst nach einigen Überlegungen kommt man darauf, daß *Knautia macedonia*, deren anmutige dunkelrote Skabiosenblüten zwischen den wilden Zichorien sitzen, keine einheimische Pflanze sein kann. Auch die Färberkamille *Anthemis* 'E. C. Buxton' erblickte nicht ohne züchterische Hilfe das Licht der Welt. Schön wirkt sie hier mit den Kerzen der wilden Lupinen.

In der „Blühenden Steppe" des Gartens findet man eine interessante Auswahl gepflasterter Sitzplätze. Manche dieser intimen Verstecke sind quadratisch und mit Ziegeln belegt, manche rund mit granitartigem Pflaster. Gelegentlich findet man auch Sitzplätze mit Holzplanken. *Paulownia tomentosa*, *Viburnum rhytidophyllum* und weinbedeckte Arkaden verleihen den wogenden und schillernden Blumenmustern Höhe und Festigkeit.

Königs- und Silberkerzen sowie Stockrosen erheben sich aus einem Meer aus Beifuß.

Markelo: Erve Odinc

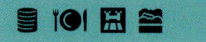

Etwa 15 km östlich von Deventer; von der A1/E30 Ausfahrt Markelo, von Markelo in Richtung Rijssen; 4 km außerhalb der Stadt an der Kreuzung von Goor nach Rijssen geradeaus, aber nicht auf der regulären Straße, sondern dem „Parallelweg" (der wie ein Fahrradweg aussieht) in Richtung Rijssen; der erste Abzweig rechts ist der Seinenweg; Erve Odinc liegt rechts an einem kleinen Pfad

Erve Odinc ist ein hübscher Landhausgarten rund um ein traditionelles, reetgedecktes Bauernhaus. Ein Teil des Gebäudes stammt aus dem Jahr 1777, ein anderer aus dem Jahr 1867 und der Rest aus dem Jahr 1903. Der Garten atmet eine friedliche, zeitlose Stimmung, durch die überall die Vergangenheit hindurchschimmert. An der Hausfront zieht sich eine authentische Reihe geflochtener Linden entlang. Frei von Mißtönen nutzt der unterteilte Garten weitgehend lokale Elemente – Rasen, Linden, Buchs und Feuerstein.

Jenseits der geflochtenen Linden findet man eine Wiese, umfangen von einer durch Eiben unterbrochenen Hainbuchenhecke. Bogenöffnungen erlauben einen Ausblick auf das umliegende Weideland. Rabatten mit Katzenminze, Wiesenraute und Nachtviolen wachsen umgeben von niedrigen Buchshecken. Aus einer Trauerbuche entstand eine einzigartige Laube.

Jede der Hausfassaden blickt auf einen anderen Garten. Auf der einen Seite befinden sich ein alter Weinstock und ein Buchsgarten. Die Pflanzen wachsen hier besonders üppig, da einst – als der Hof noch bewirtschaftet war – hier geschlachtet wurde und der Boden noch mit Blut und Knochen angereichert ist. Der Kräutergarten, in Buchsquadraten angelegt, ist im Frühjahr ein Zwiebelblumengarten.

Ein kleiner Laubengang schafft eine Miniatur-Perspektive. Im Weißen Garten wird das Weiß vieler Blüten durch einen cremefarbenen Hauch, alte rosafarbene Rosen und Akeleien in Hellrosa gemildert. Eine Glyzine wölbt sich über eine Bank, daneben stehen Kübel mit weißen Hortensien und wilden Erdbeeren. Eine mit Bedacht gewählte hohe Weißdornhecke umschließt diesen Garten.

Der Gemüsegarten wurde in dreieckigen Beeten um ein diamantförmiges Beet herum angelegt, in dem eine Hochstammrose den Mittelpunkt bildet.

🥀 Das dritte Wochenende im Juni und die ersten beiden Wochenenden im Juli, 11–17; zwischen dem 20. Juni und 15. Juli auch Di, 13–17; rufen Sie vorher an, um einen Besuch an anderen Wochentagen anzumelden

Weitere Informationen:
Seinenweg 2, 7475 Markelo
Tel.: 0547 362 843

Sehenswertes in der Nähe:
Markelo – bekannt als „Fuchsienstadt"; Huis Verwolde; Rijssen: Pelmoelen „Ter Horst" (Windmühle)

Wachpostenartige, säulenförmig beschnittene Gehölze geben dem Weißen Garten Halt und Struktur.

12 *Menkemaborg*

22 km nordöstlich von Groningen; auf der N361, N363 nach Uithuizen, Menkemaborg befindet sich östlich des Stadtzentrums

⚑ 1. Apr. bis 1. Okt., tägl., 10–17, 2. Okt. bis 31. März, Di. bis So., wie oben, aber ab 16 geschlossen; im Jan. geschlossen

Weitere Informationen:
Tel.: 0595 431 970

Die herrliche Fassade blickt auf einen der wichtigsten Gärten der nördlichen Niederlande.

Eine doppelte Lindenallee führt zum eindrucksvollen Wasserschloß Menkemaborg. Der formale Garten von 1705 zur Rechten wurde restauriert. *Plates-bandes* doppelreihiger, niedriger Buchshecken wurden mit kleinen, konischen Eiben und Blumen bepflanzt. Jede Akelei, Funkie, Iris, Pfingstrose, Fetthenne und Rose, jeder Lavendel wurde separat von seinem Nachbarn gesetzt, als wären sie seltene Arten. Tatsächlich waren sie es ja einst auch. In der Mitte stehen hübsche Spalierbäumchen, deren Kronengestaltung auf das 18. Jahrhundert zurückgeht. Auf dieser Seite befindet sich der formale Rosengarten und dahinter ein Buchsparterre.

Hinter dem Schloß liegt ein sehr formales Parterre aus Rasendreiecken, Sand und Kies, geschützt von einer dichten, geschorenen Eibenhecke. Hinter einer weiteren Hecke findet man ein großes Hainbuchenlabyrinth. Auf der anderen Schloßseite, jenseits des Labyrinths, befinden sich *Berceaux* aus Spalierbirnen sowie ein Apfelbaumgarten. Ein formaler *Potager* wird durch eine mit weißen und rosafarbigen Kletterrosen geschmückte Pergola verziert. Da es kleinblütige Sorten sind, wirkt dies besonders charmant. Die Gemüsebeete sind mit Kohlrabi, Farnen, Thymian und Erdbeeren bepflanzt.

13 *Mien Ruys Tuinen*

Dedemsvaart befindet sich nordöstlich von Zwolle; auf der A28 von Zwolle nach Meppel, Ausfahrt Nieuwleusen; auf der N377 nach Nieuwleusen und Dedemsvaart; die Gärten sind ab dem Stadtzentrum gut ausgeschildert

⚑ 1. Apr. bis 31. Okt., Mo. bis Sa., 10–17, u. So., 13–17

Weitere Informationen:
Moerheimstraat 78,
7701 CG Dedemsvaart
Tel.: 0523 614 774

Sehenswertes in der Nähe:
Staphorst; Den Berg Park; Kwekerij Coen Janssen, Dalfsen

Die Karriere der Gartengestalterin Mien Ruys begann vor 70 Jahren in der Gärtnerei ihrer Eltern in Moerheim. Die ersten beiden Gärten, der Wilde und der alte Experimentelle Garten, wurden 1925 und 1927 angelegt. Erst 25 Jahre später, nachdem Mien Ruys Architektur studiert und anschließend Landschaftsgestaltung gelehrt hatte, wurden sie durch den Wassergarten (1954) und den Kräutergarten (1957) ergänzt. In den 1960er Jahren erweiterte sie die Gärten, bedingt durch ihre Arbeit als Gartengestalterin.

Noch immer wächst der Garten; so kam 1993 ein Grasgarten hinzu. Zu Mien Ruys' 90. Geburtstag wurden 90 verschiedene einjährige Blumen gepflanzt. Obwohl es immer wieder Veränderungen in den Gärten gibt, kann der Besucher in Dedemsvaart sehen, wie Mien Ruys' Werk sich im Laufe ihres Lebens entwickelt hat.

Im Experimentellen Garten sieht man den ersten Einsatz der von Mien Ruys entworfenen, gekiesten Zementplatten, die inzwi-

schen überall gebräuchlich sind. Sie bilden einen Weg durch klassische Englische Rabatten mit Katzenminze, Rittersporn, Storchschnabel und Goldrute. Zur Rechten liegt der Wilde Garten, angelegt zwischen alten Apfelbäumen um einen quadratischen Teich. Der Garten des Gärtners ist den empfindlicheren Gewächsen vorbehalten. Verschiedene Ebenen bieten diesen Pflanzen den entsprechenden Lebensraum. Der Waldgarten wurde 1987 gerodet und mit Rhododendron bepflanzt. Salomonsiegel unterbricht einen Kreis aus Sauerklee.

Jenseits davon befinden sich kleinere Modellgärten, die jeweils ineinander übergehen, beginnend mit Staudenrabatten für Sonne und Schatten. Im Senkgarten bilden Bahnschwellen verschiedene Ebenen. In der Nähe befinden sich ein Teich mit Schilf, ein Dach-, ein Sumpf- und ein Gelber Garten sowie der eigentliche Rosengarten. Eine lange gemischte Rabatte in feinen Rosa- und Purpurtönen nutzt Weigelie, Tamariske, rotblättrigen Perückenstrauch und die Rose 'Marguerite Hilling'. Sie wird gefolgt von blühenden Terrassen, Grasgärten, einem Stadt- und einem Wassergarten sowie einem Parterre-Garten.

1974 ursprünglich als Rosengarten geplant, bildet der Bienengarten nun eine prächtige Mischung aus Sträuchern und Stauden, geschützt von Immergrünen wie *Aucuba japonica* und Lebensbaum. Im Kräutergarten umschließen breite Buchshecken einen zentralen Kreis aus Buchs, in dessen Mitte eine Stahlskulptur eine große versilberte Glaskugel hält. In kleinen, von schmalen, klinkergepflasterten Wegen gefaßten Beeten wachsen Raute, Ysop, Salbei, Thymian, rotblättriger Wegerich und Minzen.

Man sagt, die versilberte Glaskugel im Herzen des Buchsparterres im Kräutergarten solle Böses abwenden.

⚒ 🌱 🏛 🏡 ♇

🏰 Ganzjährig, Di. bis So., 11–17

Weitere Informationen:
Hannema-de Stuers Fundatie,
8131 RD Heino/ Wijhe
Tel.: 0572 391 434

Sehenswertes in der Nähe:
Zwolle: Galerien, Museen, Kirchen,
Milieucentrum Nooter-hof

Der alte Gemüsegarten.

🍁 14 *Kasteel van Het Nijenhuis*

12 km südöstlich von Zwolle; N35 Richtung Almelo und auf die Wegweiser nach
Heino achten; Nijenhuis liegt 3 km von Heino in Richtung Wijhe

Schon 1457 gab es hier ein Herrenhaus, doch das heutige elegante
Gebäude stammt aus dem 17. Jahrhundert, als der Eigentümer in
die einflußreiche Familie Bentinck einheiratete und mit dem Hof
Wilhelms von Oranien in Verbindung kam. Die beiden Türme wur-
den im 19. Jahrhundert erbaut. Heute gehört das Haus der Stiftung
Hannema-de Stuers. Dirk Hannema war Direktor des Boymans-van
Beuningen-Museums in Rotterdam. Seine Privatsammlung von
Gemälden, Porzellan und Möbeln befindet sich nun hier. Der Gar-
ten wird für Skulpturenausstellungen genutzt.

    Der alte Gemüsegarten wurde begrünt und mit unregelmäßigen
Quadraten aus Gras, Eiben, Linden und Buchen sowie mit Salbei-
und Purpurglöckchengruppen bepflanzt. Die sowohl klassischen als
auch modernen Skulpturen verteilen sich auf den Rasenflächen. Es
gibt ein großes, versenktes *Boulingrin* sowie ein *Berceau* aus Buchen.
Ein informeller Kanal und Buchenwälder, bei denen man die Al-
leenanlage des 17. Jahrhunderts noch erkennen kann, umgeben die
Gärten.

🏰 An einzelnen Tagen im Mai,
Juni und Juli; genaue Daten vorher
telefonisch erfragen

Weitere Informationen:
Griene Dijk 6, 8626 GE
Offingawier
Tel.: 0515 411 138

Sehenswertes in der Nähe:
Sneek: Waterpoort, Stadhuis; Snee-
ker meer; Heerenveen, Oranjewoud;
Bolsward Stadhuis; Epema State

🍁 15 *Offingawier: Hannie Kamstra*

Auf der Ostseite von Sneek, etwa 20 km südlich von Leeuwarden; N354 von Sneek in
Richtung Leeuwarden; nach weniger als 1 km rechts ab nach Offingawier und Sneeker
meer; vor Offingawier den Radweg, Fietspad, nach Sneeker meer (ausgeschildert ist
ein Verbot für Kraftfahrzeuge, aber Besucher der Anwesen dürfen ihn nutzen); dies ist
Griene Dijk, die Nummer 6 liegt rechts

Hannie Kamstra und ihr Mann, der friesische Dichter Bartle Laverman, zogen 1987 auf ihren kleinen Bauernhof am Griene Dijk. Im
folgenden Jahr begannen sie mit ihrem Garten, der noch immer erweitert wird. Das übrige Land wird als Weide genutzt.

    Der schattige Eingangsbereich ist mit Taubnessel, Lungenkraut
und anderen Blattschmuckstauden bepflanzt. *Hydrangea arborescens*
und drei panaschierte Hochstämmchen von *Kirengeshoma palmata*
ziehen sofort den Blick auf sich. Es folgt ein winziger Innenhof,
randvoll mit Hortensien, Funkien, *Vitis coignetiae* und der Rose 'Veilchenblau'. Über das Vordach wächst die Rose 'Paul's Himalayan
Musk'. Zwischen der Tür und dem Gemüsegarten oder *moestuin* stehen weitere Strauchrosen sowie eine Pergola mit verschiedenen *Clematis*-Sorten, darunter *C. viticella* 'Alba Luxurians' und *C. v.* 'Etoile

Violette'. Ein quadratischer, gepflasterter Garten schließt sich an, der von einem mit der Kletterrose 'Lykkefund' geschmückten, alten Apfelbaum dominiert wird. Jenseits davon wachsen in einem spektakulären roten Beet unter anderem *Heuchera* 'Palace Purple', der rostrosa Knöterich *Persicaria amplexicaulis* und beschnittene Buchskugeln. Außerdem gibt es weiße und gelbe Rabatten, zwei Obstgärten sowie einen kleinen Wald, unterpflanzt mit *Stinzenflora*.

Die zweite Hälfte des Gartens wird noch angelegt. Wildrosen und Holunder blühen in den begrenzenden Hecken. Das gegenüberliegende Ufer eines neuen Sees wird gerade bepflanzt. Eine gelbblühende Böschung zieht sich bis zum Ende des Gartens hin.

Ein Sitzplatz bildet einen Kreis voller Blumen, umrahmt von *Rosa rugosa*. Eine Pergola mit Kletterrosen, darunter 'New Dawn', bildet einen weiteren Kreis voller Rosenduft.

 # Pesse: Pethitha Tuinen

6 km nördlich von Hoogeveen an der A28/E232; Ausfahrt 28, Ruinen, dann Richtung Pesse, 1,5 km durch Pesse, dann rechts abbiegen Richtung Gysselte, unter der Autobahn hindurch, dann rechts abbiegen; gut ausgeschildert

25. Mai bis 25. Sept., Di. bis So., 13–17

Weitere Informationen:
Molenhoek 10, 7933 TG Pesse
Tel.: 0528 241 607

Sehenswertes in der Nähe:
Tuinen Ton ter Linden
(siehe S. 30–31)

Hier handelt es sich um einen Garten mit verschiedenfarbigen „Zimmern". Hans Brandsma begann ihn 1988 und erweiterte ihn alljährlich durch weitere Abteilungen. Die Farbkombinationen sind wunderbar reichhaltig und aufregend.

Der Hintergrund des Gelben Gartens wird von goldenem Hopfen, 3 m hohen, bronzefarbenen und gelben *Helianthus* 'Red Velvet' und *H.* 'Lemon Moon' gebildet. Sie erheben sich über einer delikaten Mischung limonengrüner *Nicotiana langsdorfii*, *Aconitum* 'Ivorine' und dem einjährigen *Eschscholzia* 'Milky White'.

Löwenmäulchen im Dunkelroten Garten.

Ein glühender, dunkelfarbiger Garten tiefer Rottöne zeigt *Atriplex hortensis* var. *rubra*, *Berberis thunbergii atropurpurea*, einen ungewöhnlichen Doldenblütler, *Cryptotaenia japonica atropurpurea*, roten Mangold sowie die leuchtend scharlachrote Dahlie 'Bishop of Llandaff'. Nahe des Hauses findet man eine malvenfarbene Rabatte mit Ehrenpreis, Phlox und Bergamotte. Volltönendes Blau bestimmt die Rabatte auf der anderen Seite des Rasens mit Natternkopf, *Clematis integrifolia*, *Salvia patens* und dem Blaugras *Leymus arenarius*.

Ein Arkadengang führt zu weiteren Räumen, darunter der Spätsommergarten mit Fetthennen, Phlox und Herbstastern.

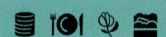

Jederzeit

Weitere Informationen:
Hoofdstraat 76,
9968 AG Pieterburen
Tel.: 0595 528 636

Sehenswertes in der Nähe:
Koffie-en Winkel Museum

Die alte Gartenlaube.

 ## Pieterburen: Domies Toen

Nördlich von Groningen an der Küste; N631, nach etwa 16 km an einer Kreuzung die Straße nach Eenrum und Pieterburen nehmen; der Garten grenzt an die niederländische reformierte Kirche

Den Domies Toen- oder Vikarsgarten in Pieterburen gibt es schon über 300 Jahre. Er grenzt an einen Friedhof, überragt von den Kirchtürmen aus dem 15. Jahrhundert. Ganz natürlich ziehen sich die Pfade über verschiedene Ebenen und Bereiche. Dieser sehr angenehme Garten zeigt einige Miniaturlandschaften, darunter einen See mit heimischen Wasserpflanzen und Sumpfvegetation wie gelbe Sumpfiris und Blutweiderich; Wiesen sind gesprenkelt mit Schachblumen, Frauenmantel und Margeriten. Es gibt Pflanzen der Weg- und Deichränder wie gelbe Haferwurz und Erdrauch, außerdem schnell welkende Blumen der Kornfelder wie Klatschmohn, Kornblumen und Saat-Wucherblumen. Dahinter sieht man die hübsche Gartenlaube des früheren Vikars.

Einzelne waldähnliche Flecken wurden mit Schattengewächsen und *Stinzenflora* bepflanzt. Faszinierend ist die Äolsharfe, eine von einem ansässigen Harfenbauer erstellte Kopie eines Instruments aus dem 19. Jahrhundert. Ein magischer Klang erfüllt die Luft, wenn der Wind sie plötzlich ertönen läßt.

30. Apr. bis 30. Sept., Di. bis Sa., 12–17 u. So., 14–18

Weitere Informationen:
Schuineslootweg 13, 7777 RE
Schuinesloot, bij Slagharen
Tel.: 0523 681 734

Sehenswertes in der Nähe:
Slagharen Pony Park; Kasteel Coevarden

Priona Tuinen

Etwa 35 km nordöstlich von Zwolle; Slagharen liegt an der N377 zwischen Dedemsvaart und Coevarden; in Slagharen die Straße nach Hollandscheveld nehmen und nach 2 km rechts nach Schuinesloot abbiegen (das ist der Schuineslootweg)

In Holland gibt es alle Abstufungen von *Heemtuin* – vom puristischen, bei dem nur in Holland heimische Pflanzen erlaubt sind, bis hin zu den Gärten Ton ter Linden (siehe S. 30–31), wo der Effekt einer Blumenwiese auf ausgeklügelte Weise erreicht wurde. In Priona senkt sich die Waage zugunsten der natürlichen Seite. Manche Besucher sollen geklagt haben, man sehe nur Unkraut, doch die meisten nennen es lieber Wildblumen und bestaunen das Verbreitungsgebiet, die Farbe und die Kunst, mit der sie arrangiert wurden.

Viele der Pflanzen in Priona wurden überall in Europa in ihrem natürlichen Lebensraum studiert. Im Garten wurden ihnen nach Möglichkeit ähnliche Bedingungen geboten. Durch einen Bogen, bedeckt mit *Rosa* 'New Dawn', kommt man nach *Hemelsleuteltuin*,

eine feuchte Ecke, in der Waliser Mohn, Wiesenraute und Farne wuchern, etwas später im Jahr gefolgt von *Holodiscus discolor* und *Rodgersia pinnata*.

Um die nächste Ecke liegt *Hochstaudenfleur*, wo es mehr Sonne und besseren Boden gibt. Die meisten Pflanzen sind aus Zentraleuropa, so Mondviole, Jakobsleiter und Trollblume. Pflanzen aus Amerika und Asien, die gleiche Bedingungen brauchen, werten sie auf. Ein schmaler Pfad durchschneidet den sich natürlich regenerierenden Wald, der den Garten umgibt und nach *Vlindertuin* hin ausläuft. Hier ragen die Lanzen dutzender *Verbascum thapsus* wie eine marschierende römische Legion aus einem Meer von Katzenminze, Oreganum, Lavendel, Nachtviolen und Margeriten.

Ein Topfgarten grenzt an die Teestube, den Shop und die Terrasse, von der aus man den mit Fröschen belebten Teich sehen kann. Gelbe *Nuphar lutea*, Froschbiß *(Hydrocharis morsus-ranae)* und Krebsschere *(Stratoites aloides)* bedecken das Wasser. Weiße Seerosenfalter fliegen umher. Es gibt Molche und Kröten sowie am Teichrand Schilf, Gräser, Iris, Gauklerblumen und weiße Balsaminen. Eine große Rabatte mit apricotfarbenem Mohn, Storchschnabel, *Rhayzya orientalis* und kühlem *Stachys byzantina* folgt.

Parallel zur großen Rabatte und von dieser durch ein Band aus Gehölzen getrennt liegt der *All American Garden*, mit einer weidenblättrigen Birne *(Pyrus salicifolia)*, *Gillenia trifoliata*, vielen Gräsern, *Coreopsis verticillata* und *Ribes speciosa*. Im Kräutergarten findet man mediterrane Kräuter in natürlicher Zusammenstellung. Im Gemüsegarten herrscht ein unerwartetes Durcheinander von Kohl, Rhabarber, Früchten, Beeren, Königskerzen und dem Gras *Carex greyi*.

Unkraut, Wildblumen oder einfach Schönheit? Diese entzückende Blumenwiese mit Klatschmohn und Kornraden ist typisch für die Gärten von Priona.

Jederzeit

Weitere Informationen:
Rengersweg 98, Oenkerk
Tel.: 0582 562 811

Sehenswertes in der Nähe:
Ein anderes Beispiel von Roodbards
Landschaftsarchitektur in Vijvers-
berg, Zwartewegsend 2, Rijpekerk
(Ryptsjerk), 6 km östlich von
Leeuwarden auf der E355 Richtung
Groningen

19 *Stania-state*

Oenkerk (Oentsjerk) liegt 10 km nordöstlich von Leeuwarden; N355 Richtung Groningen, nach 6 km links ab auf der N361 nach Oenkerk; bis zum Dorf sind es 5 km, Stania-state liegt links nach dem VVV auf der rechten Seite

Dieser gut gestaltete Garten wurde zwischen 1823 und 1843 vom
niederländischen Landschaftsarchitekten L. P. Roodbard angelegt.
Die nun beeindruckend ausgewachsenen Eichen bilden inspirieren-
de Baumkreise. Auf einem Hügel erhebt sich eine Trauerbuche über
einen der gewundenen Teiche. Eine rustikale Brücke verbindet eine
Insel mit dem „Festland". Nahebei liegt eine kleine Grotte. Ein
streng achsialer Weg führt zu einem Eichenkreis und einer offenen
Wiese mit einer Statue in der Mitte. Andere schöne Statuen des 18.
Jahrhunderts blicken auf eine andere Lichtung.

Man kann sich in Stania-state leicht vorstellen, in einem Landschaftspark in England zu sein, so geschickt wurden Hügel und Konturen modelliert. Wenn man wieder in die flache, deichdurchzogene
Landschaft vor den Gartentoren tritt, schätzt man Roodbards Geschick besonders. Am Wochenende werden Erfrischungen serviert.

**30. Apr. bis 1. Okt., Di. bis So.,
10–17**

Weitere Informationen:
Achterma 20, 7963 PM Ruinen
Tel.: 0522 472 655

Sehenswertes in der Nähe:
Pethitha Tuinen (siehe S. 27)

**Eine für Ton ter Linden typische
Pflanzung.**

20 *Tuinen Ton ter Linden*

Nordöstlich von Meppel; A28/E232 von Groningen, Ausfahrt 28 Pesse/Ruinen; von
Meppel die A28, dann die A32 Leeuwarden, Ausfahrt 3 Meppel-Noord, dann die
N375 nach Ruinen; gut ausgeschildert

Die Frühlingsrabatte bildet Ende Mai eine Wolke aus Akeleien,
Mohn, Wiesenraute, Storchschnabel und Blumenlauch. Kleine, mal-
venfarbige Blüten wiegen sich im Wind. Ein großer, leuchtendoran-
ger Türkischer Mohn prangt über dieser schönen Gruppierung.
Dies ist typisch für Ton ter Linden. Breite Graswege werden von
dunkelgrünen Eibenhecken gesäumt, die ebenso locken wie verber-
gen. Dahinter versteckt, nahe der Frühlingsra-
batte, findet man die Hochsommerrabatte. Hier
kontrastieren der große Federmohn *Macleaya cordata* und die Ähren von *Veronicastrum virginicum*
mit den seidigen Lilienblüten, den flachen Dol-
den der Goldgarbe, flockiger *Alchemilla mollis*
und kühlsilbriger *Artemisia ludoviciana*. Intensive
Farbe bringen *Lychnis chalcedonia* und Horste
malven-, kirsch- und zinnoberfarbenen Phloxes.

Die meisten Pflanzen sind Stauden. Neben
einigen Exoten ist der Einfluß J. P. Thijsses (siehe S. 65) durch den Gebrauch einheimischer
Pflanzen im gesamten Garten spürbar.

Wolken von *Persicaria bistorta* 'Superba' sind gesprenkelt mit Kuckucks-Lichtnelken, es gibt Bahnen gelber Taubnesseln, leuchtende Butterblumen und eine üppige Gruppe Nachtviolen in blassem Mauve und Weiß, gemischt mit dunklen *Viola cornuta*. Die zarten Wildblumen geben dem Garten einen magischen Glanz.

Andere Teile zeigen eine alte Rosenrabatte, eine quadratische, von Hainbuchenhecken umgebene Pflanzung Kugelakazien, einen Grasgarten um ein quadratisches Becken mit Blick auf das Weideland ringsum sowie einen Herbstgarten mit Fetthennen und einer mit alten Sorten bepflanzten Rosenpergola. Es gibt außerdem einen Blauen und Violetten Garten, einen ummauerten und einen Kräutergarten sowie ein Stück Wald, wo im Schatten Taglilien, Fingerhüte, Sterndolden, Frauenmantel und Funkien gedeihen.

Ein natürlicher Teich mit kleinen grünen Fröschen kontrastiert mit einem eher formalen Wassergarten. Ein Ginkgobaum wacht neben einem quadratischen Teich, der mit Planken und unregelmäßig verteilten Kübeln eingefaßt ist. Die strenge Geometrie wird durch Funkien, Gräser und Schildblatt gemildert. In einer feuchten Ecke, von Erlen schattiert, blubbert Wasser durch einen Stein. Eine Pergola mit Kletterhortensien ist unterpflanzt mit Zwiebelblumen wie Schachblume, weißen Sternhyazinthen und Milchstern. Im Strauchgarten wurden Purpurglöckchen, Salbei, Tulpen und Blumenlauch mit Bodendeckerrosen vermischt. Unter einer Gruppe Schneeball stehen Funkien, düsteres *Geranium phaeum* und flockige malvenfarbene Rauten.

Im gesamten Garten werden alljährlich wechselnde Kunstwerke gezeigt. Leider passen sie, wie so oft, nicht zu den Pflanzungen.

Üppiger Türkischer Mohn und majestätische Iris wurden mit niederhängenden Gräsern und Trupps von Margeriten zusammengepflanzt.

31

🏠 Von Mitte Mai bis Mitte Okt.,
Mo. bis Fr., 11–17, letzter Einlaß
15.30; Teehaus in der Orangerie:
13–16.30

Weitere Informationen:
Stichting Twickel, Postbus 2,
7490 AA Delden
Tel.: 0743 761 212

Sehenswertes in der Nähe:
Delden: De Noordmolen (Ölmühle);
Jan Boomkamp Tuinen (siehe S. 21);
Kasteel Weldam (siehe S. 38–39)

🍁 ²¹ *Kasteel Twickel*

6 km westlich von Hengelo und nordwestlich von Enschede; A1/E30 von Deventer, dann die A35 Richtung Hengelo Zuid/Enschede, Ausfahrt 28 Delden zur N346; am Wasserturm den Schildern Delden/Bornerbroek folgen, dann den Schildern links nach Twickel

Wenn Ihnen der Name Twickel bekannt vorkommt, dann wegen der 1961 ausgezeichneten und noch heute beliebten *Lavandula* 'Twickel Purple'. Twickel hat einen der schönsten Schloßgärten der Niederlande. Er hat eine lange, wechselvolle Geschichte, aber den heutigen Charme verdankt er gewiß seinen letzten Besitzern, Baron Rodolphe van Heeckeren und seiner Frau, die eine begeisterte und kenntnisreiche Gärtnerin war, bis sie 1975 mit 86 Jahren starb. Die Baronin, eine geborene Gräfin van Aldenburg Bentinck, wuchs zunächst in Middachten (siehe S. 60) im Gelderland und dann im Kasteel Zuylestein auf, die beide schöne Gärten hatten. Sie war es, die den tief purpurfarbenen Lavendel entdeckte.

Das Schloß erhebt sich innerhalb eines mit Seerosen bedeckten Burggraben.

Das berühmte Formschnitt-Parterre liegt zwischen der Orangerie und dem Burggraben.

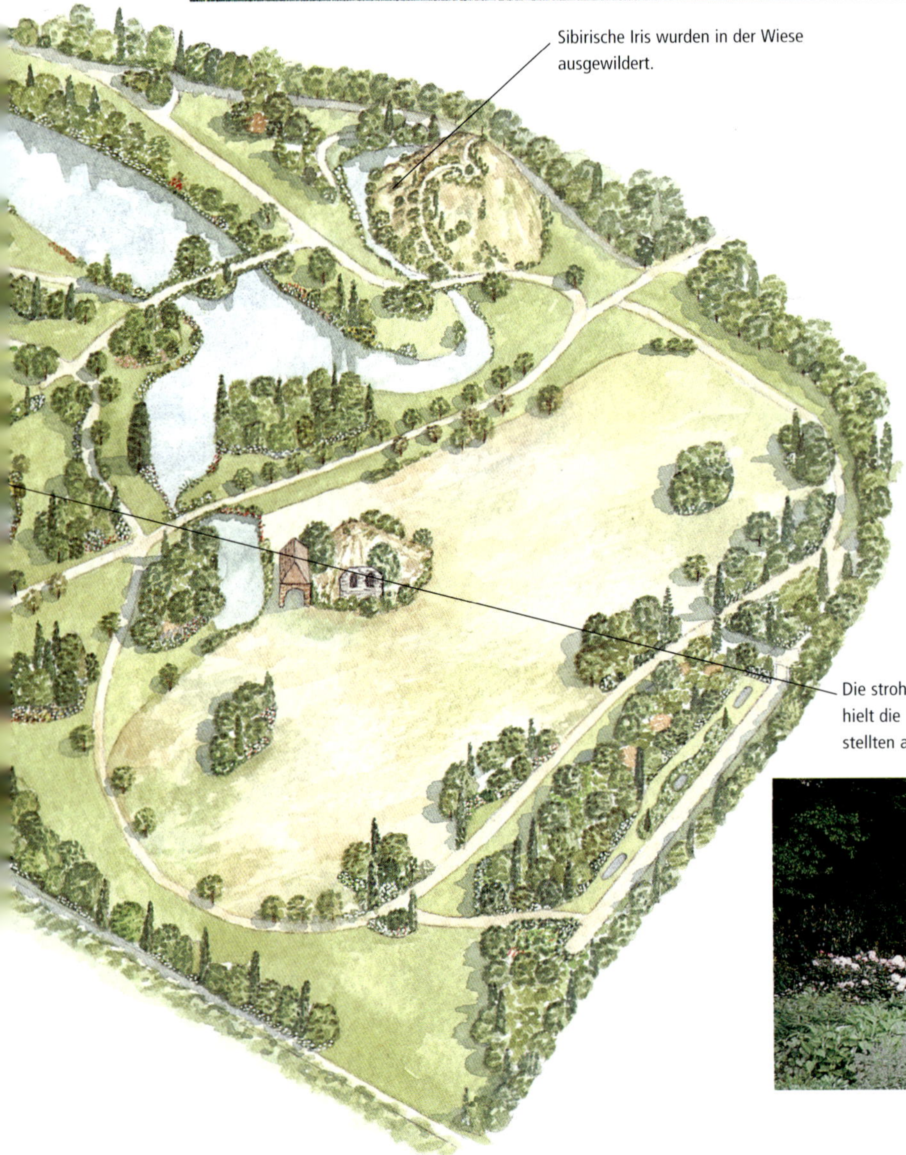

Sibirische Iris wurden in der Wiese
ausgewildert.

Die strohgedeckte Gartenlaube erhielt die Baronin von ihren Ange-
stellten als Geschenk.

Das als „Steingarten" bezeichnete Gelände im Frühling.

Die Orangerie und ein Parterre aus dem Jahr 1906.

Ein Plan zeigt, wie der Garten im 17. Jahrhundert aussah. Hinter dem Wasserschloß und dem *Cour d'honneur* breitet sich ein Renaissancegarten mit einem quadratischen Kanal aus. Es gab Bäume, einen Gemüsegarten, einen Obstgarten mit *Berceaux* und eine Wiese, um Leinen zu bleichen. Um 1700 kamen barocke Schnörkel hinzu. Der Kanal wurde so erweitert, daß er einen länglichen Garten umschloß, und Daniel Marot entwarf (wohl niemals ausgeführte) künstlerische Parterres und Strauchpflanzungen. Ein Plan von Hartmeyer vom Ende jenes Jahrhunderts zeigt den Kanal erweitert, mit seeartig geschwungenen Ufern. Er war Teil des Anglo-Chinesischen Gartens. Alle formalen Parterres wurden durch gewundene Pfade, Gehölzgruppen, Bäche und Buchten ersetzt. Jenseits des Wassers befanden sich der Wildpark, ein Hügel sowie ein Kühlhaus.

An diesem Garten arbeiteten viele berühmte niederländische Gartengestalter, darunter Johan Georg Michael und drei Generationen der Zocher-Familie. J. D. Zocher d. J. wirkte 1830 bis 1835 hier und vereinfachte die Gärten nach den Prinzipien Capability Browns. C. E. A. Petzold, ein in den Niederlanden vielbeschäftigter Gartenarchitekt, fügte exotische Gehölze hinzu und erweiterte den Spiegelsee hinter der Orangerie.

Gegen Ende des 19. Jahrhunderts wurde der Garten ums Haus herum wieder formaler gestaltet. Der Assistent von Edouard André, Hugo Poortman, der im nahegelegenen Kasteel Weldam (siehe S. 38–39) lebte und arbeitete, entwarf 1906 die Parterres vor der Orangerie. Die berühmten Pfauen, Eichhörnchen und andere Tiere aus Buchs tauchten auf. Auch der Rosengarten wurde damals angelegt. Inzwischen wächst dort Gras. Während des Sommers stehen Palmen, Fuchsien, Granatapfel-, Orangen- und Olivenbäume, Oleander, *Aloysia triphylla*, Agaven und andere empfindliche Pflanzen vor der 1993 restaurierten Orangerie. Im Frühling sind die Parterres voller Tulpen. Der Formschnittgarten mit seinen geschorenen Tieren und Vögeln ist noch immer in hervorragendem Zustand.

Hinter der Orangerie und dem formalen Garten legte die Baronin 1932 einen Steingarten an. Obwohl dieser Gartenteil – der einzige, in dem die Baronin frei gestalten konnte – zu schattig und der Boden zu sauer für die meisten Steingartengewächse war, wird er noch heute als Steingarten bezeichnet. Neben einer Wiese stehen dort Rhododendren, Azaleen und *Stewartia pseudocamellia*, unterpflanzt mit Schattenblumen, Dreiblatt und anderen Waldstauden. Hohe Eichen beschatten eine reetgedeckte Laube, die man der Baronin zum 80. Geburtstag schenkte. Nahegelegene Tore führen zum See und zum Steingarten. Geschwungene Blumenbeete mit Moossteinbrech und daraus aufragenden, leuchtend bunten Sonnenröschen sowie von der letzten Eiszeit übriggebliebene Felsbrocken sind hier aus dem Rasen herausgeschnitten.

Wenn man den Hügel aus dem 18. Jahrhundert besteigt, blickt man über den See und die Iriswiese.

Blick von dem aus dem 18. Jahrhundert stammenden Hügel.

Der „Steingarten" der Baronin war zu schattig für alpine Pflanzen, stellt aber einen schönen Waldgarten dar.

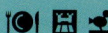

🐾 Ganzjährig, tägl., während der hellen Tagesstunden

Weitere Informationen:
Bisschopstraat 22, Vollenhove
Tel.: 0527 249 222

Sehenswertes in der Nähe:
Onze Liewe Vrouwekerke; Blokzijl; Giethoorn

Das barocke Parterre.

22 *Vollenhove: Marxveld Historische Tuinen*

Vollenhove liegt zwischen Meppel und Emmeloord, nordwestlich von Zwolle am Noord-Oost Polder; der Garten grenzt an die Onze Lieve Vrouwekerke (Kirche) hinter der Bisschopstraat

Diese vier Gärten in verschiedenen historischen Stilen wurden 1988 angelegt. Die gewählten Epochen verweisen auf wichtige historische Momente Vollenhoves, einer Hafenstadt aus dem 11. Jahrhundert.

Ein Garten repräsentiert die Zeit vom Mittelalter bis 1500. Schlichte Kreuzgänge führen um einen Brunnen und einen Maulbeerbaum. In einfache Formen unterteilt repräsentiert der Renaissancegarten die Zeit von 1500 bis 1600. Vier von Eibenhecken eingefaßte Rechtecke mit geflochtenen Linden sind mit Kräutern und mehr bunten als authentischen Zuchtblumen bepflanzt.

In der Mitte des Barockgartens, 1600 bis 1760, befindet sich ein Becken mit Fontäne. Äußerlich begrenzt wird er durch eine doppelte Buchshecke. In dem schmalen Blumenstreifen dazwischen leuchten Taglilien, Iris, Pfingstrosen und Dreimasterblumen. Der Landschaftsgarten hat nicht die richtigen Ausmaße für einen Park des 18. Jahrhunderts, der übrige Garten ist aber sehr ansprechend.

🐾 Mai bis Okt., tägl., 10–17

Weitere Informationen:
Oostervalge 25, 9989 EJ Warffum
Tel.: 0595 422 487 (man spricht nur niederländisch)

Sehenswertes in der Nähe:
Warffum: Kirche aus dem 14. Jahrhundert, „Het Hoogeland" open lucht museum (Freilichtmuseum)

23 *Warffum: Ommie Hoek en Dirk Bolhuis Tuin*

Etwa 25 km nördlich von Groningen über Winsum und Uithuizen; von Groningen kommend liegt der Garten links vom bebauten Gelände Warffums

Die mit dem grünen Daumen gesegneten Besitzer dieses Gartens arbeiten täglich darin – und das sieht man. Er ist einer der entzückendsten und makellosesten kleinen Gärten ganz Hollands.

Wenn Sie langsam fahren, werden Sie die Nummer 25 leicht erkennen. Auf der einen Wegseite ist eine rosarote Rabatte mit *Salvia sclarea*, *Lavatera* 'Bansley', *L. rosea* und *Rosa* 'The Fairy', ergänzt von dunkelblättrigem Phlox, malvenfarbener *Clematis*, Sterndolde und eingetopften Lilien. Das Haus selbst ist umwachsen mit *Actinidia chinensis*, *Clematis* 'Jackmanii' und rosa Hortensien. Jenseits des Weges stehen ausgefallene Kübelpflanzen.

Man sieht formale Gestaltungen und buchsgesäumte Beete, voll mit blassen, sanft getönten Blumen. Symmetrie spielt eine besondere Rolle: Zwei Töpfe mit Kapastern flankieren den Weg zum hinteren Garten. Der Wechsel von einem heckenumschlossenen Teil

zum anderen wird durch einen *Clematis*-Bogen und ein Paar weiden-
blättriger Birnen sowie zwei Schmuckgrashorste besonders betont.
Hinter einer Silberweidenhecke liegt der Obstgarten mit alten, lo-
kalen Birnen- und Apfelsorten. Ein kleines Gewächshaus ist ge-
steckt voll mit drei Weinsorten, Begonienarten, Orchideen und einem selten außerhalb des Regenwaldes so prächtig zu sehenden
Geweihfarn *(Platycerium bifurcatum).* Doch es gibt noch mehr zu bestaunen in diesem kleinen Garten: einen Steingarten sowie einen
Teich mit Seerosen und roten wie auch schwarzen Goldfischen.

---

24 *Het Warmelo*

Etwa 20 km südwestlich von Hengelo, 8 km südlich von Goor; ausgeschildert auf der
N346 von Hengelo nach Zutphen

30. Apr. bis 15 Okt., Di. u. Do.,
13.30–17; Mai, Juni, So. u. Schulferien, 10–17; Juli bis Okt., erster So.
im Monat, 10–17

Weitere Informationen:
7478 RV Diepenheim
Tel.: 0547 351 280
Fax: 0547 352 547

Sehenswertes in der Nähe:
De Wiersse; Kasteel Weldam (siehe
S. 38–39); Huis Verwolde; „Den
Haller" (Kornmühle), Diepenheim

Haus und Garten von Warmelo wurden in den 1920er Jahren von
Baronin Creutz unter professioneller Hilfe des Edouard-André-
Schülers Hugo Poortman restauriert, der auch in Kasteel Twickel
(siehe S. 32–35) und Kasteel Weldam (siehe S. 38–39) arbeitete.

Die Anlage umfaßt Gärten verschiedener Epochen, darunter einen Landschaftsgarten des 18. Jahrhunderts, einen streng formalen
Französischen Garten und ein Pinetum aus viktorianischer Zeit.

Die markierte Route führt außen um den Garten herum langsam ins Innere. Rechts neben dem Eingang ist der Brunnengarten
aus dem 20. Jahrhundert, mit zwei Bächen, Rhododendren und Azaleen, Hochstammfuchsien und Wandelröschen. Eibenhecken umschließen ihn. Von einem Sumpfgarten aus führt eine Birkenallee zu
einer Waldlichtung mit *Davidia involucrata* und anderen exotischen
Bäumen.

Es folgt der Englische Landschaftsgar-
ten. Auf halbem Weg blickt man über See,
Kanal und Burggraben auf das Haus. Ein
Umweg führt zu einem kleinen Azaleen-
Hügel, bevor man zum Pinetum kommt.
Majestätische Koniferen umgeben eine
Wiese und bilden einen schiffähnlichen
Raum. Gruppen grosser Kriechwacholder
schaffen einen schönen Kontrast. Azaleen-
rabatten schließen die Wiese ab.

Die viktorianische Großartigkeit wech-
selt plötzlich, wenn man den französischen
Sternengarten betritt und danach den französischen Rokokogarten mit einem Stein-
bassin, das von vier spiralförmig beschnittenen Buchsbäumen flankiert wird. Dieser
formale Garten ist eine der Sehenswürdigkeiten, die Warmelo zu etwas so Besonderem machen.

**Exquisite französische Rokoko-
Anlage.**

Die Route führt zwischen Kanal und Burggraben am Haus vorbei zum Rosen- und Fuchsiengarten. Beide haben formale Beete und sind von hohen Hecken umschlossen. Vorbei an der Menagerie endet der Rundgang im mit Maulbeeren bepflanzten Vorhof.

25 Kasteel Weldam

Bei Goor, etwa 15 km westlich von Hengelo; N346 von Hengelo nach Zutphen, die zweite Straße links nach Diepenheim nehmen, nachdem die N347 nach Haaksbergen abbiegt; die Abzweigung ist in einer Kurve und nur mit einem „P" für Parken gekennzeichnet

🏠 Ganzjährig, Mo. bis Fr., 9–16

Weitere Informationen:
Diepenheimseweg 114,
7475 MN Markelo
Tel.: 0547 272 647
Fax: 0547 260 402

Sehenswertes in der Nähe:
Kasteel Twickel (siehe S. 32–35);
die „Fuchsienstadt" Markelo; „Den Haller" (Kornmühle), Diepenheim

Das *Parterre de broderie* und der Hainbuchentunnel im Herbst.

Weldam ist der schöne Nachbau eines Gartens aus dem 17. Jahrhundert, passend zum Haus aus derselben Zeit. Er wurde 1886 von Hugo Poortman nach Plänen Edouard Andrés angelegt. Poortman war Andrés Schüler und wurde später sein Büroleiter. Die ausgewachsenen Bäume des 19. Jahrhunderts wurden erhalten und der Garten, dem Burggraben folgend, in verschiedenen Achsen gegliedert.

Eine kurze Auffahrt führt zum Eingangshof. Links der Straße lag eines von zwei symmetrischen *Parterres de compartiment*. Dort ist der versunkene Garten, wo Orangenbäume in traditionellen *Caisses de Versailles* den erhöhten Weg säumen. Was von der anderen Strassenseite aus wie eine Hecke aussieht, entpuppt sich als hervorragend proportionierter Hainbuchentunnel von über 100 m Länge. Die Rückwand eines der Gebäude, die den Empfangshof bilden, schmücken Obstbäume und zarte Kletterpflanzen. Zwischen diesem und dem Hainbuchentunnel liegt ein wundervoll verschlungenes Buchsparterre mit einer Grasfläche in der Mitte sowie vertikale Akzente setzenden Buchs- und Eibenpyramiden.

Das berühmte Lebensbaum-Labyrinth hat inzwischen eine Höhe erreicht, die es unheimlich macht. Eine erhöhte Plattform hilft dem rätselnden Besucher bei der Orientierung. Aufrechte Eiben stehen um die abgesenkten Wiesen oder *Boulingrins*, hinter dem Schloß und um ein anderes *Broderie*-Stück herum.

Ein Halbmond aus Eiben krümmt sich derart, daß man nur von der Aussichtsplattform aus die Formen richtig erkennen kann. Die Achse vom Haus in den Vorhof wird durch die Krümmung über einen zu einem Becken erweiterten Kanal in das umgebende Parkgelände fortgesetzt.

Kehrt man von der anderen Seite des Hauses zurück, erreicht man eine Rhododendronböschung. Man sieht einige Exemplare der erhaltenen alten Bäume. Zwei von Sträuchern umgebene Wiesen balancieren das *Parterre de broderie* auf der anderen Seite aus. Außerdem gibt es einen formalen Rosengarten.

26 *Tuinen van de Westrup*

15 km nördlich und leicht westlich von Emmen; von der N34 Emmen–Groningen nach 15 km an der Abzweigung Westdorp abbiegen; von der Dorfmitte aus beschildert

Dieses schmale, lange Gelände an der Straße wurde geschickt genutzt. Es erstreckt sich zu beiden Seiten eines schönen Bauernhauses, des letzten Überbleibsels der Schloßanlage von Westrup. Verschlungene Wege führen durch ungekünstelte Rabatten mit Purpurglöckchen, Purpurwegerich, Königskerzen, Fingerhüten, Ehrenpreis, Karden und *Allium sphaerocephalum*: Pflanzen mit besonderem Habitus und charakteristischer Struktur.

Da der Garten erst vor zehn Jahren begonnen wurde, sind die Gehölze noch recht klein, die Stauden dafür aber prächtig. Oft tauchen Bambus, Gräser und Karden auf. Besondere Kombinationen fallen auf: leuchtend purpurfarbene, großblütige *Malva mauritiana*, dunkelrosa *Echinacea purpurea*, *Eschscholzia* 'Milky White', die in zartestem Gelb blühen, und *Nicandra physalodes*. Weiße Königskerzen ragen aus einem Meer des Blaugrases *Leymus arenarius*.

Am Südwestrand findet man Koniferen und Immergrüne wie Buchs, *Ilex* und Berberitzen, über die *Lonicera japonica* 'Aureo-reticulata' klettert. Die Pflanzen säen sich selbst aus und werden nur dort gejätet, wo sie überhaupt nicht hinpassen.

Skulpturen sind über den gesamten Garten verteilt. Weitere Plastiken und Graphik findet man in einer umgebauten Scheune.

Nur Gruppenbesuche nach vorheriger telefonischer Anmeldung

Weitere Informationen:
Brink 9, Wetdorp (gem Borger)
Tel.: 0599 235 402

Sehenswertes in der Nähe:
Hunebeds, Borger; Ter Apel

Informelle Rabatten passen hervorragend zur ländlichen Umgebung.

Legende

══════ Autobahnen

─────── Wichtige Fernstraßen

Gärten

⬤ Größere Städte

● Kleinere Orte

Die Gärten

1 Historische Tuin, Aalsmeer
2 Kasteel Amerongen
3 J. P. Thijsse Park
4 Hortus Botanicus, Amsterdam
5 Vondel Park und andere
6 De Hagenhof
7 Beeckestijn
8 Sijtje Stuurman
9 Huis Bingerden
10 Queekhoven
11 Elswout
12 Kasteel De Haar

13 De Brinkhof
14 Paleis Het Loo
15 Koelemeijer Tuinen
16 Terra Nova
17 May Hobijn
18 Kasteel Middachten
19 Millinger Theetuin
20 Nederlands Openlucht Museum Kruidentuin
21 Kwekerij Piet Oudolf
22 Kasteel Rosendael
23 Slot Zuylen

24 Sonsbeek und Zypendaal Parks
25 Kasteel-Museum Sypesteyn
26 Thijsses Hof
27 Festung Hoofddijk Universiteit Botanische Tuinen
28 Von Gimborn Arboretum
29 Belmonte en Driejen Botanische Tuinen
30 De Hof van Walenburg
31 De Wiersse
32 Arnoldshof
33 Dieptetuin Valkenbosch

Mittlere Niederlande

N18

● Winterswijk

Die Provinz Gelderland ist die größte der Niederlande und wird geographisch durch die Flüsse Rhein, Maas und Ijssel unterteilt. Der Rhein trennt die rauhe, sandige Heide des Hoge Veluwe National Park vom fruchtbareren Süden um die Provinz bei Nimwegen. Während Hoge Veluwe große Jagdgüter hat, darunter das Paleis Het Loo (siehe S. 54–57), das ursprünglich Jagdhaus Wilhelms von Oranien war, findet man auf dem guten Boden um Nimwegen Garten- und Ackerbau sowie Obstgärten und natürlich einige exzellente Privatgärten (siehe S. 53 und 70). Besonders Arnheim ist reich an historischen Gärten, darunter Kasteel Rosendael (siehe S. 62–63) und Zypendaal Park (siehe S. 64), dem Hauptsitz der Stiftung für historische Häuser in Gelderland, die sich um wichtige Anwesen wie Huis Verwolde und De Voorst kümmert. Nach Anmeldung und bei Mitgliedschaft im Schema der „Offenen Gärten" kann man den Garten von Frau Lidy Kloeg im Braamweg 6 in Arnheim besichtigen (siehe S. 64).

Während reiche Adlige Landsitze in Gelderland erwarben, bauten wohlhabende Kaufleute aus Amsterdam sich Landhäuser um den Fluß Vecht in der Provinz

In Terra Nova blühen Hortensien am Flüßchen Loosedrechtse.

41

Utrecht. Einige der Gebäude blieben erhalten, so Goude-steyn, jetzt Maassens Rathaus, Gunterstein, Nijenrode und Over-Holland, aber die einst prächtigen Gärten aus dem 17. Jahrhundert mit ihren Kanälen und Parterres sind längst verloren. Ungeachtet der Belastung durch Industrialisierung sind die Wald- und Wasserlandschaft bei Gooi-land nördlich von Utrecht und der Vecht erstaunlich schön und friedlich (siehe Terra Nova, S. 58–59).

Noord-Holland und Utrecht gehören heute zum Ballungsgebiet, das man als Randstad oder „Ring-Stadt" bezeichnet – dicht bebautes Land, das Amsterdam und Utrecht im Norden und Den Haag und Rotterdam im Süden einbezieht.

In Noord-Holland gibt es einige hübsche Städte, darunter Amsterdam. Das Frans Hals Museum in Haarlem hat einen traditionellen Innenhofgarten. Von der Stadt aus kann man Elswout (siehe S. 52), Beeckestijn (siehe S. 49) und Thijsses Hof in Bloemendaal (siehe S. 65) besuchen, wo J. P. Thijsse um 1920 den ersten *Heemtuin* oder ökolo-

Der große, mit einheimischen Pflanzen bestückte See im Thijsse Park in Amstelveen nahe Amsterdam.

gischen Garten schuf. Wald und Dünen bestimmen das
Landschaftsbild des Kennermerduinen National Park mit
einigen wichtigen Gärten des 16. Jahrhunderts. In Lim-
men bei Alkmaar zeigt ein Museum die Geschichte der
Zwiebelblumenkultur. Im Hortus Bulborum in Heiloo
gibt es eine Zwiebelblumenschau. Weiter nördlich, in der
ehemaligen Künstlerkolonie des Kurortes Bergen, gibt es
noch immer viele Galerien. Einige Privatgärten, darunter
der von Sijtje Stuurman (siehe S. 50), sind zu besichtigen. Den größten Blumenmarkt der Welt gibt es in Aalsmeer, südlich des Flughafens Schiphol, genauso wie den
Historische Tuin (siehe S. 44) und den Fliederpark. Die
vor der Eindeichung des Ijsselmeers wichtigen Häfen
Hoorn und Enkhuizen sind heute nette Yachthäfen. Von
Enkhuizen, wo man die Versuchsflächen von Samenpro-
duzenten besichtigen kann, führt eine Straße über den
Deich nach Lelystad in Flevoland.

Wundervolle Springbrunnen im
Sonsbeek Park in Arnheim.

Riet Brinkhofs bezaubernder Gar-
ten bei Nimwegen zeigt eine
Sammlung pastellfarbener alter
Rosen.

Ganzjährig, tägl., während der hellen Tagesstunden

Weitere Informationen:
Prins Bernhardlaan 8, Amstelveen
Tel.: 0205 404 265

Sehenswertes in der Nähe:
Amsterdam Bospark

Amstelveen: J. P. Thijsse Park

A9 Utrecht–Amsterdam, Ausfahrt 5, Amstelveen; dann Richtung Amsterdam, am Kaiser Karelweg entlang den Amsterdam Bos; nach einem Kreisverkehr und drei Kanälen links in einen Wohnvorort abbiegen, bis zum Kreisverkehr und dann rechts; der Park hat mehrere Eingänge

Dies ist einer der schönsten und erfolgreichsten *Heemparks*. Lang und schmal liegt er zwischen dem Amsterdam Bos und Vorstadthäusern. Am Eingang steht eine verwirrende Anzahl Wege zur Auswahl. Es fällt schwer, zwischen dem *Klamperfoliopad*, dem *Bedstropad*, dem *Klokjespad* oder dem *Viotjespad* zu wählen. Klamperfolio meint Geißblatt, Bedstro ist Labkraut, Klokjes sind Glockenblumen und Violtjes Veilchen. Sie scheinen alle gleich attraktiv zu sein. Obwohl die Wege nah beieinander, oft sogar parallel liegen, sind sie erstaunlich vielfältig.

Man bewegt sich zwischen Driften und Fluchten von *Sedum acre*, Hasenglöckchen, Farnen, Königskerzen, Veilchen und Weidenröschen. Von einem Sitzplatz in offenem Gelände aus sieht man auf einen Teich mit schilfbewachsenen Ufern und Teichhühnern. Durch einen schattigen Bereich gelangt man auf einen lichten Weg, wo man die zarten Farben des Heidekrautes bewundern kann. Die Bäche, Teiche und Wege sind angenehm mit Bohlen eingefaßt und Erlen, Eichen, Birken sowie Hartriegel bilden darüber ein Blätterdach.

Sonnenröschen, zarte Nelken, schäumendes Labkraut und *Asperula odorata* bevorzugen den lichten Baldachin von Ebereschen und wilden Rosen.

Die Blumen in diesem Naturgarten wurden nicht wie in vielen *heemtuinen* willkürlich, so wie sie in der Natur vorkommen, gepflanzt, sondern nach künstlerischen Prinzipien. Kleinen, graublättrigen Weiden wurden violette Glockenblumen, Hasenglöckchen und rosa Heidekraut zugesellt. Akeleien wachsen neben zwei kontrastierenden Farnen, *Osmunda regalis* und *Adiantum pedatum*. Am Wegesrand blühen die winzigsten Blumen wie Veilchen neben *Pulmonaria officinalis* sowie spektakulären Farngruppen.

Gärtnern mit Wildblumen ist weder leicht noch eine kurzfristige Sache. Dieser Park entwickelte sich seit den 1930er Jahren. Gärtnerisches Geschick und ökologische Erkenntnisse verbinden sich hier mit ästhetischen Vorstellungen. Was daraus werden kann, ist eine sehenswerte Offenbarung.

Königsfarn und Pestwurz säumen die Teiche in dieser Vorstadtoase.

Amsterdam: Hortus Botanicus

Westlich der Innenstadt an der Nieuw Herengracht (Kanal); Parken am Waterlooplein oder Artis (Zoo)

1. Apr. bis 1. Okt., Mo. bis Fr., 9–17, Sa., So. u. Schulferien, 11–17; 2. Okt. bis 31. März, Mo. bis Fr., 9–16, Sa., So. u. Schulferien, 11–16

Weitere Informationen:
Plantage Middenlaan 2a,
1018 DD Amsterdam
Tel.: 0206 258 411
Fax: 0206 257 006

Sehenswertes in der Nähe:
Artis Zoo; Muiderpoort; Portugiesi-şche Synagoge

Seit 1638 gibt es an der Universität von Amsterdam einen Hortus medicus oder Apothekergarten, wo man Pflanzen zu medizinischen Versuchszwecken und für Ärzte und Apotheker kultivierte. Später wurde die Botanik wichtiger und der Name in Hortus Botanicus Plantage geändert. Als Kräuter- und Lustgarten wurde er 1682 angelegt. Noch immer gibt es hier Arzneipflanzen wie etwa den Schlafmohn, doch stellen sie nur noch einen kleinen Teil der bemerkenswerten Sammlung.

Das nicht sehr große Gelände ist auf zwei Seiten von Wasser umgeben, aber dennoch übervoll mit 6000 Gewächsen in Beeten, die systematisch 40 Pflanzenfamilien zeigen, von *Aceraceae* über *Liliaceae* und *Rosaceae* bis hin zu *Solanaceae*. Andere Beete widmen sich Farnen und Kappflanzen, es gibt einen exotischen Garten und ein kleines Alpinum. Wasser- und Sumpfpflanzen wachsen um einen Torfteich.

Das moderne Drei-Klima-Gewächshaus wurde 1993 eröffnet. Es ergänzt die älteren Indien-, Palmfarn- und Wüstenhäuser sowie die Orchideenzucht. Die wie alteingesessen wirkenden Bananen haben bereits das Dach erreicht. Das Neueste ist der Weg ganz oben durch das Haus mit gemäßigtem Klima, von wo aus man auf das grüne Blätterdach und ein dunkles Becken mit leuchtenden Orchideen, Farnen und Hibiskus hinabsehen kann. Ein Lift für Rollstuhlfahrer ist vorhanden. Darunter schlängeln sich durch tropfende Blätter schmale Pfade zum Becken mit Heiligem Lotos *Nelumbo nucifera*, Papyrus und der riesigen Seerose *Victoria amazonica*. Das Subtropenhaus beherbergt Pflanzen der Südhalbkugel, Baumfarne, Orchideen und eine *Kennedia macrophylla*, die an einer hohen Säule dem Dach entgegenklettert.

Moderne Landschaftsgestaltung im botanischen Garten aus dem 17. Jahrhundert.

Ganzjährig, tägl., während der hellen Tagesstunden

Weitere Informationen:
Stadhouderskade, Amsterdam

Sehenswertes in der Nähe:
Rijksmuseum; Stedelijk Museum; Van Gogh Museum; Privatgärten am Kanal, geöffnet an einem bestimmten Wochenende im Juni, die Stichting de Amsterdamse Grachtentuin (Tel.: 0206 392 412) weiß Näheres

5 *Amsterdam: Vondel Park und andere*

Neben dem Rijksmuseum, jenseits des Singel-Kanals

Der älteste Volkspark Amsterdams wurde 1864 von J. D. und L. P. Zocher als Landschaftspark angelegt. Bis auf einige Eichen und Weiden ist vieles der Zocher-Pflanzungen inzwischen verschwunden, aber zwischen Gewässern kann man Sumpfzypressen, eine *Pterocarya stenoptera*, Amber- und Trompetenbaum sowie einen Ginkgo sehen, ebenso Pavillons, Blumenbeete und einen modernen Rosengarten. Die Zufahrt bietet Gauklern und Musikern ein Forum. Alles ist so heiter und lebendig, wie es in einem Stadtpark sein sollte. Prins Bernhard Fons, der Garten an der Nederlandse Tuinenstichting, Herengracht 476, hat während der Bürozeiten geöffnet. Das Museum Willet-Holthuysen in der Herengracht 605 besitzt einen perfekten Garten im holländischen Stil des 18. Jahrhunderts, mit Buchsbaum und zwei Statuen von Flora und Pomona.

Juni u. Juli, Di., Fr. u. So., 10–16; an anderen Tagen im Juni u. Juli für Gruppen nach telefonischer Anmeldung geöffnet

Weitere Informationen:
Duimeling 6, 6687 LP Angeren
Tel.: 0263 254 039

Buchsgesäumte Blumenbeete.

6 *Angeren: De Hagenhof*

Südlich von Arnheim und nordöstlich von Nimwegen; A15/E31 nach Bemmel, dann die Straße nach Huissen, nach dem Industriegebiet rechts ab nach Angeren, nach zwei Kreuzungen nach Duimeling, dann liegt De Hagenhof links am Ende der Straße; von Arnheim den Wegweisern nach Huissen und dann nach Doornenburg folgen, in der Stadt die erste Abzweigung links über die Kreuzung nach Duimeling

Die Van Ingens leben schon seit 17 Jahren im Bauernhaus De Hagenhof, haben aber erst jüngst ihre Leidenschaft für den Garten entdeckt. Zuerst legten sie den Buchsgarten an, der für ein Bauernhaus des 19. Jahrhunderts typisch ist. Saubere, geometrische Beete sind mit weißen und blauen Blumen sowie graublättrigen Pflanzen bestückt.

Jenseits davon findet man zwei „Zimmer". Im Speisegarten, ganz in Gelb gehalten und mit ausdrucksvollem Blattwerk, steht ein robuster Tisch. Bänke sind um einen Baum herumgebaut, den ein Exemplar von *Rosa* 'Easlea's Golden Rambler' bedeckt. Angrenzend liegt der Rosengarten und, auf der anderen Seite einer begrenzenden Weißdornhecke, ein Streifen Zwiebelblumen.

Der Aprikosengarten soll dann blühen, wenn die Zwiebelblumen verblüht sind. Effektvoll sind hier pastellfarbene Rosen wie

R. 'Mrs. Oakley Fisher', eine Auswahl apricot- und orangefarbener Taglilien, etwas bronzefarbenes Laub sowie ein Spritzer leuchtendes Rot, ergänzt durch die limonengrüne *Alchemilla mollis*.

Geplant ist eine neue Pergola im alten Obstgarten sowie ein Moor- und ein Schattengarten. Noch weiden Schafe und Ziegen auf dem Gelände und erinnern an die Vergangenheit des Hauses.

Beeckestijn

10 km nordöstlich von Haarlem; erst auf der A208, dann auf der A9 in Richtung Alkmaar, in Ijmuiden/Velsen Zuid die A9 verlassen; in Velsen Zuid an der Ampel links nach Velsen Broek abbiegen; Beeckestijn ist kurz darauf rechts ausgeschildert

Ein großzügiger und eleganter formaler Garten mit breiten Alleen und Panoramen erwartet den Besucher.

Im frühen 18. Jahrhundert wurde das Bauernhaus aus dem 14. Jahrhundert von einem reichen Amsterdamer Kaufmann zu einem feinen Herrenhaus umgebaut. Wenig später kam der Garten im Régence-Stil hinzu, eine Mischung formaler französischer und pittoresker englischer Elemente. Die Hauptachse wird von Statuen und vier Reihen Linden auf jeder Seite gesäumt. Diese imposante Allee setzt sich bis zu einem großen, geschwungenen *Bassin* fort, das von Wald umschlossen wird. Die kreuzende Achse wartet mit einem Hügel auf der einen und einem Becken auf der anderen Seite auf. Schlängelpfade winden sich zwischen geometrischen Baumreihen.

Auf beiden Seiten des Hauses wurde der französische Garten mit formalen Parterres und einem Laubengang angelegt. Hübsche, mit Blumen geschmückte *Plates-bandes* schmiegen sich an die ringförmige Auffahrt, die auf einer Seite von sauber wie in einem Stadtpark gepflegten Blumenbeeten, Gruppen von Linden und beschnittenen Eiben begleitet wird.

Auf der anderen Seite des gut gepflegten Hauses umgibt eine schlängelnde Mauer einen Obstgarten. Ein Kräuterparterre wird dort von Eibenhecken eingefaßt, geschmückt von großen Kübeln mit Agaven. Die Unterteilung erfolgte nach dem Nutzen der Kräuter: Magie, Medizin, Kochen und Färben.

Jederzeit; Museum u. Restaurant: ganzjährig, Mi. bis So., 12–17

Weitere Informationen:
Rijksweg 136, 1981 LD Velsen-Zuid
Tel.: 0255 512 091
Fax: 0255 511 266

Sehenswertes in der Nähe:
Haarlem: Grote Kerk St Bavo, Stadhuis, Teylers Museum, Frans Hals Museum; Elswout (siehe S. 52)

Schöne *Plates–bandes* lenken den Blick auf das Haus aus dem 18. Jahrhundert.

8 *Bergen: Sijtje Stuurman*

Bergen liegt nordöstlich von Alkmaar, fast an der Nordsee; von Bergen auf der N511 Richtung Egmond; der Garten befindet sich kurz vor Egmond auf der linken Seite

Juni bis Sept., Mi. bis Sa., 13–17.30; besondere Öffnungszeiten: das letzte Juniwochenende, jeweils der letzte Sonntag im Juli und August

Weitere Informationen:
Herenweg 93, 1861 PD Bergen
Tel.: 0725 061 871

Sehenswertes in der Nähe:
Sterkenhuis Museum, Bergen; Hortus Bulborum, Heiloo

Sijtje Stuurman und ihr Mann zogen 1961 in den Herenweg, wo Haus und Garten auf eine Renovierung warteten. Sie fanden einen hohen Grundwasserspiegel und mit Abraum gefüllte Teiche vor. Von den alten Bäumen aus dieser Zeit überlebten nur wenige.

Heute ist der Garten eine wunderbar bepflanzte Abfolge vieler Gartenräume. Eine hohe dunkelgrüne Hecke trennt einen Bereich ab, während andere durch rosa gefiederte Astilben, Rhododendronböschungen und Trauerkirschen bestimmt werden. Durch den hohen Grundwasserspiegel überleben nur Pflanzen, die „nasse Füße" vertragen. Astilben, die rosa *Sidalcea* 'Elsie Heugh', Farne, Funkien und das Mammutblatt gedeihen prächtig in der feuchten Erde.

Beschnittene Eibenhecken zu beiden Seiten des Mittelpfades halten rosafarbene Rosen davon ab, sich auf den Kies zu senken. Auffällig ist eine verspiegelte Kugel auf einem Metallgestell. Sie führt den Blick auf den Weg, von dem man jedoch immer wieder durch seitlich plazierte Statuen, Lauben und Pergolen abgelenkt wird.

Pastelltöne bestimmen die Blütenfarben. Einige besonders schöne Arrangements: rosafarbene *Ribes odoratus* und *Malva mauritiana* werden durch eingetopfte violette Petunien bereichert. Tibouchine, Heliotrop, blaßblaue Lobelien und *Vitis* 'Purpurea' wurden um einen tiefviolett gestrichenen Sessel gruppiert. Wohlproportionierte Bäume wie Ahorn und Kastanien umgeben das Gelände.

Eine herrliche Zusammenstellung bedingt winterharter Sommerblumen in Töpfen und Körben in Sijtje Stuurmans Garten.

Huis Bingerden

10 km östlich von Arnheim, nahe Doesberg; Autobahn A12 Arnheim–Oberhausen, Ausfahrt 29 Zevenaar/Didam, dann Richtung Doesburg; an einer Einmündung liegt das Haus rechts

Die meistfotografierte Attraktion des Gartens von Bingerten sind die Formschnittfiguren und Eibenhecken. Eine Reihe zurechtgestutzter Eibenkuben, gekrönt von Kugeln und Kuppeln, stehen vor kantigen, architektonischen Hecken.

Den sie umgebenden Englischen Landschaftspark entwarf 1791 J. P. Posth. Das ebene Gelände wurde der Mode entsprechend mit Bächen, Seen, Hügeln und Baumgruppen gestaltet. Heutzutage fallen besonders die Blutbuchen und die riesige Platane auf. Am äußersten Ende des Gartens blickt man von einem Hügel auf Wiesen und Deiche.

Jüngst restaurierte Frau van Weede, deren Familie das Anwesen seit 1660 gehört, die Gärten und pflanzte einige attraktive Staudenrabatten. Dunkelviolette Iris, gekräuselter, rosa Mohn und *Clematis* bilden einen weichen Kontrast zu den Formschnitthecken. Ein *moestuin* mit leuchtend bunten Einjährigen und Gemüse wurde nahe des Obstangers um eine horizontale Pergola herum angelegt. Er wird jedes Jahr anders gestaltet. Man sieht z. B. blaulila Kohl mit Tabak kombiniert. Die Pergola schmückt sich mit Rosen und *Clematis* und ist mit Frauenmantel, Mohn sowie *Dicentra spectabilis* 'Alba' unterpflanzt.

Ändert sich jedes Jahr; fragen Sie schriftlich oder telefonisch nach Einzelheiten

Weitere Informationen:
Bingerdenseweg 21
6986 CE Angerlo
Tel.: 0313 472 202
(Mo. bis Fr. 9–12)
Fax: 0313 475 573

Sehenswertes in der Nähe:
Kwekerij Piet Oudolf (siehe S. 62)

Der Eiben-Formschnittgarten aus dem 17. Jahrhundert.

Breukelen: Queekhoven

Nordwestlich von Utrecht; A2/E35, Ausfahrt 5, der Straße bis nach Breukelen hinein folgen, an der Einmündung links in die Stadt, dann rechts, über den Kanal und die alte Brücke, danach scharf links in den Zandpad

Das elegante Haus, die Orangerie und das Kutscherhaus wurden angeblich von Daniel Marot entworfen. Ähnlich stilvoll ist der Garten mit einer fließenden Harmonie sanfter Wiesen, edler Bäume und geschwungener Gewässer. Man denkt an einen Englischen Landschaftsgarten, doch gibt es Elemente aus anderen Epochen. Die Reihe dunkler, konischer Eiben stammt aus dem 18. Jahrhundert.

Hier ist alles im richtigen Maßstab, die Pflanzungen sind schlicht und ausdrucksvoll. Am Kanal stehen Sumpfzypressen und Hortensien. Woanders findet man einen großen Horst *Gunnera manicata*. Unter den edlen Bäumen sind Eichen, Kastanien, Robinien, ein alter *Ginkgo biloba*, eine *Davidia involucrata* und riesige Trauerweiden. Im Mai sorgen Rhododendren für bunte Farbtupfer.

Mo. bis Fr., 9–16

Weitere Informationen:
Zandpad 39, Breukelen

Sehenswertes in der Nähe:
Gunterstein; Nijenrode

🏡 Jederzeit; Orangerie: So.,
10.30–17.30

Weitere Informationen:
Elswoutlaan 23,
Bloemendaal (Overveen)
Fax: 0235 264 152

Sehenswertes in der Nähe:
Kurort Zandvoort; die Innenstadt
von Haarlem

Eine chinesische Brücke über-
spannt einen Bach.

11 *Elswout*

Westlich von Haarlem; von der Haarlemer Innenstadt Richtung Zandvoort und Overveen; von Overveen den Beschilderungen nach Aerdenhout folgen; Elswout liegt
rechts, doch wegen der Einbahnstraßenregelung muß man bis zum Duinlustweg, links
ab und dann umkehren

Elswout ist eines von vielen Anwesen, wo formale Gartenkunst von
einem Englischen Landschaftspark verdrängt wurde. Einst von Erik
de Jong als einzigartige Einheit von Haus und Garten beschrieben,
beeinflußt durch klassische und italienische Vorbilder, findet man
heute nur noch rätselhafte Erinnerungen an das, was es einmal gewesen sein muß. Gabriel von Marcelis erwarb das Anwesen 1654
und erbaute Haus und Garten 1657. Niemand weiß genau, wer das
vielgerühmte Ensemble schuf, es wurde aber Jacob van Campen zu-
geschrieben.

Im späten 18. Jahrhundert entwarf Johan Georg
Michael einen neuen Park als Wiesenlandschaft mit
Baumgruppen, natürlichen Teichen und sich winden-
den Bächen. Das riesige, halbverfallene Herrenhaus
blickt hinab auf Pavillons, monumentale Treppen, Ba-
lustraden und verschiedene übers Wasser führende
Brücken. Attraktive Buchen- und Lindenalleen ziehen
sich durch den Park und zu beiden Seiten der großen
Wiese im vorderen Bereich. Die bewaldeten, von
Fußwegen durchzogenen Bereiche sind im bunten
Herbstkleid besonders eindrucksvoll.

🏡 Ganzjährig, außer vom 16.
Aug. bis zum zweiten So im Okt.,
tägl. 9–17
🏛 3. Jan. bis 14. März, So.,
13–16, 16. März bis 30. Mai, Di. bis
So., 13–16; 31. Mai bis 22. Aug.,
Mo. bis Fr., 11–16, Sa. u. So.,
13–16; 3. Okt. bis 14. Nov., Di. bis
So., 13–16; 15. Nov. bis 31. Nov.,
So., 13–16

Weitere Informationen:
Kasteellaan 1, 3455 RR Haarzuilens
Tel.: 0306 771 275

Sehenswertes in der Nähe:
Utrecht: Domtoren, Kloostergang
und Kloostertuin, Rijksmuseum mit-
samt Het Catherijne Convent

12 *Kasteel De Haar*

Nordöstlich von Utrecht; A2/E35, Ausfahrt Maarssen/Vleuten, Richtung Vleuten, dann
Richtung Haarzuilens; von dort ist das Schloß ausgeschildert; A12/E30, Ausfahrt 15,
De Meern, dann der Straße nach Vleuten folgen

Fast wäre es besser, vorher nichts darüber zu lesen, sondern unvorein-
genommen dort anzukommen. Dann würde das Märchenschloß noch
atemberaubender wirken. Das imposante Gebäude sieht erstaunlich
gut aus. Es wirkt so original, daß man kaum glauben mag, daß es sich
um eine Rekonstruktion aus dem 19. Jahrhundert handelt.

Was wir heute sehen, sind die Phantasien Baron Etienne de
Haars, der von seinem Vater eine Ruine mit etwas Land darum herum erbte. Zur besten Zeit der Van Zuylens, von denen er abstammte,
paarten sich durch seine Heirat mit Hélène de Rothschild Reichtum
und Leidenschaft für das Mittelalter. Er kaufte Land zurück und re-
konstruierte das Anwesen. P. J. H. Cuypers war sein Architekt, der im
Stil der Neugotik baute.

Die Gärten wurden zur selben Zeit angelegt, vorgeblich von Henri Copijn, das meiste des formalen Gartens jedoch von Cuypers. Copijn war für den Landsschaftspark mit Seen, Panoramen und Baumgruppen verantwortlich. Um einen fertigen Park zu schaffen, ließ er Ende des 19. Jahrhunderts 7000 vierzig Jahre alte Bäume setzen.

Das Märchenschloß De Haar.

Der formale Garten umfaßt ein *Parterre de broderie* aus Buchs, einen formalen Rosen- und einen Römischen Garten sowie einen großartigen Kanal. Der Römische Garten, in dem kuppelförmige Eiben den Blick in den Landschaftspark leiten, zeigt die erfolgreiche Zusammenarbeit von Cuypers mit Copijn.

Hinter dem Schloß, auf einer eigenen Insel, sind weiße und rosafarbene Begonien wie auf einem Tortenteller gepflanzt. Von einer Bastion blickt man am Kanal entlang bis zum Wildgehege.

 # Hernen: De Brinkhof

16 km westlich von Nimwegen; A50 Den Bosch–Nimwegen, Ausfahrt Wijchen, dann an der Einmündung rechts ab Richtung Bergharen; von Nimwegen Ausfahrt Richtung Nilftrik/Grave/Wijchen und den Wegweisern nach Bergharen folgen; nach 2,5 km, im Zentrum Hernens, rechts und gleich nochmal rechts ab, bis Kirche und Haus sichtbar werden

1. Apr. bis 15. Okt., Di., Fr. u. Sa., 10–17

Weitere Informationen:
Dorpsstraat 46, 6616 AJ Hernen
Tel: 0487 531 486

Sehenswertes in der Nähe:
Kasteel Hernen in der Dorpsstraat 40, Hernen, Tel.: 0487 531 387 ist geöffnet vom 15. Apr. bis 1. Nov., Di, Do. u. Sa., 10–12 u. 14–17; der Garten kann an besonderen Gartentagen besucht werden

Der Brinkhof-Garten besitzt eine bemerkenswerte Rosensammlung und steckt voller interessanter Pflanzideen. Historische und symbolische Elemente, die man nur unterschwellig bemerkt, geben ihm einen besonderen Zauber. Gleich einem guten Buch wirkt er lange nach.

Wie viele Gärtner, die ausgefallene Pflanzen lieben, stand auch Riet Brinkhof vor dem Problem, einen harmonischen Gesamteindruck zu formen. Sie löste es, indem sie die Rabatten farbthematisch ordnete. Das Bauernhaus aus dem 17. Jahrhundert wurde traditionell schiefergrau gestrichen. Eine von Blau über Mauve hin zu Rosa wechselnde Rabatte bildet einen schönen Kontrast zur dunklen Mauer.

Ein kleines, bewaldetes Stück bildet den Frühlingsgarten. Bevor das Laub sich entfaltet, blühen Christrosen und Zwiebelblumen. Ein Birnbaum wurde mit Schneeglöckchen unterpflanzt, die im Sommer von duftigem, limonengrünem Frauenmantel abgelöst werden.

Im Schatten einer großen Amerikanischen Eiche blühen Rosen und Storchschnabel. Die samtig dunkelrote *Rosa* 'Charles de Mills' steht neben einer Bluthasel und der Rose *R.* 'Albertine'. Zwischen den eleganten Kerzen von *Veronicastrum* 'Lucette' blühen die Rosen *R.* 'Chaucer' und *R.* 'Dainty Bess'.

Paleis Het Loo

Nördlich von Apeldoorn, gleich jenseits der Ringstraße; gut ausgeschildert

Ganzjährig, tägl., 10–17, Mo.
geschlossen, außer an Feiertagen

Wie oben

Weitere Informationen:
Koninklijk Park 1,
7315 JA Apeldoorn
Tel.: 0555 772 400
Fax: 0555 219 983

Sehenswertes in der Nähe:
Kroller-Muller-Museum und Skulp-
turenpark – schöne Van-Gogh-
Sammlung

Genauso wie die jüngste Restaurierung des „Privy Garden" in Hampton Court unweit Londons die Geister scheidet, tut es auch die Überarbeitung des Barockgartens von Het Loo, die von 1977 bis 1984 erfolgte. Beide stammen aus der Mitte des 17. Jahrhunderts, wurden aber mit den Jahren stark verändert. Die Besucher waren daran gewöhnt, eine Parklandschaft mit großen Bäumen zu sehen. Angestrebt wurde eine Wiederherstellung der exquisiten formalen Gärten.

Prinz Wilhelm von Oranien kaufte 1684 das mittelalterliche Schloß Het Oude Loo. Ein Jahr später begann der Bau des neuen Palastes. Niemand weiß, wer Gebäude und Gartenanlagen entworfen hat. Der königliche Architekt, Jacob Roman, überwachte die Ausführung unter enger Mitarbeit von Daniel Marot. Dessen typische Barockschnörkel finden sich im Entwurf der Parterres.

Plates-bandes umgeben ein Buchsparterre.

Künstlerische Buchs-Broderien im Garten der Königin.

Ein wasserspeiender Putto beim Garten des Königs.

Die Bäume am formalen Kanal erzeugen Schattenspiele.

Eine geschwungene Kolonnade schließt die Hauptachse hinter dem Venus- und dem Königsbrunnen ab.

Wilhelm heiratete 1677 die englische Prinzessin Maria, eine Tochter Jakobs II. Er hatte einen englischen Arzt, Walter Harris, dem die Beschreibung der Gärten von Het Loo zu deren Entstehungszeit zu verdanken sind. Nachdem Wilhelm und Maria 1688 König und Königin von England wurden, kehrte allein Wilhelm regelmäßig nach Holland zurück. Die Arbeiten in Het Loo dauerten bis 1695.

Der untere oder Senkgarten war an drei Seiten von hohen Terrassen umgeben, von denen aus man gut Buchsparterres und *Platesbandes* sah. Um einen Venusbrunnen herum befanden sich acht Parterres. Auf einer kreuzenden Achse lag an einem Ende ein Himmelkugel-Brunnen, am anderen Ende ein Erdkugel-Brunnen. Von der höheren zur niedrigeren Terrasse fiel Wasser in Kaskaden herab. Zwei phantastische Brunnen, der Königsbrunnen und der Pfauenbrunnen, sowie Büsten römischer Kaiser schmückten den oberen Garten und die in einer gekurvten Kolonnade endende Hauptachse. 14 buchsgesäumte Blumenbeete umgaben den Königsbrunnen.

Neben dem Palast, jeweils vor den von ihnen bewohnten Flügeln, lagen der Garten des Königs mit einem Bowling-Rasen und der Garten der Königin.

Dieser prächtige Garten wurde vom nachfolgenden Prinzen von Oranien teilweise in einen englischen Landschaftspark umgewandelt. Während der napoleonischen Kriege flüchtete Prinz Wilhelm V. von Oranien nach England. Napoleons Bruder, Louis Napoleon, zerstörte den formalen Garten vollends, indem er Mauern und Treppen niederriss und die Statuen verkaufte. Buchen und Eichen wurden gepflanzt und die Umgestaltung in einen *Parc à l'anglaise* vollzogen.

Bei der Restaurierung wurden als Kompromiß nur vier der Parterres im oberen Garten um den Königsbrunnen ersetzt, um einige der besonders edlen Bäume zu schonen, darunter ein *Liriodendron tulipifera* und einige Blutbuchen aus der Zeit des Landschaftsgartens.

Auch der Garten der Königin ist nicht mehr original. Nachträglich errichtete Gebäude wurden bei der Restaurierung des Palasts nicht entfernt. Dennoch ist der Garten entzückend mit seinen von Hainbuchentunnels beschatteten Kieswegen, Blumenbeeten und den an den Mauern gezogenen Obstspalieren. Der Garten des Königs ist wieder ein Bowling-Rasen mit Blumenparterres, beschnittenem Buchs und Wacholder.

Besonders interessant an der Restaurierung ist die dem 17. Jahrhundert entsprechende authentische Bepflanzung der *Plates-bandes* oder doppelten Buchshecken, akzentuiert von elegant gestutzten Wacholdern. Auch diese Pflanzenliste verdanken wir den Aufzeichnungen Walter Harris'. Die jeweiligen Pflanzen oder einen angemessenen Ersatz aufzuspüren war jedoch nicht immer leicht. Unter den Blumen sind *Rosa mundi*, Kaiserkronen, Eisenhut, Diptam, Weinraute, Iris, Pfingstrosen und *Acanthus mollis*. Sie wurden mit Abstand zueinander in die schmalen Beete zwischen dem Buchs gepflanzt. Jede Pflanze wurde wie ein seltener Edelstein an einen Einzelstandort gesetzt.

Zwölf Jahre nach Beendigung der Arbeiten sieht der Garten noch immer aus, als sei er frisch restauriert. Wünschenswert wäre mehr Spielraum für die Natur, um die harten Konturen so wie früher abzumildern.

Der Erdkugel-Brunnen.

Von einer erhöhten Terrasse fließt das Wasser über eine geschmückte Kaskade in Becken und Brunnen des tieferliegenden Bereichs.

 **Ganzjährig, Mo. bis Do., 10–18, Fr., 10–21 u. Sa., 10–17**

Weitere Informationen:
„de Hof van Heden",
Purmerenderweg 44,
1461 DD Zuidoost Beemster
Tel.: 0299 681 537
Fax: 0299 681 602

Sehenswertes in der Nähe:
Arboretum von Beemster

Ein formaler Schaugarten.

15 *Koelemeijer Tuinen*

Nördlich von Purmerend, das 15 km nördlich von Amsterdam liegt; von der A7/E22 von Zaandam (Amsterdamer Ring) nach Hoorn und Leeuwarden, Ausfahrt 5, Purmerend/Zuidoost/Beemster, in Richtung Purmerend; dann den zweiten Abzweig links Richtung Oosthuizen (dies ist der Purmerenderweg); die Gärten liegen nach 3 km links, durch ein Gartenzentrum hindurch

Um diese Schaugärten zu finden, muß man zunächst ein riesiges Gartencenter umrunden. Die Modellgärten stellen eine Vielfalt an Stilen, Formen und Bepflanzungen vor. Die 30 Parzellen zeigen einen holländischen Kräutergarten, Stadt-, Buchs- und Wassergärten, einen modernen bepflasterten und einen Stein- sowie einen Japanischen Garten mit Scheinbuchen, Bambus und verschiedenen Schirmkoniferen.

Angepflanzt wurden ausgefallene Gewächse – Trompeten- und Judasbäume, die aus der Mitte beschnittener Eibenwürfel herauswachsen – und eine gut gepflegte breite Auswahl anderer Pflanzen. Es gibt Lauben, Bassins, Schattengärten, bunte Rabatten, Waldgärten und Sitzplätze – wirklich jede erdenkliche Art von Gärten, darunter einige großartige Vorschläge, schlichte Familiengärten, formale Gestaltungen oder einen hochmodernen Gras- und Bambusgarten. In bescheidenem Umfang werden Skulpturen, Gartenmöbel und Accessoires ausgestellt. Jeder Besitzer eines kleinen Gartens wird hier etwas finden, das ihn interessiert.

 Apr. bis Okt., das erste Wochenende im Monat, 10–17, geführte Touren für Gruppen ab 20 Personen nach telefonischer Voranmeldung; Apr. bis Okt. tägl.

Weitere Informationen:
Oud Over 154a, 3632 VH Loenen
a/d Vecht
Tel.: 0294 231 572

Sehenswertes in der Nähe:
Der Fluß Vecht; Over-Holland

16 *Loenen: Terra Nova*

Westlich von Hilversum und nordöstlich von Utrecht, nördlich von Loenen am Ostufer des Flusses Vecht; A2/E35 Utrecht–Amsterdam, Ausfahrt 4, Vinkenveen, Richtung Loenen; in Loenen dort, wo die Straße nach rechts weiterführt, den Kanal überqueren und nach links abbiegen; Terra Nova liegt in einiger Entfernung links

Terra Nova ist ein bezaubernder Wald- und Wassergarten mit Bächen, kleinen Brücken und Landzungen, die in den Fluß Loosdrechtse hineinragen.

Auf dem Waldweg mischen sich Exoten wie Pagoden- und Trompetenbäume, *Ginkgo biloba*, rosafarbene Magnolien, der Tulpenbaum *Liriodendron tulipifera* und eine Sumpfzypresse wie selbstverständlich unter einheimische Bäume. In der Mitte einer Lichtung, umgeben von einem formalen Rosengarten mit Bögen und zylinderförmigen Eiben, steht eine Statue der Hebe, der Göttin der blühenden Jugend. Am Rand wachsen drei Exemplare *Pterocarya fraxinifolia*, der Kaukasischen Flügelnuß.

Der Weg führt vorbei an einer großen, aus St. Petersburg stammenden Figurengruppe, einem Karpfenteich, einer Uferböschung

mit Hortensien und weißen Roßkastanien bis ans Ende des Sees.

Seerosen, darunter die Gelbe Teichrose *(Nuphar lutea)*, und Inseln scheinen in die silbrige Ferne zu schwimmen. Streifen von Land und Wasser wechseln sich am Ufer ab.

Am entlegensten Punkt des Weges steht ein oktogonales hölzernes Teehaus mit Türmchen, von Rhododendren und Wildblumen umgeben. Ein Plankenweg führt am Wasserrand zurück. Im feuchten Boden gedeihen *Petasites japonica*, Weiden, Erlen, Schilf und Mädesüß, die Teichhühnern, Enten und Libellen Zuflucht bieten.

Maarssen: May Hobijn

Maarssen liegt nordwestlich von Utrecht; der Garten befindet sich zwischen Maarssen und Breukelen; von Breukelen rechts vor dem Begraafplaats (Friedhof) abbiegen, von Maarssen aus gleich links hinter dem Begraafplaats

Für zwei Monate im Jahr – während einer Skulpturenausstellung – öffnet May Hobijn jeden Sommer ihren Garten. Werke verschiedener moderner Künstler sind über den gesamten Garten verteilt.

Ausdrucksvolle Rabatten bieten eine Mischung aus Stauden, Zwiebel- und Knollenpflanzen sowie Rosen. Fesselnde Farbkombinationen aus afrikanischen Margeriten, rosafarbenen Doppelhörnchen, gelb- und kupferblättrigen Dahlien sowie pfirsichfarbenen Taglilien oder *Rosa mutabilis*, purpurblättriger Melde, *Atriplex atropurpurea*, roter Schafgarbe, orangefarbenen Lilien, scharlachroten Monarden und dunkelroten Taglilien sind unvergeßlich.

Das Haus aus dem Jahr 1700 besteht aus miteinander verbundenen Ställen mit Kutscherhaus, die einen Innenhof mit formalem Buchsgarten und Wasserbecken bilden. Eine Dachterrasse läßt den Blick über den Hauptgarten und die Mauer auf den Fluß Vecht auf der anderen Straßenseite schweifen.

Rundherum sind Gärten, darunter ein halbwilder Garten, wo sich Mohn zwischen *Salvia horminum*, Japananemonen und Hortensien selbst ausgesät hat, ferner Schattenrabatten und ein Farngarten. Jenseits der Gartenmauer, in einem schmalen Streifen am Deich, stehen Obstspaliere und sauber mit Buchs eingefaßte Blumenbeete. Außerdem gibt es einen quadratischen Steingarten mit verschiedenen *Sempervivum*-Arten, über 100 Rosen und einen Maulbeerbaum zu sehen.

Schön wäre es, den Garten ohne die Kunstwerke besichtigen zu können, die selten zu den Rabatten passen.

Letzte Maiwoche, Juni, Juli, bis Mitte Aug., Fr., Sa. u. So., 12–17, Gruppen ab 10 Personen nur nach telefonischer Voranmeldung

Weitere Informationen:
Straatweg 31, 3603 CV Maarssen
Tel.: 0346 560 518

Sehenswertes in der Nähe:
Goudesteyn (Rathaus von Maarssen)

Satte Farben und kühne Formen sind typisch für May Hobijns Pflanzungen.

8 Verschieden; rufen Sie vorher unter 085 610 616 an, um sich zu erkundigen

Weitere Informationen:
Landgoed Middachten 3,
6994 JC De Steeg
Tel.: 0264 954 998
Fax: 0264 995 115

Sehenswertes in der Nähe:
Kasteel Rosendael (siehe S. 62–63); Huis Bingerden (siehe S. 51); Nederlands Openlucht Museum Kruidentuin (siehe S. 61)

Blick vom Südparterre auf das Schloß aus dem 17. Jahrhundert.

18 *Kasteel Middachten*

Südwestlich von Dieren, zwischen Zutphen und Arnheim an der N348; A48, Ausfahrt 3, De Steeg, und dann Richtung Dieren; Middachten liegt an der Landstraße zwischen De Steeg und Dieren; bei den Alleen, die ein historisches Anwesen ankünden, genau auf den Eingang nach Middachten auf der rechten Seite achten

Kasteel Middachten wurde 1694 auf den Grundmauern eines älteren Gebäudes von Jacob Roman und Steven Vennecool entworfen. Stolz sitzt es in der Mitte des Burggrabens. Über eine Brücke erreicht man es vom mit Ställen flankierten *Cour d'honneur*.

Jeweils gegenüber einer Fassade liegt eine Freifläche. Kompliziertere Anlagen und eingefriedete Gärten finden sich in den Ecken des kreuzförmig angelegten Gartens. Von der Mitte zum Rand hin verändert sich der Garten vom Großen zum Kleinteiligen. Am Tor zur Westmauer flankieren zwei Staudenrabatten eine abgesenkte Rasenfläche. Links davon liegt ein eingezäunter Tennisplatz, ein Krocket-Rasen und ein Blumenparterre. Eine strohgedeckte Laube ruft einem in Erinnerung, daß bei der Wiederherstellung des Gartens aus dem 18. Jahrhundert viele der berühmtesten Gartenarchitekten des 19. und 20. Jahrhunderts ihre Hand im Spiel hatten.

Rechts der abgesenkten Rasenfläche befindet sich ein grünes Theater und ein beeindruckendes Eiben-Labyrinth. Das Südparterre liegt zwischen Kanal und Burggraben. Dem formalen Rosengarten in der nächsten Ecke folgt ein Englischer Rasen mit Rhododendren und Bäumen. In der letzten Ecke findet man einen Rasen mit Ginkgos, einen Kräutergarten und daran angrenzend, vor der Orangerie, einen von Orangenbäumen in weißen und blauen Kübeln geschmückten Blumengarten.

 15. Apr. bis 1. Nov., tägl. außer Mo., 10–18

Weitere Informationen:
Klaverland 9, 6566 JD Millingen aan de Rijn
Tel. u. Fax: 0481 431 885

Sehenswertes in der Nähe:
Der Rhein; Bergen Dal; Afrikanisches Museum; De Hagenhof (siehe S. 48–49)

Millinger Theetuin

5 km östlich von Nimwegen zwischen den Orten Kekerdom und Millingen aan de Rijn; der Teegarten kann nur zu Fuß durch das Naturschutzgebiet Millingerwaard erreicht werden; öffentlicher Nahverkehr: Buslinie 80 oder 81 vom Hauptbahnhof Nimwegen, an der Haltestelle Kekerdom Kirche aussteigen, nach 50 m rechts; den Wegweisern folgend ist es ein Fußmarsch von 2 km

Der Garten liegt in einer alten holländischen Flußlandschaft. Er war Teil einer alten Ziegelei und die Besitzer, Coen und Floor, pflegen ihn seit zehn Jahren. Sie versuchten trotz der kalten Winter in Nimwegen einen Garten wie im Süden zu schaffen, wo man einen großen Teil des Tages draußen verbringt.

Eine kachelgeschmückte, gewundene Betontreppe, die zu einer überdachten Veranda führt, wirkt sehr portugiesisch; ein mit flachen Flußkieseln gepflasterter Weg erinnert an eine griechische Dorfallee. Eine Klinkerwand mit sandfarbenem Kalkanstrich wirkt, als würde die Sonne immer scheinen. Die Bepflanzung der Rabatten ist prächtig: Hortensien, weißer Baldrian, Jakobsleiter und Rittersporn blühen um die Wette. Die Mischung aus winterharten Stauden und zarten Gewächsen schafft mediterranes Flair. Kübel mit Zitronenbäumen, *Tibouchina urvilleana*, Blumenrohr und sogar Palmen stehen in einem Innenhof mit efeubedeckten Mauern. Palmlilien werden in diesem geglückten Garten von Rittersporn kontrastiert.

20 *Nederlands Openlucht Museum Kruidentuin*

Nördlich von Arnheim; gut ausgeschildert von der Autobahn A12/E35 Den Haag und Utrecht und von der Autobahn A50/N50 von Zwolle und Apeldoorn; von der Innenstadt Arnheims den Wegweisern nach Apeldoorn folgen, bis das Museum ausgeschildert ist

Apr. bis Okt., tägl. 10–17; geführte Touren durch den Kräutergarten im Juni u. Juli, Di., 17–19

Weitere Informationen:
Schelmseweg 89, 6816 SJ Arnheim
Tel.: 0263 576 100

Sehenswertes in der Nähe:
Burgers Dierenpark (Zoo); Kasteel Rosendael (siehe S. 62–63); Arnheim

Dieses Freilichtmuseum zeigt traditionelle Gebäude wie Häuser, Windmühlen und Brücken aus den ganzen Niederlanden.

Der Kräutergarten des Museums präsentiert ansprechend eine umfassende Sammlung attraktiver Pflanzen. Vorwiegend im Renaissancestil angelegt, ist er von alten Klinkermauern umgeben und durch Hainbuchenhecken gegliedert. Inmitten üppiger Engelwurz, Iris und Königskerzen steht eine barocke Eisenpumpe. In den klinkergefaßten Beeten des mittelalterlichen Klostergartens wachsen Salbei, Raute, Liebstöckel, Andorn und Minze. Den größten Raum nehmen kleine, rechteckige Beete ein, in denen Arzneipflanzen nach ihrer Indikation sortiert wachsen, etwa beruhigende oder leberfreundliche Kräuter. Im Küchengarten, der wie ein alter holländischer Bauerngarten wirkt, wachsen Würzkräuter, traditionelle Gemüse und andere wichtige Kulturpflanzen.

Stellt man sich bei der faszinierenden Buchsbaum-Sonnenuhr auf die für den betreffenden Monat vorgesehene Bodenplatte, zeigt der eigene Körperschatten auf die entsprechende Stundenzahl aus *Buxus sempervirens*.

Die in der Gärtnerei für die Häuser und den Kräutergarten gezogenen Pflanzen stehen nicht zum Verkauf. Man findet dort viele alte Staudensorten und einen Obstgarten, in dem Pfropfreiser gezogen werden.

Die Buchsbaumuhr ist ein faszinierendes Element des Kräutergartens.

🏰 Ganzjährig, Di. bis Sa., 10–16, und nach Anmeldung; Gärtnerei: ganzjährig, Di. bis Sa., 10–16

Weitere Informationen:
Broekstraat 17, 6999 DE Hummelo
Tel.: 0314 381 120

Sehenswertes in der Nähe:
Grote Kerk, Doetinchem

Eine feinsinnige Mischung aus Gräsern und Blumen.

21 *Kwekerij Piet Oudolf*

Östlich von Arnheim, zwischen Zutphen und Doetinchem über die N314; in Hummelo die Straße nach Toldijk; die Broekstraat liegt links auf halbem Weg zwischen den beiden Orten

Piet Oudolf ist in Europa als Züchter begehrenswerter Stauden bekannt. Er ist darüber hinaus auch Gartenarchitekt. Das Grundstück ist zweigeteilt; vorn liegt ein Privatgarten und hinten die Gärtnerei.

Bemerkenswert an diesem Garten sind die außergewöhnlichen Pflanzenkombinationen von Oudolf. Die im Grunde pflegeleichten Pflanzen treten hier in subtilen Sorten neu zusammengestellt auf. Sterndolden in verschiedenen Rottönen stehen neben bronzeblättrigen *Euphorbia dulcis* 'Chamaeleon'. *Aesculus parviflora* konkurriert mit dichten Horsten von *Polygonum polymorphum*. Viele Stauden sind recht groß: Wasserdost, *Miscanthus sinensis*, das erwähnte *Polygonum*, sogar das *Sedum* 'Matrona' fällt sehr kräftig aus. Sie wurden mit großem Effekt anstelle von sonst verwendeten Sträuchern gepflanzt.

Zwischen den ihr Aussehen ständig verändernden Stauden stehen zu rechteckigen Säulen beschnittene, graublättrige Birnen und diagonale statische Eibenhecken, die einen beständigen architektonischen Rahmen bilden.

🏰 1. Mai bis 1. Nov., Di. bis Sa., 10–18, u. So., 13–18

Weitere Informationen:
Rosendael 1, 6891 DA Rozendaal
Tel.: 0263 644 645

Sehenswertes in der Nähe:
Burgers Dierenpark (Zoo); Nederlands Openlucht Museum Kruidentuin (siehe S. 61); Nationaal Park de Hoge Veluwe

22 *Kasteel Rosendael*

Nordöstlich von Arnheim; A12/E 35, Ausfahrt 26, Arnheim Noord, Richtung Velp Rozendaal; von der Innenstadt Arnheims den Wegweisern Richtung Apeldoorn folgen; jenseits der Stadtgrenze ist Rozendaal ausgeschildert; durch das Dorf fahren und links vor dem Kreisverkehr parken; der mit Begraafplaats und Bedriegertjies beschilderten Straße folgen

Obwohl das Schloß Rosendael aus dem 14. Jahrhundert stammt (aus dieser Zeit blieb der Rundturm erhalten), wurde der Garten nicht vor 1667 angelegt. Damals wohnten Janne und Jan van Arnhem darin, die mit Wilhelm von Oranien und Prinzessin Maria befreundet waren. Jan soll Wasserspiele, Parterres und andere Ornamente entworfen haben.

Ein Neffe, Lubbert Torck, beerbte die kinderlosen Arnhems 1721. Er renovierte das Haus, baute an und engagierte Daniel Marot, um den Garten zu modernisieren. Dieser änderte die Grundstruktur nicht, sondern fügte die Muschelgalerie und -grotte, die Laube, die Trickbrunnen (*bedriegertjes*) und die große Kaskade hinzu.

Ein erstes Mal wurde der Garten 1781 von der Mode des Landschaftsparks gestreift, doch erst 1834 grundlegend verändert.

J. D. Zocher d. J. entwarf den Park, wie er sich heute darstellt, indem er glücklicherweise Marots *Fabriques* erhielt. Viele der Einrichtungen, darunter die Muschelgalerie und die Orangerie, wurden im 2. Weltkrieg schwer beschädigt.

Erst 1972 wurde die Muschelgalerie restauriert. Die halbkreisförmige Konstruktion besteht aus zwei Quadranten mit einer Kaskade dazwischen. In jedem Quadranten finden sich Nischen mit Brunnen oder Bänken sowie ein Pavillon, dekoriert mit komplizierten Mustern aus 16 verschiedenen Muschelsorten, Perlmutt und lapislazuliähnlichen, blauen Steinen. Tintenfischschulpe sind in Perlmutt aufgereiht und große rosafarbene Muschelschalen zu Rosenmustern zusammengestellt, um Rosendael zu symbolisieren.

Daniel Marots kunstvolle, wunderbar restaurierte Muschelgalerie.

Rosendael fiel 1978 an die gemeinnützige Gesellschaft Het Geldersch Landschap und wurde zwischen 1984 und 1986 völlig restauriert. Panoramen wurden freigelegt, Rasenflächen neu eingesät und die Bassins und Zuleitungen zu den Wasserspielen neu abgedichtet. Die Trickbrunnen und die Muschelgrotte wurden 1996 restauriert.

Der Zustand des Gartens entspricht nun wohl dem der Jahrhundertwende mit drei unregelmäßig geformten Seen auf unterschiedlichem Niveau, durch Kaskaden und Wasserfälle miteinander verbunden, mit Burlesken wie der Hängebrücke und Trickbrunnen – ausgefallene barocke Spielereien in einer nicht ganz dazu passenden

---

 Slot Zuylen

Oud Zuilen liegt genau nordwestlich von Utrecht; A2/E35 nach Amsterdam, Ausfahrt Maarssen/Utrecht Noord, rechts auf der N230, nicht links nach Maarssen hinein, den Wegweisern nach Oud Zuilen und zum Schloß folgen

Slot Zuylen ist ein malerisches Wasserschloß mit vier oktogonalen Ecktürmen, erbaut um 1520. Besonders fällt die leider etwas vernachlässigte Zickzackmauer des Gartens auf. Nur in einigen Nischen der sich windenden Mauer stehen Nektarinen, Weinstöcke und Pfirsiche, und nicht alle dieser Bäume sind ordentlich beschnitten. Gegenüber sieht man etwas, das wie vergessene Dahlien, Frauenmantel, Pfingstrosen und Taglilien aussieht. Zwischen diesem traurigen Garten und dem Burggraben stehen einige Spalierbirnen.

In einem Oval, umgeben von säulenförmigen Birnbäumen, gibt es einen Obstgarten und ein Buchsparterre. Die Pflanzen in den *Plates-bandes* des Buchsparterres werden einzeln, nach dem Vorbild des 17. Jahrhunderts, gesetzt. Der Englische Landschaftsgarten wurde um 1840 von J. D. Zocher angelegt.

Öffnungszeiten wie beim Schloß

15. März bis 15. Mai u. 15. Sept. bis 15. Nov., Di., Mi., Do., 11–17, Sa. u. So., 14–17; geführte Touren: 15. Mai bis 15. Sept., Di. bis Do., 11, 13 u. 16, Fr., 11, Sa., 14–16, So., 13–16

Weitere Informationen:
Tournooiveld 1,
3611 AS Oud Zuilen
Tel.: 0302 440 255

Sehenswertes in der Nähe:
Utrecht: Kathedrale, Museen, Galerien; Kasteel Groeneveld; Cantonpark, Baarn

Jederzeit

Weitere Informationen:
Apeldoornseweg, Arnheim
Tel.: 026 368 7911 (Gemeinde)

Sehenswertes in der Nähe:
Arnheim: Städtisches Museum, St
Walpurgisbasiliek, Belvedere; Witte
Molen (Wassermühle); der Garten
von Frau L. Kloeg im Braamweg 6,
Arnheim, Tel.: 026 442 4730 (nach
Anmeldung vom 15. April bis Ende
Juni)

24 *Sonsbeek und Zypendaal Parks*

Von der Innenstadt Arnheims den Wegweisern nach Apeldoorn folgen; wenn die
Straße ansteigt, liegt links Sonsbeek Park

Der schöne, 68 ha große Park Sonsbeek wurde ursprünglich 1742
mit majestätischen Buchen, Eichen und Rhododendren angelegt.
Wege führen durch den Wald, es gibt Seen mit Fontänen und andere miteinander verbundene Gewässer.

Dieser Park grenzt an Zypendaal, wo neben dem attraktiven
Wasserschloß eine weite Grasfläche mit fünf großen Blutbuchen
liegt. Schöne Spazierwege führen durch den nicht sehr großen, aber
immer wieder abwechslungsreichen und wohlproportionierten
Landschaftsgarten, der dennoch Weitläufigkeit atmet. Gegenüber
des Schlosses werden zwei Pavillons durch ein ornamentales Parterre voneinander getrennt.

**Im April, Sa., So. u. Schulferien,
12–17; Mai bis Sept., Di. bis Fr.,
10–17, Sa., So. u. Schulferien,
12–17; im Okt., Sa. u. So., 12–17**

Weitere Informationen:
Nieuw-Loosdrechtsedijk 150,
1231 LC Nieuw-Loosdrecht
Tel.: 0355 823 208

Sehenswertes in der Nähe:
Kasteel Groeneveld

Das Buchsparterre.

25 *Kasteel–Museum Sypesteyn*

Westlich von Hilversum; A27/E311, Ausfahrt Hilversum, dann die N201 Ringstraße;
dem Wegweiser nach Nieuw-Loosdrecht folgen; Sypesteyn ist gut ausgeschildert

Das romantische Schloß wurde Anfang des 20. Jahrhunderts von
Henry van Sypesteyn auf den Fundamenten dessen gebaut, was er
für das Haus seiner Vorfahren hielt, das von den Armeen Ludwigs
XIV. zwischen 1672 und 1673 zerstört worden war. Der Garten wurde
gleichzeitig von Henry van Sypesteyn nach Vorbildern aus dem 16.
und frühen 17. Jahrhundert angelegt.

Der über zwei Steinbrücken zugängliche formale Garten liegt auf
der Schloßinsel. Drinnen findet man eine Birnen-Pergola und darin,
hinter schönen schmiedeeisernen Toren, ein hübsches Buchs-Parter-
re, bepflanzt mit Stauden wie Fetthennen und Sonnenhut. Hainbuchen, geflochtene Linden und Edelkastanien umgeben den Ort. Einige exotische Bäume wie *Cercis siliquastrum*,
der Tulpenbaum *Liriodendron tulipifera*, *Ailanthus altissima*, *Cladastris lutea* und ein dramatisch trauernder Schnurbaum fallen auf.
Ein winziger Formschnittgarten befindet
sich am Ende eines Obstgartens auf der anderen Seite des Burggrabens, wo Quitten-
und Walnußbäume neu angepflanzt wurden.
In den benachbarten Blumenbeeten stehen
Funkien und Astilben in Gruppen beisammen.

Dahinter führt eine *Patte d'oie* aus drei Wegen entweder in den Wald oder zum *Doolhof*. In diesem Hainbuchen-Labyrinth wächst ein *Sorbus aria*. Das Anwesen dehnt sich bis in die Landschaft aus, wo es Flächen mit verschiedenen Baumarten gibt, eine mit Eiben und Rhododendren, einen Eichenwald und einen mit einer Buchenallee, die schon auf Karten aus dem 18. Jahrhundert dokumentiert ist.

 # *Thijsses Hof*

Bloemendaal liegt nordwestlich von Haarlem; N200 nach Zandvoort; in Overveen den Wegweisern nach Bloemendaal und dann der Hauptstraße auf etwa 1,5 km folgen; Mollaan liegt links

1. Apr. bis 31. Okt., Di. bis Sa., 9–17, So., 9–13; 1. Nov. bis 30. März, Di. bis Sa., 9–16; geschlossen von 24. Dez. bis 2. Jan.

Weitere Informationen:
Mollaan 4, 2061 BD Bloemendaal
Tel.: 0235 262 700

Sehenswertes in der Nähe:
Nationaal Park de Kennermeduinen; Haarlem: Frans Hals Museum, Teyler's Museum, St Bavokerk

Der holländische Lehrer und Biologe J. P. Thijsse (1865–1945) bemerkte, daß ein großer Teil der holländischen Umwelt unter der Industrialisierung und Besiedelung litt, und meinte, öffentliche Parks und Privatgärten seien kein adäquater Ersatz für verlorene Natur. Mit seinem Gärtner und Landschaftsgestalter Leonard Springer schuf Thijsse 1925 einen Naturgarten, der entsprechend den neuen Wissenschaften Geobotanik und Pflanzenökologie gestaltet und zum Vorbild der *Heemparks* und *Heemtuins* in Holland wurde.

Im Garten gibt es verschiedene Lebensbereiche, darunter Wasser, Wald, Heide und sogar ein Getreidefeld. Pfade schlängeln sich um einen Teich in der Mitte, dünentypische Wälder umgeben den Ort. Einige Wiesen werden gemäht, andere blühen. Imkerei wird mit einem Bienenkorb und Beispielpflanzen anschaulich demonstriert. Pflanzen sind häufig beschildert, aber leider nur mit ihrem holländischen Namen. Ein entsprechendes Nachschlagewerk wäre hier hilfreich.

Der Geburtsort des *Heemtuin*, des ökologischen Gartens.

🕑 1. März bis 30. Nov., Mo. bis
Fr., 9–17, Sa. u. So., 10–17

Weitere Informationen:
Budapestlaan 17, Utrecht,
De Uithof
Tel.: 0302 531 826

Sehenswertes in der Nähe:
Utrecht: Kathedrale, Kunstgalerien
und Museen

**Koniferen und Felsbrocken bilden
einen Kontrast zu den sonnenliebenden Blumen.**

27 *Utrecht: Festung Hoofddijk Universiteit Botanische Tuinen*

Auf der A28/E30 nach Amersfoort, dann Ausfahrt 2, De Uithof, Universitätsgelände;
De Uithof und später der botanische Garten sind ausgeschildert

Seit 1964 gehört die Festung Hoofddijk der Universität Utrecht.
Einst war das 1879 erbaute Fort Teil der Befestigung Utrechts. Die
ehemaligen Bunker bilden den Grundstein des größten Steingartens
Europas. Jüngst wurde der Garten erweitert und umfaßt nun einen
systematischen Garten, den *Buitenfort* mit einheimischen holländischen Arten, den Forschungsgarten mit tropischen und subtropischen Gewächshäusern und Themengärten.

Der steile Steingartenhügel, auf dem alle Pflanzen beschildert
sind, ist mit Balken und Moos terrassiert. Zuchtsorten findet man am
Eingang des Gartens, während Arten aus aller Welt in abgetrennten
Bereichen wachsen. Am Fuß der Anlage befindet sich ein kleines
Alpenhaus, umgeben von Kübeln, in denen weitere Gebirgspflanzen
wie die hübsche gelbblühende *Verbascum* 'Letitia' wachsen.

Der systematische Garten wurde modern in sechseckigen Beeten
angelegt und zeigt die wichtigsten Pflanzenfamilien und ihre Ver-
wandtschaftsbeziehungen. Eine Utrechter Besonderheit ist das Gewächshaus mit südamerikanischen Pflanzen.

Jenseits des Gewächshauses liegt die neueste Errungenschaft,
die 1995 eröffneten Themengärten. Sie wurden von Arda Wijsbek
gestaltet und reichen vom Landschaftsgarten über einen Religions-
bis hin zu einem Vampirgarten. Man findet dort aber auch blühende
Wiesen, eine Glyzinenpergola mit einer üppig bepflanzten Sommer-
blumenrabatte und einen japanischen Wassergarten.

🕑 Ganzjährig, Mo. bis Fr., 9–17
sowie Sa. u. So., 10–17

Weitere Informationen:
Vossesteinsesteeg 8, Doorn
Tel.: 0302 531 826

Sehenswertes in der Nähe:
Huis Doorn, das von einem Landschaftspark umgebene Wohnhaus
des letzten deutschen Kaisers, Wilhelm II.

28 *Von Gimborn Arboretum*

Südöstlich von Utrecht; von der Autobahn A12/E36 Utrecht-Arnheim Ausfahrt
Driesbergen, Richtung Doorn; das Arboretum ist ausgeschildert

Das von einem Landschaftsarchitekten namens Bleeker entworfene
Arboretum wurde nach seinem Gründer, dem Tintenfabrikanten
Max von Gimborn, benannt. Von Anfang an sollte es sowohl Landschaftspark wie Arboretum um ein dann doch nie gebautes Haus
sein.

Von Gimborn hoffte, eine profunde Koniferensammlung anzule-
gen. Er interessierte sich ebenso für Erikagewächse und legte einen
Heidegarten in der Mitte des Arboretums an.

Nach dem 2. Weltkrieg verfiel das Arboretum und nur ein berühmter Wald mit Hemlocktannen sowie der Heidegarten wurden gepflegt.

Nach von Gimborns Tod 1964 wurde das Arboretum Eigentum der Utrechter Universität. Sie stellte fest, daß der Boden in Fort Hofddijk (siehe S. 66) für ein Arboretum ungeeignet war und gliederte das Gelände dem botanischen Garten an. Heutzutage steht das Arboretum in alter Pracht. Die meisten Pflanzen sind beschildert, einige erst nach schwierigen Fragen an Experten. Die Universität konzentriert sich auf die Sammlung von *Aceraceae, Betulaceae, Coniferae, Ericaceae, Oleaceae* und die Gattungen *Euonymus, Laburnum* und *Magnolia*.

Zu jeder Jahreszeit gibt es viel zu sehen: die sich abschälende Rinde von *Prunus serrula* und winterblühende Heiden im Januar, Magnolien und Ahorne im April, die lilablütige Azalee *Rhododendron* 'Amoenum' und *R. mollis*-Kultivare im Mai, Roßkastanien im August sowie herrlich gefärbte Felsenbirnen, Lärchen und Tulpenbäume vom September bis zum ersten Frost.

Lichtungen unterbrechen bewaldete Flächen im Arboretum.

---

29 *Wageningen: Belmonte en Driejen Botanische Tuinen*

Autobahn E12 Utrecht–Amsterdam, Ausfahrt 24, Wageningen, weiter auf der N781, die ersten zwei Ampelkreuzungen überqueren und an der ersten Abzweigung links nach Belmonte oder rechts nach De Drijen (zwei Blocks später) abbiegen

Jederzeit

Weitere Informationen:
Landbouwuniversiteit Wageningen, Generaal Foulkesweg 94, 6700 ED Wageningen oder Postfach 8010, 6700 ED Wageningen
Tel.: 0317 483 160

Sehenswertes in der Nähe:
Kasteel Duurstede Park; Kasteel Doorwerth; Kasteel Renswoude

Das Anwesen Belmonte wurde 1951 von der Regierung angekauft, damit die Landwirtschaftliche Universität Wageningen dort ein Arboretum anlegen konnte. Das italienische Haus und die Anlagen von 1843 wurden schon 1945 zerstört.

Mit den Pflanzungen wurde 1953 begonnen, und obwohl der Schwerpunkt auf botanischen und wissenschaftlichen Aspekten lag, wurden die optischen Belange nicht ignoriert. Wie der Name Belmonte nahelegt, bietet der Hügel schöne Aussichten auf die umgebende Landschaft – in den Niederlanden eher eine Seltenheit.

Gehölze aus aller Welt bieten zu jeder Jahreszeit blühende Aspekte. Die Saison beginnt mit winterblühender Heide (*Erica carnea*-Sorten) und Haseln, gefolgt von *Corylopsis* ssp. *forsythia* und Mahonien im Frühling, dann folgt ein Crescendo von Rhododen-

dren, Magnolien und vielen Kirschen sowie Holzäpfeln im Frühsommer. Im Herbst bezaubern Ahorn, Hagebutten und viele Beeren.

Attraktive Ahorne und Gruppen von Federbuschsträuchern stehen neben Haseln und Pfaffenhütchen sowie verschiedenen Weiß-
dornen, darunter *Crataegus submollis* 'Sargentia' mit 7,5 cm langen
Dornen. *Quercus dentata* 'Murray' wurde mit der niedrig wachsenden
Forsythie 'Arnold Dart' (syn. 'Arnold Dwarf') unterpflanzt.

Das benachbarte De Dreijen war der Versuchsgarten der ersten
Schule für Landschaftsgestalter, ein Vorläufer der Landwirtschaftli-
chen Universität Wageningen. Der Entwurf stammte von Leonard
Springer. Überbleibsel seines Arboretums stehen im Steingarten östlich des Teiches.

Für Amateurgärtner ist dies ein besonders schöner botanischer
Garten. Die systematischen Beete zeigen eine umfangreiche, alpha-
betisch nach Familien geordnete Staudensammlung. Pflanzen wie
Mirabilis jalapa werden getestet. In einem Küchengarten wachsen
Arznei- und Färberpflanzen. Im Juni blühen mehr als 600 Rosensor-
ten, begleitet von einer großen Sammlung Moosrosen, darunter
Rosa 'Nuits de Young' und *R.* 'Blanc Mousseaux'. Viele Rosen wach-
sen nahe einer formalen Anlage um die Büste Linnés.

In Belmonte wurden Bäume und
Sträucher mit Wildblumen und
Gras unterpflanzt.

30 *De Hof van Walenburg*

Südöstlich von Utrecht; N225 Richtung Arnheim, in Doorn südlich auf die N227 nach Langbroek abbiegen; an geöffneten Tagen ist der Garten gut ausgeschildert

Beim Eintritt in Walenburg kommt einem unweigerlich Sissinghurst Castle in Südostengland in den Sinn. Ein romantischer Turm blickt genauso über den Garten und die üppige Bepflanzung mit alten Rosen verstärkt den Eindruck. Dennoch gibt es Unterschiede. Der Turm grenzt an ein Haus aus dem 16. Jahrhundert und steht inmitten eines kleinen Gartens auf einer „Insel", umgeben von einem Burggraben. Eine Brücke schafft die Verbindung zum Garten. Der Architekt E. A. Canneman und seine Frau, M. E. Canneman, entwarfen den Garten 1965. Zwei sich kreuzende Achsen, eine davon vom Turm zur Brücke, teilen den Garten in vier „Räume" um einen zur Hälfte geschlossenen Kreis in der Mitte.

Im ersten „Raum" stehen auf der einen Seite ein Gewächshaus und eine Kübelpflanzensammlung, auf der anderen ein Kräutergarten sowie eine Mischung aus Rosen und Rittersporn. Außen vor dem Gewächshaus wachsen pastelltonige Pflanzen: rosa Spinnenpflanzen, *Lavatera* 'Barnsley' und *Clematis viticella* 'Etoile Rose'. Von dort aus gelangt man über den Kreuzweg zum Weißen Garten, dessen Herzstück die muschelrosa Moschata-Hybridrose 'Penelope', *Rosa* 'Schneewittchen' und *Alchemilla mollis* bilden. In jede Ecke wurde ein *Viburnum* 'Mariesii' mit hortensienähnlichen Blüten gesetzt.

Am besten geht man am Kanal entlang, statt gegen den Besucherstrom auf dem Kreuzweg anzurennen. Von dort hat man einen ausgezeichneten Blick entlang der von Blütengehölzen und der Rose 'Veilchenblau' gesäumten Hauptachse über ein Rondell und die Brücke bis hin zum Turm.

Hier sind die Rabatten üppig bepflanzt. Gelbe Strauchpäonien, Gewürzstrauch und *Enkianthus campanulatum* wurden mit weißblühenden Stauden unterpflanzt. Zur Brücke hin mischen sich mit *Hydrangea serrata* 'Acuminata Rosalba', Silberkerzen, Sterndolden und Anemonen Rosa, Blau und Weiß in die Rabatten.

Das dritte Viertel ist der Rosengarten. Eine herrliche Sammlung alter Rosen wurde in der Mitte um neuere, länger blühende Sorten ergänzt. Das letzte Viertel ist an einer Seite geöffnet, so daß man von einer Bank aus über den Burggraben auf einen hübschen privaten Terrassengarten blicken kann.

Im Jahr 1999: 24. Mai, 25. u. 26. Juni, 16. u. 17. Juli, 11. Sept., 10–17; die Öffnungszeiten der folgenden Jahre können im voraus bei der Tuinenstichting erfragt werden (siehe unten)

Weitere Informationen:
Langbroekerdijk A29,
3947 BR Langbroek
Nederlandse Tuinenstichting:
Tel.: 0206 235 058

Sehenswertes in der Nähe:
Hardenbroek; Leeuwenburgh;
Kasteel Duurstede und wijk-bij Duurstede

Der mittelalterliche Turm blickt über den Garten mit alten Rosen.

🗓 Ende Mai, Anfang Juni, Mitte Juli u. Mitte Okt., So. 10–18; telefonisch rückfragen, da sich die Öffnungstage jedes Jahr ändern

Weitere Informationen:
Frau Stelling, Wiserallee 9, Vorden
Tel.: 0573 451 409

Sehenswertes in der Nähe:
Kasteel Ruurlo; Huis de Voorst; Zutphen: Grote Kerk; Berkelpoort

Ein romantischer Fluß schlängelt sich durch einen Teil des Gartens.

31 De Wiersse

Südöstlich von Apeldoorn, zwischen Zutphen und Ruurlo; auf der N346 von Zutphen, dann die N319 Richtung Vorden und Ruurlo; der Eingang von De Wiersse ist an der 16,7-km-Markierung auf der Zutphen-Winterswijk Straße; an geöffneten Tagen gut ausgeschildert

Um das Wasserschloß herum liegen einige unterschiedliche, reizvolle Gärten: ein Lustgarten des 18. Jahrhunderts, ein Rosengarten im französischen Stil, ein englischer „Senkgarten" sowie ein Waldgarten. Gerade Strukturen wie Buchenalleen und Kanäle umgeben den gesamten Bereich. Ein gewundener Fluß mit rhododendren- und azaleenbewachsenen Uferböschungen durchzieht das Gelände. Die Anlage kombiniert formale mit romantischen Elementen.

Der Park steckt voller unerwarteter Kontraste, Blickachsen auf Statuen oder hinaus ins Land. Sumpfzypressen, riesige Buchen und Bambus sind unterpflanzt mit *Maianthemum bifolium*.

Die Mutter der jetzigen Eigentümer, Alice de Stuers, legte 1912 im Alter von 17 Jahren den Rosen- und den Senkgarten an. Trotz Überarbeitung sind sie im wesentlichen noch im Originalzustand. In der Mitte des Senkgartens steht ein rundes Becken mit Fontäne, an drei Seiten von Staudenrabatten und an einer von einer Pergola mit Rosen, Geißblatt und Glyzinen umgeben. Das sieht sehr attraktiv, sehr englisch aus. Ein langer Laubengang führt von einem runden Springbrunnen zu einem versteckten Garten mit alten Obstbäumen.

Im frühen Mai blühen Hundszahn, Steppenkerzen und Dreiblatt zusammen mit den Obstbäumen und Magnolien, gefolgt von Rhododendren und Azaleen, Tränendem Herz und Trollblumen. Im Juni blühen *Clematis*, Rosen und Storchschnabel. Die Staudenbeete sind im Juli am schönsten, wenn auch *Primula florindae* am Flußufer und die Seerosen in den Teichen blühen. Im Oktober leuchtet das Laub bunt.

🗓 Mai bis Aug., Sa., 13 bis Sonnenuntergang

Weitere Informationen:
Woeziksestraat 473,
6604 CE Wijchen
Tel.: 0246 417 044

Sehenswertes in der Nähe:
Nimwegen: Valkhof Park, Grote Markt; De Brinkhof und Kasteel Hernen (siehe S. 53)

32 Wijchen: Arnoldshof

6 km westlich von Nimwegen, südlich der A326 Nimwegen–Den Bosch; Ausfahrt Beuningen, Richtung Wijchen; die Woeziksestraat liegt an der ersten Ampelkreuzung, die Nummer 473 ist auf der linken Seite

Arnoldshof offenbart sich nur langsam. Persischer Flieder an der Zufahrt verdeckt halb die Komposthaufen und Anzuchtbeete. Nahe am Haus taucht auf einmal ein Hofgarten mit in bunter Mischung blühenden Pfingstrosen, Gillenias, Diptam und Iris auf. Hinter dem Haus stehen an einer mit Rabatten eingefaßten Rasenfläche drei Einzelbäume, *Liriodendron tulipifera*, *Quercus* x *hispanica* (syn. *Q.* x *lucombeana*) und *Juglans nigra*.

Auf sonnigen Flächen wurden Gräser neben *Ligularia dentata* mit unterseitig purpurfarbenen Blättern und kühl blaue *Amsonia orientalis* gesetzt. Im schattigen Bereich wachsen *Ribes speciosum*, Funkien und Farne. Eine beneidenswerte Staudensammlung schließt *Anemone levellei*, Türkenbundlilie, Rittersporn, Mohn, Taglilien, tiefrote Sterndolden und Funkienhorste mit ein.

Im Mittelteil des Gartens ist ein abgesenktes, geklinkertes Becken von einer mit Wein, Glyzinen, *Clematis*, Geißblatt, *Akebia quinata*, Strahlengriffel und Rosen bewachsenen Pergola umgeben. Würde der Garten hier enden, wäre man schon zufrieden und hätte eine Vielzahl perfekt gestalteter Pflanzen gesehen. Doch der wichtigste Teil des Gartens kommt erst noch.

Der Japanische Garten wurde nach dem Vorbild der Heian-Epoche (794–1185) gestaltet und ist stilecht über einen *roj* oder taufeuchten Weg zu erreichen. Hier, am Übergangsbereich, befinden sich eine Steinlaterne, ein Wasserbecken, das Läuterung symbolisiert, sowie eine überdachte Bank, um sich vor dem Eintritt in das von einem Teich gebildete Herzstück des Gartens zu sammeln. Ein Wasserfall, Frösche, Seerosen und zwei kleine Inseln sehen von jeder Stelle des Weges anders aus. Trittsteine wurden im ganzen Garten verlegt. Die Inseln stellen Kranich und Schildkröte dar, die Symbole eines langen Lebens. Überall blühen Orchideen, Primeln und *Iris ensata*.

Im Juli sind die *Iris ensata* im gelungen gestalteten Japanischen Garten am schönsten.

Zeist: Dieptetuin Valkenbosch

A28/E30 Utrecht–Amersfoort, Ausfahrt 3, Den Dolder, dann rechts nach Zeist hinein, den Boulevard entlang; an der ersten Abzweigung die geradeaus führende Straße nehmen, die zweite Straße links ist die Van Tetslaan; der Garten ist unauffällig ausgeschildert

Dieser kleine „Senkgarten" hat eine sanfte Lutyens- und Jekyll-Atmosphäre. Gleich hinter dem Tor liegt ein Felsenhang mit alpinen Gewächsen. Staudenrabatten mit Goldrute, Taglilien, Rittersporn, Ehrenpreis, Glockenblumen und Inkalilien umgeben einen abgesenkten Rasen mit einem Springbrunnen in der Mitte. Alles ist gut gepflegt, viele Pflanzen sind beschildert. Rustikale Steinstufen führen hinauf zu mit Glyzinen und Trompetenwinde berankten Pergolen, unter denen Farne wachsen. Der Garten wurde 1909 von C. Smitskamp für ein heute verschwundenes Haus entworfen. Leider trat an dessen Stelle ein gefühlloses modernes Gebäude.

 März bis Okt., 8 bis Sonnenuntergang

Weitere Informationen:
Van Tetslaan, Zeist

Sehenswertes in der Nähe:
Das nahegelegene Slot Zeist ist ein Kulturzentrum mit einem Restaurant im Souterrain, wo eine von Daniel Marot entworfene Muschelgrotte zu sehen ist; ein interessanter Privatgarten befindet sich in der Lyceumlaan 6, 3707 EC Zeist, M. Diepeveen, Tel.: 0306 924 837, Fax: 0306 924 047

Die Gärten

1 Kasteeltuinen Arcen

2 Kasteel Baexem

3 Proefstation, Boskoop

4 Kasteel Bouvigne

5 Cultuurtuin, Botanische Tuin, Delft

6 Clingendael

7 Westbroekpark

8 Han Njio Tuin

9 Huys de Dohm

10 De Kempenhof

11 De Keukenhof

12 Lenshoek Tuin

13 Hortus Botanicus, Leiden

14 De Heerenhof

15 Odulphushof Botanische Tuinen

16 Arboretum Oudenbosch

17 D'n Hof Botanische Tuin

18 De Rhulenhof Kwekerij en Tuinen

19 Slot de Nisse

20 Botanische Tuin Jochum-Hof

21 De Tintelhof

22 Arboretum Trompenburg

Legende

≡≡≡ Autobahnen

══ Wichtige Fernstraßen

Gärten

● Größere Städte

● Kleinere Orte

Südliche Niederlande

Die vier Provinzen der südlichen Niederlande unterscheiden sich stark voneinander. In Zuid-Holland liegt die Hauptstadt der Niederlande, Den Haag (oder s'-Gravenhage) mit Museen, Galerien und Geschäften. Zusammen mit der Industrie- und Hafenstadt Rotterdam bildet sie die südliche Schleife der „Randstad", der Ringstadt. Nördlich dieser dichtbesiedelten Region liegt das „Grüne Herz", intensiv bewirtschaftetes Weide- und Ackerland mit den historischen Städten Leiden und Gouda sowie den Zwiebelblumenfeldern in De Keukenhof (siehe S. 86). Die flache Landschaft im *Bollenstreek* oder „Zwiebelstreifen" ist im Frühling mit bunten Rechtecken gepflastert. Der Boden ist erstaunlich fruchtbar und das von Deichen durchzogene Gartenzentrum Boskoop (siehe S. 80–81) einen Besuch wert.

Die dem Meer abgerungene Provinz Zeeland, gesprenkelt mit kleinen Dörfern und Städten, war vor dem 1986 abgeschlossenen Delta-Projekt ständig von schweren Fluten bedroht. Durch dieses Projekt wurden die Mündungen von Rhein, Maas und Schelde eingedeicht und die Inseln Zuid-Hollands und Zeeland geschützt. Middelburg, die größte Stadt der Provinz, hat einige schöne Gebäude, wobei Veere, eine kleine

Rosen heben sich im Kasteel Bouvigne gut von beschnittenen Eiben ab.

Das Arboretum Trompenburg besitzt eine wundervolle Koniferensammlung.

Die Rosenversuchsflächen in Westbroekpark in Den Haag.

Hafenstadt, gewiß reizvoller ist. Viele der herrlichen Privatgärten, die es hier gibt, sind leider nur an bestimmten Wochenenden oder nach Anmeldung zu besichtigen (siehe S. 85, 86, 91 und 92), was eine Vorausplanung erfordert. Nur der zum Botanischen Museum Kasteel Westhoeve gehörige Garten mit einheimischen Pflanzen hat regelmäßige Öffnungszeiten.

Nordbrabant erstreckt sich von der Nordsee fast bis an die deutsche Grenze und ist die zweitgrößte Provinz der Niederlande. Die im Norden von der Maas begrenzte Provinz besteht vor allem aus sandigem Heideland, wie man es von Nordflandern kennt. Es gibt sowohl reizvolle Waldgärten, etwa Landgoet Lievensberg bei Bergen op Zoom, wie auch das Industriegebiet rund um Eindhoven. Die Städte Breda mit ihrem Kräutergarten im Begijnhof (siehe S. 81) und die Hauptstadt s'-Hertogenbosch (Den Bosch) sollte man unbedingt erkunden.

Die Provinz Limburg streckt sich lang und schmal im Norden von Gelderland an der deutschen Grenze bis zur

belgischen Provinz Lüttich im Süden. Die Hauptstadt
Maastricht ist eine der ältesten Städte des Landes, ein
Kreuzungspunkt zwischen Deutschland, Belgien und den
Niederlanden. Es ist eine lebendige, schöne Stadt mit zwei
romanischen Kirchen, hübschen Plätzen und alten Stadt-
mauern. In Limburg findet man so interessante Gärten
wie De Heerenhof (siehe S. 88),
Kasteel Baexem (siehe S. 80)
sowie die der Gestalter Ineke
Greve in Huys de Dohm (siehe
S. 84–85) und Han Njio (siehe
S. 84). Weitere Gärten sind in
Kasteel Mheer, Kasteel Eijsden
und Kasteel Neercann zu sehen,
letzteres ein Hotel mit einem
steilen, terrassierten Garten.

Ausgefallene Kontraste in Form,
Textur und Farbe machen Han Nji-
os Garten zu etwas Besonderem.

Im makellosen Huys de Dohm besteht die Zickzackhecke aus Hainbuche. Als Bodendecker dient
Tiarella cordifolia.

28 März bis 30. Sept., tägl., 10–18; Okt. tägl. 11–17

Weitere Informationen:
Lingsforterweg 26, Arcen
Tel.: 077 473 1882
Fax: 077 473 2501

Sehenswertes in der Nähe:
Venlo: Stadhuis, St Martinuskerk

Kasteeltuinen Arcen

An der deutschen Grenze, südlich von Nimwegen, östlich von Eindhoven und genau nördlich von Venlo; auf der N271 Venlo–Nimwegen ist die Ausfahrt nach Kasteeltuinen deutlich ausgeschildert

Das aus dem 17. Jahrhundert stammende Kasteel Arcen wurde 1988 komplett restauriert. Gleichzeitig wurde die große Schaugartenanlage entworfen, um zahlreiche Besucher, sowohl Erwachsene als auch Kinder, anzuziehen.

Drei von Wassergräben umgebene Inseln bilden das Zentrum der Gärten. Das Wasserschloß mit Nebengebäuden, heute Restaurant, Töpferei und verkaufsoffene Orangerie, befindet sich auf der ersten Insel. Nach dem Übergang von der ersten zur zweiten Insel führt ein Laubengang oder *Berceau* einige Stufen zu einer Aussichtsplattform, von der aus man die Umgebung von oben

Das Thai-Haus blickt auf einen Teich mit Koi-Karpfen.

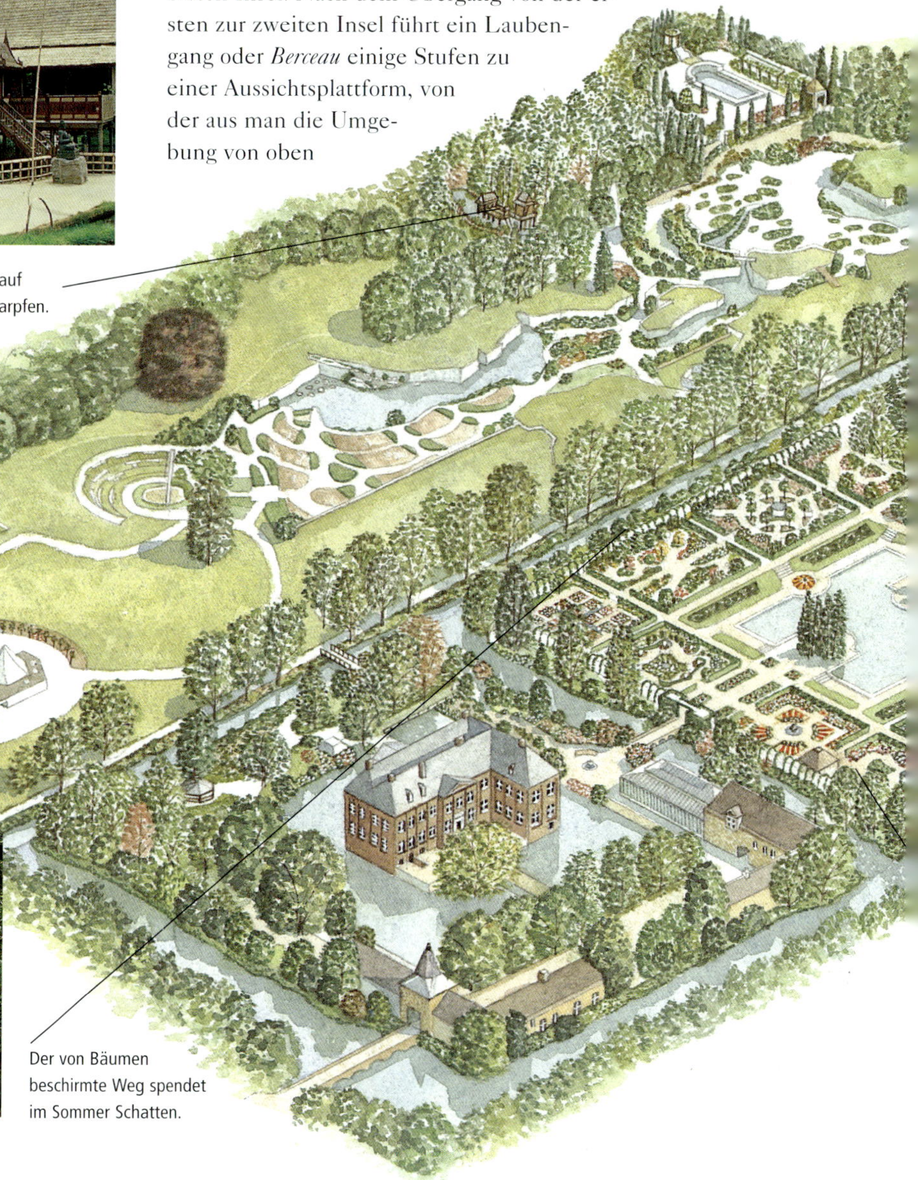

Der von Bäumen beschirmte Weg spendet im Sommer Schatten.

In diesem Themengarten führen
Metallgitter über einen Teich.

Die Wasserbecken in der
Parkmitte wirken kühn und
spektakulär.

Klinkermuster kontrastieren
auffällig mit den Kies-
flächen entlang des mit
Frauenmantel gesäumten
Pfades.

Blühende Miniaturrosen und weiße Hornveilchen um ein rundes Wasserbecken.

sehen kann. Die zweite Insel ist die Roseninsel, wo zehn verschieden gestaltete Rosengärten um ein barockes Bassin und einen muschelförmigen Wasserfall herum angelegt wurden. Ein Kletterrosengarten grenzt an ein Vogelhaus voller bunter Papageien. Die Rosen werden von einer eckigen schwarzen Eisenpergola mit kleinen Pyramiden gestützt. Der Miniaturrosengarten und die Sammlung alter Rosen, unterpflanzt mit Storchschnabel und Veilchen, werden durch die Zugabe von Begonien und gefühligen Statuen etwas verdorben. Einem klassischen Rosengarten mit alten Rosen, ergänzt durch Pfingstrosen, folgt ein romantischer Garten mit um Obelisken geschlungenen Kletterpflanzen. Insgesamt gibt es 20.000 Rosen.

Neben einem Funkien-Garten blickt eine auf einem Betonpfeiler sitzende, stilisierte Katzenfigur über die Brücke zur dritten Insel, dem *Sparrenbos* oder Nadelwald. Von einer Aussichtsplattform führt ein Plankenweg durch einen dunklen Nadelwald, wo sich Hühner, Wild, vietnamesische Hängebauchschweine und Kunstwerke den schlammigen Boden teilen.

Verläßt man die drei Inseln, setzt sich der Weg unter einem schräggebauten Klinkerbogen fort, der den Wechsel vom alten Schloßgarten zum neuen, schattigen Blättergarten oder *Lommerick* symbolisiert. Rechtwinklige Wege aus geometrischen Platten verlaufen zickzackförmig zwischen kühnen Blattpflanzen und Astilben, Iris und Taglilien. An manchen Stellen bilden kleine Bäume eine Kuppel – eine lebendig gestaltete, moderne Landschaft.

Ein riesiges Gewächshaus, die Casa Verde, mit Zylinderputzer, Schlafbaum, Palmen, einer großen, alten Feige und vielen anderen tropischen und subtropischen Gewächsen schließt daran an. Der

Rundgang durch die Casa Verde wird vom plätschernden Wasser der von Strelitzien und Kallas begleiteten Wasserfälle und Bäche untermalt. Unterschiedliche Temperaturzonen schaffen sehr vielfältige Stimmungen. Eine grau bepflanzte Abteilung wird von einem Tukan belebt. Überall stehen Kübel mit Agaven, Kalanchoen und Hibiskus. Üppig mit Geranien bepflanzte Ampeln, Liguster sowie Kübel mit Engelstrompeten und Oleander verstärken den tropischen Eindruck. Von einem Café mit großer Freiterrasse blickt man auf den See.

Es folgt eine kleine Reihung von Modellgärten: ein Chinesischer, ein Blumen- und ein innovativer Wassergarten, über den ein Fußweg aus Metallgittern führt, durch die man die Wasserpflanzen blühen sieht. Manche wachsen sogar durch die Gitter hindurch. Die Gras-Formschnitt- und Alpengärten stecken voller Anregungen für Hobbygärtner. Ein Ort voller erstaunlicher Kontraste: Neben dem konventionellen Steingarten mit erhöhten Beeten und Pflanztrögen liegt der „Avant-Garden" mit Aluminiumboden, verspiegeltem Obelisken und bunt gepflanztem orange- und rosafarbigem Mohn. Daneben befindet sich ein traditioneller Garten mit einer Iris-Sammlung.

Auf einmal ändert sich die Landschaft dramatisch: Hohe Steppenkerzen wachsen neben einem gigantischen Schotterhaufen und einer Schlucht aus Felsbrocken, die 1000 m lang sein soll. Dazwischen stehen Kübel mit Steingartengewächsen. Wandern Sie durch die Schlucht zum Asiatischen Garten mit Bambusbrücken, Teehäusern und Ahornbäumen. Vom Balkon eines Thai-Hauses blickt man auf etliche Teiche mit Kois und sogar auf Reisfelder. Das asiatische Thema wird mit einem Bambuspfad, einem Kirschblüten- und einem japanischen Ahorngarten fortgesetzt.

Das moderne Gewächshaus steht neben einem großen See.

Im Asiatischen Garten blickt eine Buddhastatue auf einen Teich.

🏛 Ganzjährig, tägl. außer Mo., 11–17

Weitere Informationen:
Kasteelweg 7, 6095 ND Baexem
Tel.: 0475 452 843

Sehenswertes in der Nähe:
Roermond: Munsterkerk und Kathedrale

Ein zerschmetterter Riese reckt sich aus der Grotte.

2 *Kasteel Baexem*

Etwa 8 km westlich von Roermond an der N280 nach Weert; die N273 in Haelen kreuzen und in Baexem links nach Grathem abbiegen; das Schloß befindet sich gleich links

Dieser erfrischende Garten sucht in Holland seinesgleichen. Die Pflanzennamen sind auf Steine gemalt. Gewölbte Dachziegel wurden als Schutz hinter einem geschwungenen Sitz aufgehäuft. Ein Kreis Säulenpappeln, aufgelockert durch Eichen, Geißblatt und Rambler-Rosen, wird von einem Halbkreis aufgestapelter Balken begleitet. Ein anderer geschlossener Kreis wird von einem riesigen Gras gebildet. Beschnittene Hochstammweiden beschirmen eine erhöhte Klinkerterrasse. Während die Jardins de la Fontaine in Nîmes wie ein riesiges abgesenktes Parterre aussehen, findet man in Baexem auch versunkene Bäche, eine Grotte und eine groteske liegende Figur, jedoch alles in winzigem Maßstab. Es gibt keine Geometrie und keinen Naturstein, aber die Klinker und Kurven machen den Garten zu etwas Besonderem.

Die meisten Pflanzen sollen Vögel, Schmetterlinge und Bienen anlocken. Im Frühsommer blühen Storchschnabel und Hochstammrosen, später Birnbäume, Säulenulmen, Buddleja, Thymian und Weidenröschen. Unzählige Obstbäume sowie etliche attraktive andere wie Amberbaum, eine grosse goldene Robinie und eine Gruppe Korkenzieherweiden tragen zum üppigen Eindruck bei.

🏛 Ganzjährig, Mo. bis Fr., 8.30–17

Weitere Informationen:
Rijneveld 153, 2771 XV Boskoop
Tel.: 0172 219 797
Fax: 0172 219 717

Sehenswertes in der Nähe:
Boskoop: Boomkwekerij und Rosarium; Gouda: Stadhuis, St Janskerk und Waaghuis

3 *Boskoop: Proefstation*

Boskoop liegt 30 km östlich von Den Haag und westlich von Utrecht; die A12/E30 bei Knooppunt Gouwe nahe Gouda verlassen und die N207 nach Boskoop nehmen, den Richtungen nach VVV folgen und den zweiten Abzweig danach links nehmen, den Goudserijweg herunterfahren und am Ende rechts nach Rijnveld abbiegen

Der Name der Stadt Boskoop gilt den meisten Gärtnern als Inbegriff der holländischen Gartenkultur und gab vielen Züchtungen, von schwarzen Johannisbeeren bis hin zu Koniferen, ihren Namen. Die Proefstation ist Versuchsfläche für viele in der Region gezüchtete Zierpflanzen wie *Cytisus* 'Boskoop Ruby' oder *Hemerocallis* 'Dutch Beauty'. Man findet große, oft schön angelegte Sammlungen gut beschilderter Pflanzen. Diese Versuchsflächen ändern ständig ihr Aussehen – manchmal wirken sie gut eingewachsen, dann wieder wie Anzuchtbeete. Jeden ernsthaften Gärtner wird die Proefstation völlig in ihren Bann schlagen.

Die Beete wurden auf einem schmalen Gelände zwischen drei Kanälen angelegt. Die meisten, aber nicht alle enthalten sämtliche Beispiele einer Probezüchtung.

Aus ästhetischen Gründen steht ein kleiner Baum wie *Cercis canadensis* 'Forest Pansy' neben *Cytisus decumbens* und *Stachys* 'Silver Carpet', während daneben eine Sammlung Mahonien (darunter *Mahonia aquifolium* 'Green Ripple' und *M. a.* 'Donewell' mit schmaleren verdrehten Blättern und ohne Beeren) so gepflanzt wurde, daß man sie vergleichen kann.

Alle Pflanzen werden ohne Fungizide und Herbizide gezogen. Die widerstandsfähigsten Züchtungen werden ausgewählt, kränkelnde dagegen vernichtet. Besonders im Rosengarten wird genauso verfahren. Der belgische Rosenzüchter benannte eine Rose nach seiner Frau. *Rosa* 'Maria Matilda' (syn. 'Lenmar'), die in den besten Gärten von Benelux zu sehen ist, hat sich als ziemlich resistent gegen Sternrußtau erwiesen. Andere resistente Sorten sind *R.* 'Bonica', *R.* 'The Fairy' und *R.* 'Interleer'. Außerdem werden Gärtnertechniken erprobt. Tagetes wachsen in dichten Gruppen bei anderen Pflanzen, um den Boden schädlingsfrei zu halten. Eine mehltaufreie Aster, *Aster ageratoides* 'Astran' (syn. *A. trinervius ageratoides*), die den Boden fünf Jahre unkrautfrei hält, wird als Bodendecker eingesetzt.

 # Kasteel Bouvigne

Südlich des Stadtzentrums; A16/E19, Ausfahrt 15, Rijsbergen, den Wegweisern zu den Mastbos folgen; Kasteel Bouvigne ist gelb ausgeschildert

Kasteel Bouvigne wurde im frühen 17. Jahrhundert im typischen Brabanter Stil, mit Klinkern und klaren schwarzweiß gestrichenen Fensterläden erbaut. Das Schloß erhebt sich stolz aus einem mit Rhododendren umwachsenen See. Ein kleiner orientalischer Pavillon vervollständigt die romantische Atmosphäre.

Dieser formale Garten hat etwas von einem Stadtpark. Die gut gepflegten Beete zeigen hohes gärtnerisches Können. Um eine Skulpturengruppe – Putten tragen eine Urne – wurden ein formaler Französischer Garten und mit Buchs eingefaßte, symmetrische Rosenbeete angelegt. Statuen stehen in den Nischen einer langen Lebensbaumpalisade mit – statt des üblichen Buchses – kuppelartig beschnittenem Bambus. Davor befindet sich ein großes rechteckiges Becken mit einer Kriechkonifere, die einer Ecke die Strenge nimmt. Kletterrosen umgeben das Gelände, in dem die breiten Wege von Säuleneiben gesäumt werden.

Ganzjährig, Mo. bis Fr., 8.30–16

Weitere Informationen:
Bouvignelaan 5, 4800 CE Breda
Tel.: 076 564 1000

Sehenswertes in der Nähe:
Begijnhof mit Kruidtuin, Park Valkenberg; Grote Kerk

Sommerlich bepflanzte Beete unter Rosenbögen.

🏛 Ganzjährig, Mo. bis Fr.,
8.30–17 u. Sa., 10–15

Weitere Informationen:
Julianalaan 67, 2628 BC Delft
Tel.: 015 278 2356

Sehenswertes in der Nähe:
Alt Delft, Oostpoort, Nieuwe Kerk,
Kanäle (singels)

Im Gewächshaus.

🍁 5 *Delft: Cultuurtuin Botanische Tuin*

Am Stadtrand von Delft, gleich außerhalb des Oostendepoorts; A13/E19, Ausfahrt 9, Delft, dann links gleich vor dem Oostende-Tor (ausgeschildert Richtung Naaldwijk und Royal Delft) in die Julianalaan; der Park befindet sich in einem nahen Wohngebiet

Dieser mittelgroße botanische Garten wurde 1917 begonnen. Durch die ausgedehnten Gewächshäuser, die viele tropische und subtropische Pflanzen wie Bananen-, Ingwer- und die dem asiatischen Ingwer ähnlichen, aber amerikanischen *Marantaceae*-Gewächse enthalten, wird er in drei Bereiche geteilt.

Blumenrohr, *Hedychium*, Lorbeerbäume und andere mediterrane Kübelpflanzen werden im Sommer aus der Orangerie geholt und säumen den Hauptweg.

In der Gartenmitte findet man eine Sammlung von Zaubernüssen sowie zwei Mammutbäume, einen *Paliurus spina-christi*, aus dessen Zweigen angeblich die Dornenkrone Christi geflochten wurde, und einen *Zanthoxylum simulans*, ein weiteres Dornengewächs.

Es gibt einen Stein- und einen Staudengarten sowie einen mit einheimischen Gewächsen. In letzterem fließt ein kleiner Bach mit morastigen Ufern, wo Sumpfdotterblumen wachsen. Der homöopathische Garten zeigt einheimische Pflanzen wie Fingerhut, *Digitalis purpurea*, während der Aromagarten Lavendel, *Rosa gallica*, *R. pomifera*, *Anthemis tinctoria* und *Vitex agnus castus* präsentiert.

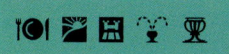

🏛 Ganzjährig, tägl., während der hellen Tagesstunden; Japanischer Garten: von Mai bis Mitte Juni

Weitere Informationen:
Wassenaarseweg, Den Haag
Tel.: 070 353 5856

Sehenswertes in der Nähe:
Huis ten Bosch; Binnenhof; Mauritshuis; Ridderzaal; Noordeinde Palast

🍁 6 *Den Haag: Clingendael*

Der A12 bis zum Ende folgen und dann rechts auf die N44 Richtung Wassenaar einbiegen; nach 1 km links ab in die Clingendael laan

Der originale Garten aus dem 17. Jahrhundert in Clingendael war einer der ersten formalen Gärten im französischen Stil in den Niederlanden. Entworfen wurde er vom Eigentümer Philips Doublet, der die Tochter Constantijn Huygens' geheiratet hatte. Doublet reiste häufig nach Frankreich, um die Gärten André Le Nôtres zu sehen. Das flache Gelände, die Kanäle rundum und die langgestreckten Beete gaben dem fertigen Entwurf ein holländisches Gepräge. Dies alles ist verschwunden, obwohl es Pläne für eine Restaurierung gibt.

Heute ist der Garten vornehmlich ein Landschaftspark mit Rasenflächen, sich windenden Kanälen und Seen sowie vielen Bäumen. Innerhalb seiner Grenzen gibt es einen Japanischen und einen Rosengarten, einen Rhododendronwald und einen alten holländischen Garten neben einer Treppe aus dem 17. Jahrhundert, angeblich von Daniel Marot entworfen.

Das heutige Juwel der Anlage ist der Japanische Garten. Die damalige Besitzerin von Clingendael, Baronin van Brienen, reiste 1895 nach Japan und war so beeindruckt von den dortigen Gärten, daß sie Felsen, Brücken, Laternen und sogar ein komplettes Teehaus mit zurückbrachte. Der daraus entstandene Garten, der sich an einem Garten aus der Epoche von 1580 bis 1630 orientiert, ist exquisit. Man nimmt an, daß die Baronin den Garten selbst entworfen hat. Neben dem Eingang steht eine Steinlaterne auf einem Hügel. Eine andere steht gleich dahinter, um den Weg zum Teehaus zu beleuchten. Sorgfältig geschnittene Ahorne, Bambus und Farn kontrastieren schön mit dem mäandernden Bach, der den Lebensfluß symbolisiert, beginnend im Osten, wo die Sonne aufgeht, und mit Krümmungen und Steinen, die Hindernisse darstellen. Das Ziel des Baches liegt im Verborgenen, so wie die Zukunft.

Das Teehaus und die Steine kamen Ende des 19. Jahrhunderts aus Japan.

Zentrum des Gartens ist das Teehaus. Von hier aus sieht man über den Teich auf einen Wächterstein und einen, der einer Schildkröte ähnelt, die Langlebigkeit symbolisiert. Jeder Stein im Garten hat eine besondere Bedeutung.

Die Baronin erlaubte nur vier Besuchern gleichzeitig den Zutritt zum Garten, weil mehr die Geister stören würden. Heutzutage ist er sechs Wochen im Jahr geöffnet, wenn die Azaleen blühen und die Ahorne frisch belaubt sind. Am Wochenende ist der Garten stark besucht, versuchen Sie es deshalb wochentags, wenn es ruhiger ist; dann werden Sie Ruhe und Symbolkraft voll zu schätzen wissen.

Den Haag: Westbroekpark

In Den Haag den Wegweisern nach Madurodam und dann etwa 500 m der Straße nach Scheveningen folgen

Dieser öffentliche Park im Stil eines Englischen Landschaftsgartens ist das Glanzstück unter Den Haags Gartenkunst und unbedingt sehenswert. Er ist gut bepflanzt und hervorragend gepflegt. Große, unregelmäßige Rasenflächen werden von Strauchrabatten eingefaßt und von hohen Bäumen geschützt.

Im Rosengarten finden alljährlich Meisterschaften statt, auf denen Rosenzüchter aus aller Welt ihre neuesten Züchtungen vorstellen. Die besten erhalten ein Zertifikat, das ihnen den Titel „Goldene Rose der Stadt Den Haag" zuerkennt.

Im Park selbst stehen einige interessante Skulpturen, und im Sommer werden mit Sorgfalt gezogene und ausgesuchte nichtfrostharte Gewächse ausgepflanzt. Holzäpfel und beerengeschmückte Stäucher bringen auch im Herbst noch Farbe.

Ganzjährig, tägl., während der hellen Tagesstunden; Rosarium: bis Ende Okt.

Weitere Informationen:
Kapelweg, Scheveningen
Tel.: 070 353 5676

Sehenswertes in der Nähe:
Kuurhaus, Scheveningen; Madurodam; Kasteel Duivenvoorde, Museum Constantijn Huygens in Hofwyck

🏰 29. Mai bis 5. Juli, jedes Wochenende, 10–18

Weitere Informationen:
t'Blauwe Gasthuis 14,
6268 Bemelen
Tel.: 043 407 8007

Sehenswertes in der Nähe:
Maastricht; die Ruinen von Kasteel Valkenburg

🍁 8 *Han Njio Tuin*

Von Maastricht entweder der Richtung Berg en Terbijt oder Valkenburg folgen und sich dann nach den Hinweisschildern nach Bermelen richten; in Bermelen geradeaus auf den Hügel zu fahren; das Blaue Haus liegt in einiger Entfernung rechts

Der Garten des Gestalters Han Njio kombiniert klassische, orientalische, mediterrane und ländliche Einflüsse.

Dem Blattwerk wurde besondere Aufmerksamkeit geschenkt; Farbe, Form und Textur der Blätter einer Pflanze müssen diejenigen der Nachbarn bereichern. Auch Proportionen sind in diesem Garten wichtig. Unschöne Ecken wurden durch geschickte Bepflanzung kaschiert. Fast alle Bäume sind klein und licht belaubt, kompaktere Ahorne werden entsprechend erzogen. Durch den Garten ziehen sich Blickachsen, etwa eine kleine Allee entlang oder durch kontrastierende Bambus- und Pestwurzblätter hindurch zu einem Brunnen.

Unter den vielen ungewöhnlichen Pflanzenarrangements ragen die Hochstämme von *Colutea arborescens* heraus. Die „wuschelköpfigen" Bäume haben herrlich schiefe Stämme und korrespondieren mit einem anderen Blasenstrauch, der wachsen darf, wie er möchte. Ferner gibt es im Garten zierliche Blätter und schäumende Blüten, zart, schwerelos und pastellfarben, so wie spätblühenden Holunder und Tamarisken.

🏰 Die ersten drei Juniwochenenden, 10–17

Weitere Informationen:
de Dohm 50, 6419 CX Heerlen
Tel.: 045 571 0470

Ein Bogen mit Prunkwinden.

🍁 9 *Huys de Dohm*

Östlich von Maastricht; N281 von Norden (Roermond/Geleen), Ausfahrt Heerlen Zuid/Ziekenhuis, rechts ab nach Welten, dann die zweite rechts und die erste links; A76 nach Heerlen, Ausfahrt 7, Heerlen Centrum, dann die erste rechts, John F. Kennedylaan; nach 2 km links ab in die Tichelbeekstraat; das Huys de Dohm liegt auf der linken Seite

Die Vorderseite des Huys de Dohm stammt von 1640 und hat einen würdigen formalen Garten: Rasen mit einem Quadrat erzogener Linden und Efeu, Formschnitt, einer Mauer und Sitzen. Ineke Greves hervorragender 2,5 ha großer Garten besteht aus zehn verschiedenen, von Hecken unterteilten „Räumen". Den ersten Teil bildet eine lange Doppelrabatte. Wogende Stauden wie Phlox, Lilien, Sterndolden und Storchschnabel in Rosa, Mauve und Purpur werden durch tiefroten Ziertabak und *Persicaria amplexicaulis* aus ihrer Beliebigkeit gehoben.

Dem Rosengarten gibt Formschnitt Halt und Struktur. Der Weiße Garten mit einem hübschen Pavillon schließt sich daran an. Eine flaumige Kamillenwiese wird umgeben von Kieswegen und Ra-

batten mit *Clematis viticella* 'Alba Luxurians', *Aster divaricatus*, Hornveilchen, Rosen, Sterndolden, Lilien, Cosmeen und Ziertabak.

Der Mittelpunkt des Huys de Dohm ist immer noch der ruhige Garten. Der Rasen ist in vier Quadrate aufgeteilt und von Hecken umschlossen. Es gibt nur Grün hier, eine artifizielle Buchs-*Broderie* und zwei junge Walnußbäume. Der Ahornweg hinter dem ruhigen Garten wurde mit Zwiebelblumen bestückt und ist Teil der den Garten durchschneidenden kreuzförmigen Achse.

In der Mitte des Küchengartens stehen vier Hochstammrosen, von Rhabarber umringt, sowie interessante Kohlsorten mit gekräuselten blauen Blättern. Der Flammende Garten stellt eine phantastische Mischung orangefarbener Lilien, den Dahlien 'Bishop of Llandaff', *Crocosmia* 'Lucifer', rotem Basilikum und *Scabiosa atropurpurea* dar. Fast zum Schluß findet man im Wassergarten hellblaue und gelbe Blumen: zitronengelber Ziertabak, metallisch blaue Wachsblumen, *Salvia patens* und die zartgelbe *Anthemis* 'E. C. Buxton'.

De Kempenhof

Von Middelburg kommend den Wegweisern nach Oostkapelle und Domburg folgen; der Zuiverseweg liegt links vor dem Dorf Domburg

Das erste Juliwochenende und nach Anmeldung

Weitere Informationen:
Zuiverseweg 4, Domburg
Tel.: 011 858 1647

Sehenswertes in der Nähe:
Westhove Kasteel und Biologische Museum, Tel.: 011 858 2620

Storchschnabel im Waldgarten.

Es ist kaum zu glauben, aber „De Kempenhof" war ein flaches Zwiebelfeld, bevor er zu dem heutigen grandiosen Garten wurde. Das erste, was Madeleine van Bennekom vor 33 Jahren anlegte, war ein Windschutz gegen die rauhen, salzigen Nordseewinde.

Beim Haus ist der Garten stärker gegliedert und wird in Richtung des umgebenden Waldes immer informeller. Das blühende Jahr beginnt im Wiesengarten mit Schneeglöckchen, Primeln und Narzissen und setzt sich mit Glockenblumen und Storchschnabel bis in den Juli fort, wenn die Wiese gemäht wird. Im Waldgarten gibt es unter hohen Laub- und Nadelbäumen eine Abfolge von Wildblumen wie Butterblumen und Kulturformen wie Storchschnabel und anderer, eher ungewöhnlicher Pflanzen. Im Frühjahr beeindruckt eine Sammlung von Lenzrosen.

In diesem Garten läßt sich lernen, wie Pflanzen wirkungsvoll plaziert werden können, z. B. der Strauch *Neilla thibetica* mit einer Unterpflanzung von *Dicentra* 'Bacchanal'. Eine Rabatte mit Gräsern wird geschickt durch Farne bereichert, um Eintönigkeit zu vermeiden. Die Staudenrabatte wird von einer goldenen Eibenhecke flankiert, hinter der dunkelgrüne Eibensäulen aufragen, dann wieder eine goldene Kuppel und schließlich die verschiedenen Laubsorten der als Windschutz gepflanzten Bäume. Auffällig sind die beschnittenen Weißdorne, Hochstämme von *Crataegus laevigata* 'Paul's Scarlet', die wie große Dauerlutscher hinter einer Zypressenhecke hervorschauen und wie ein Echo des Zierlauchs jenseits der Zufahrt wirken.

🏭 25. März bis 19. Mai u. 19.
Aug. bis 19. Sept., tägl., 8–19.30

Weitere Informationen:
Postfach 66, 2160 AB Lisse
Tel.: 0252 465 5555

Sehenswertes in der Nähe:
Bollenstreek (Tulpenfelder)

Die berühmten Tulpenbeete.

11 *De Keukenhof*

Lisse liegt zwischen Haarlem und Leiden an der N208; der Keukenhof ist gut ausgeschildert

Der Landschaftspark von De Keukenhof wurde 1949 von der Königlich Niederländischen Vereinigung der Zwiebelblumenzüchter erworben, um ihre Produkte in einem ansprechenden Rahmen zu vermarkten. Angelegt wurde der Park 1854 von J. D. Zocher d. J. mit Waldlichtungen, mäandernden Bächen und Buchenalleen. Das attraktive Gelände ist in viele verschiedene Bereiche unterteilt. Alljährlich regelt eine Abstimmung, welcher Zwiebelzüchter welchen Abschnitt erhält. Für zwei Monate im Jahr sind Besucher zugelassen, die dann auch zu Tausenden die buntgestreiften Felder voller Zwiebelblumen bestaunen.

Dieses brillante Spektakel ist nicht auf Tulpen begrenzt. Früh im Jahr findet man dort Narzissen, gefolgt von Krokus, Traubenhyazinthen, *Fritillarias*, darunter Reihen imposanter Kaiserkronen, Hyazinthen, Lilien und Alstroemerien. Hinzu kommen 5000 m² Gewächshäuser, auch sie gefüllt mit Feldern voller Tulpen und anderen Blumen. Tulpen sind die Königinnen des Keukenhofs, daher findet man hier und auch außerhalb nie zuvor gesehene Sorten, mit delikaten Farben und bezaubernd gefiederten oder gekräuselten Blütenblättern. Da die Ausstellung einen kommerziellen Hintergrund hat, kann man alle Zwiebeln für die nächste Saison bestellen.

🏭 Juni, nur nach Anmeldung

Weitere Informationen:
Marktveld 19, Kloetinge
Tel.: 0113 215 116

Sehenswertes in der Nähe:
Goes: Grote Kerk

12 *Kloetinge: Lenshoek Tuin*

Autobahn A58/E 312 Vlissingen–Bergen op Zoom, Ausfahrt 35 nach 's-Gravenpolder, dann in Richtung Kloetinge; Marktveld ist der Platz, der an die Pfarrkirche von Kloetinge angrenzt

Dieser Garten ist eine echte Überraschung. Der Miniatur-Landschaftspark, den man beim Eintreten sieht, ist einzigartig in Zeeland, ebenso die mächtigen Eichen, Buchen, ein massiger *Sequoiadendron giganteum*, ein *Pterocarya fraxinifolia* und ein Ahorn, der als „nationales Denkmal" eingetragen ist. Eine Brücke führt über einen Bach zu einem künstlichen Hügel. Ein Weg mit Schneebeeren und einer mit Pfeifensträuchern wurden vom Großvater des heutigen Besitzers in den 1920er Jahren gepflanzt, als Schneebeeren gerade modern waren.

Jenseits des Hügels kehrt der Garten zu Zeelands Flachheit zurück. Blumenbeete wurden unter alten Quitten- und Mispelbäumen mit herrlich knorrigen Stämmen angelegt. Im rechten Winkel dazu führen lange, rechteckige Beete entlang einer zentralen Achse zu einer Bank. Hier findet man Beete weißer und roter alter Rosen,

die nach ihrem Duft ausgewählt wurden, außerdem *Aesculus parviflora*, mit Storchschnabel unterpflanzt, viele verschiedene Pfingstrosen und Stauden wie *Anemone aconitifolium*, *Knautia macedonica*, *Geranium nodosum* und eine Iris-Sammlung. Am Ende der zentralen Blickachse wendet sich der Weg wieder dem Haus zu, vorbei an einer Christrosen-Rabatte, einer *Magnolia soulangeana* und einigen massigen Rhododendren.

 # Leiden: Hortus Botanicus

Im Stadtzentrum von Leiden, in der Nähe der St Peterskirche; parken auf dem Parkplatz Molen de Valk oder dem Parkplatz Haagweg; von dort 15 Minuten zu Fuß

Der berühmte Botaniker Carolus Clusius (Charles de l'Ecluse) war 1594 Gründer, Gestalter und erster Präfekt des botanischen Gartens. Zuvor hatte Clusius viele neue Pflanzen aus der Türkei in Nordeuropa eingeführt, darunter Tulpen, Hyazinthen, Kaiserkronen, Lilien, Narzissen und Ranunkeln. Man kann ihn als Gründer der holländischen Blumenzwiebelindustrie bezeichnen.

Die Rekonstruktion des ursprünglichen Hortus Clusius von 1594 ist heute einer der erfreulichsten Teile des Gartens. Mit weißem Muschelbruch gestreute Wege führen zwischen klinkergefaßten, rechteckigen Beeten voller früher Tulpen entlang, deren Einführungsjahr auf einem Schild angegeben ist.

Obwohl der botanische Garten heute ein Zentrum ernsthafter Studien ist, kann der normale Gärtner sich dennoch an den großen, in den 1930er Jahren nach Farbe und Form gepflanzten Staudenrabatten sowie am Rosengarten erfreuen. Eine Sonnenuhr steht dort in der Mitte derjenigen Arten, von denen alle Sorten abstammen: *Rosa alba*, *R. centifolia*, *R. damascena* und *R. gallica*.

Der Von-Siebold-Gedächtnisgarten ist ein gesonderter Spezialgarten im Garten. Man kennt den Namen von Siebold von Pflanzen wie *Clematis* und *Hosta sieboldiana*. Weitere Einführungen sind Glyzine, Schaumblüte und Elfenblumen. Von Siebold arbeitete 1823 als Arzt in Japan und schickte den größten Teil seiner Pflanzensammlung nach Leiden. Ihm zu Ehren wurde 1990 ein Japanischer Garten mit geharktem Kies, Felsen und Bambus geschaffen.

Die Gewächshäuser zeigen großartige Sammlungen, darunter Osterluzei und Palmfarne. Besucher im Sommer sollten es nicht versäumen, die 65 verschiedenen Passionsblumen zu besichtigen. Ein langer Korridor ist damit und mit Kranzschlingen sowie mit *Aristolochia grandiflora* bewachsen. Nicht frostfeste, aus dem 17. Jahrhundert stammende Bäume wie Oliven und Klebsame stehen im Sommer in Kübeln außerhalb der von Daniel Marot entworfenen Orangerie.

1. Apr. bis 30. Sept., Mo. bis Sa., 9–17; 1. Okt. bis 31. März, Mo. bis Fr., 9–17; Clusius-Garten: ganzjährig, Mo. bis Fr., 9–17; die Gewächshäuser schließen um 16.30; geschlossen am 3. Okt. sowie vom 25. Dez. bis 2. Jan.

Weitere Informationen:
Rapenburg 73, Leiden
Tel.: 071 527 5144

Sehenswertes in der Nähe:
Die Altstadt von Leiden und seine Museen

Der nach Originalplänen restaurierte Hortus Clusius aus dem 16. Jahrhundert.

Am dritten Märzwochenende (nur So.) zur Lenzrosenblüte, 10–17; das erste, zweite u. dritte Juniwochenende u. das erste Juli-wochenende, 10–17

Weitere Informationen:
Veldstraat 12a,
6227 SZ Maastricht
Tel.: 043 361 6267

Sehenswertes in der Nähe:
Kasteel Neercanne; Kasteel Eijsden; Maastricht: Altstadt, Kirchen und das Bonnefanten Museum

Maastricht: De Heerenhof

Von der Autobahn A2/E25 Heerlen–Luik/Liège/Lüttich den Hinweisschildern MECC und Academic Ziekenhuis (Krankenhaus) folgen; links und am Ende der Straße nochmals links abbiegen, dann die erste Straße am Kreisverkehr rechts; die Nummer 12 a liegt auf der rechten Seite

Die Ankunft ist alles andere als vielversprechend, denn die Vorder-seite des Heerenhofs liegt an einer unschönen Straße einer Maas-trichter Vorstadt. Aber hinter dem Haus liegt ein überraschend lan-ger und schmaler Garten, der viele Stile, von eleganten Terrassen bis hin zu Kleingärten, in sich vereint.

Direkt hinter dem Haus stehen Töpfe mit blaßblauen *Plumbago auriculata* und cremegelben Kapuzinerkressen. Eine erhöhte, klin-kergefaßte Kiesterrasse, bepflanzt mit Funkien, wird von einer *Pau-lownia* beschattet. Eine geschwungene Lavendelhecke führt den Be-sucher weiter in den Garten hinein.

Hier beginnen die Entdeckungen. Rabatten und Flächen von er-staunlicher Üppigkeit kontrastieren mit kühler Geometrie, höchste Gärtnerkunst mit *laissez-faire* und Wildgräser mit Riesendahlien.

Eine herrliche Mitt- bis Spätsommerrabatte besteht aus *Clematis heraclifolia*, lilablauem Eisenhut, purpurfarbenem Feinstrahl, magen-taroten Bergamotten, dunkelrosa Phlox, zartstieligen *Verbena bonari-ensis* vor einem Hintergrund aus rostrosa *Persicaria amplexicaulis*, orangefarbenen Fackellilien und apricotfarbenem *Buddleia weyeriana*. Daran schließt sich der naturnahe Wassergarten an. Von einer weite-ren erhöhten Terrasse blickt man über den Teich mit Brücken, Bin-sen, Wasserpflanzen und Tieren.

Von diesem natürlichen Gelände führt ein buchsgesäumter Weg zu einem doppelten Kreis geflochtener Linden innerhalb eines Buchsringes – eine An-lage, die völlig kontrolliert und be-herrscht wirkt und damit eine Antithesis zum Wassergarten und dem folgenden Blumengarten darstellt. Im Blumengar-ten findet man eine prächtige Mischung von kardinalroten Rosen, Anemonen, violettem Salbei, rotblättrigen Blumen-rohren sowie scharlachroten Dahlien. Fast zum Schluß kommt noch der Dah-liengarten. Kapuzinerkresse, üppige Dahlien in Apricot, Mauve und Schar-lachrot mischen sich hier – sauber von Buchshecken eingefaßt – mit ver-blühendem Zierlauch und schlichtem Rotkohl: Bis auf die letzte eingezäunte Fläche, wo Hühner frei herumlaufen, ein schöner, farbenfroher Schlußpunkt.

Die großen, runden Blütenköpfe blutroter Dahlien antworten auf den verblühenden Zierlauch im Dahliengarten am Ende des Hee-renhofs.

Odulphushof Botanische Tuinen

Best liegt 11 km westlich von Eindhoven; A2/E25 nach s'-Hertogenbosch (Den Bosch), Ausfahrt 28, Best; der Garten liegt hinter der Kirche St Odulphus

In diesem kleinen botanischen Garten fassen rostgetönte Steine Beete ein, formen Hügel und Mauern, auf denen 2000 winterharte Pflanzen wachsen. Man findet eine vielfältige Sammlung wilder Pflanzen und Kultivare, außerdem Obstbäume und Sträucher in so zauberhaften Kombinationen wie *Nagelkruid* (alle Pflanzen sind nur auf holländisch beschildert) oder *Geum rivale*, Funkien und die Riesendistel oder *Groot Hoefblad* unter alten Apfelbäumen, z. B. 'Early Victoria' und 'Gravensteiner'. Unter einem alten Maulbeerbaum wachsen Topinambur, ein Weinstock und Taglilien.

An den Kirchenmauern gedeihen Loganbeeren, Aprikosen und Feigen. Das Pfarrhaus grenzt in einem rechten Winkel an die Kirche; dort wachsen auf einer Rasenfläche eine Himalaya-Zeder, eine Traueresche und einige Blumen. An einem sonnigen Fleckchen stehen Iris, darunter die bärtige *Iris* 'Colley's Baccarat', *I*. 'Colley's Marie Philips' und *I. tectorum*.

Der Obstgarten sowie die Wege und der Hauptgarten wurden in den letzten Jahren restauriert. Prinz Claus eröffnete ihn danach 1980, indem er einen *Ginkgo biloba* pflanzte.

Apr. bis Sept., So. u. an Feiertagen, 13–17

Weitere Informationen:
Kerkhofpad 5, Best
Tel.: 0499 317 295

Sehenswertes in der Nähe:
Kasteel Heeswijk, südöstlich von Den Bosch; Den Bosch: Museum und Kirchen

Exotische Bäume und einheimische Blumen.

Arboretum Oudenbosch

Oudenbosch liegt nördlich von Roosendaal; A 17 Roosendaal–Dordrecht, Ausfahrt 22, der Garten liegt direkt hinter der Basilika in Oudenbosch, nahe des Bahnhofs

Dieses schöne Arboretum wird ehrenamtlich gepflegt, unterstützt von Spenden ortsansässiger Gärtner und Privatpersonen. Durch neu bepflanzte Bereiche wächst es noch immer. Auf den alteingewachsenen Flächen gibt es eine Trauerbuche mit etwa 24 m Kronendurchmesser sowie Schneeball-, Roßkastanien- und Gewürzstraucharten.

Mehr als üblich kommen in diesem Arboretum Farben zur Geltung. Auf älteren Flächen wurden die Bäumen mit Wildblumen, Funkien, Blütensträuchern wie *Paeonia suffruticosa*, *Spiraea japonica* 'Bullata', *Neillia thibetica* und Erikagewächsen unterpflanzt. Im Sommer setzen Gruppen von *Iris sibirica*, *Azalea mollis* und blutroter Mohn Farbakzente. Beim langen Wasserbecken gibt es einen *Heemtuin*, eine Fläche mit asiatischen Pflanzen, einen kleinen Zen-Garten sowie eine für ein Arboretum ungewöhnliche große künstliche Grotte.

1. Apr. bis 31. Okt., So., 13–17; 1. Mai bis Ende Aug., zusätzlich Di. bis Fr., 13.30–16

Weitere Informationen:
Ankerstraat, 4731 Oudenbosch
Tel.: 0165 315 008

Sehenswertes in der Nähe:
Basilika in Oudenbosch

🏠 1. März bis 31. Okt., Mo. bis
Sa., 9.30–17, So. u. Schulferien,
11–18

Weitere Informationen:
Stevensbeekseweg 19–21,
5825 ZG Overloon
Tel.: 0478 642 761

Sehenswertes in der Nähe:
Kasteel Helmond Museum; s'-Her-
togenbosch: St Jean's Kathedrale;
Nord Brabant Museum

 17 *Overloon: D'n Hof
Botanische Tuin*

Etwa 30 km südlich von Nimwegen; A73/E31 Richtung Venlo, Ausfahrt 7, Vierlings-
beek, Richtung Overloon; D'n Hof liegt außerhalb der Ortschaft in Richtung Stevens-
beek

Dieser abgelegene botanische Garten wurde jüngst von einem neuen
Träger übernommen und wird sicher bald sein Schattendasein been-
den. Er ist gut gepflegt und besitzt eine bemerkenswerte Baumsammlung. Bis auf sieben Exemplare, die um einen Heidegarten mit
einem Teich in der Mitte stehen, sind sie leider nicht beschildert.

Nah beim Eingang findet man Hochbeete, gefolgt von Rasen
mit Palmen, Agaven und Palmfarnen in Kübeln. Ergänzend zur
Gehölzsammlung gibt es zwei Steingärten, bepflanzt mit Koniferen
und heimischen Pflanzen, systematische Beete mit Liliengewächsen,
einen Kräutergarten und eine Wiese mit Wildblumen.

🏠 15. Mai bis 1. Okt., Di. bis Sa.,
10–17, So., 13–17; Gärtnerei: vom
letzten Märzwochenende bis 1.
Okt., Di. bis Sa., 10–17, vom 15.
Mai an auch So., 13–17

Weitere Informationen:
Kleefseweg 14, Ottersum,
gem Gennep
Tel.: 0485 518 039

Sehenswertes in der Nähe:
Nimwegen: Waag

Das runde Becken im Rosengarten.

18 *De Rhulenhof Kwekerij
en Tuinen*

Gennep liegt 20 km südlich von Nimwegen an der N271 nach Venlo; den Wegweisern
nah bei Gennep nach Gennep/Ottersum/Kleef folgen; durch Ottersum Richtung Ven-
Zelderheide fahren; de Rhulenhof liegt rechts

Der Garten um das alte Bauernhaus herum besteht aus mit Eibenhecken eingefaßten „Räumen". Darin finden sich Blumenrabatten
und ein anderer, klassisch zurückhaltender Garten mit einem
Becken und vier symmetrischen Säulen in den Ecken, bedeckt mit
Wisteria floribunda 'Macrobotrys'.

Der Rosengarten wartet mit vielen ausgezeichneten Rosen sowie einem kleinen, mit Lavendel und beschnittenem Buchs einge-
rahmten Bassin auf. Eine Treppe führt in den oberen Garten. Dort
klettern Rosen über zwei Bögen und über Metallobelisken.

Am Haus befindet sich ein Hofgarten mit Kübelpflanzen wie
Zistrosen und Engelstrompeten. Eine ganze Seite nimmt eine Bir-
nenallee ein mit einem an den Seiten geöffneten Kuppelpavillon in
der Mitte und Doppelrabatten mit Sträuchern und Stauden; weiterhin gibt es ein Beet mit Buchskugeln und Stachelnüßchen. Auf einer Freifläche hinter dem Haus liegt ein See, dahinter ein moderner
subtropischer Kübelpflanzengarten. Bald wird sich ein Gewächshaus
mit weiteren tropischen Pflanzen hinzugesellen, um noch mehr
botanische Genüsse zu bieten.

Slot de Nisse

Nisse liegt südlich von Goes; A58/E312, Ausfahrt 35, weiter in Richtung s'-Gravenpolder; nach etwa 4 km ist Nissen nach Westen ausgeschildert; Slot de Nisse liegt in der Ortsmitte, hinter der Kirche

Slot de Nisse liegt neben Kirche und Stadtpark. Teilweise ist es ein intimer, von Buchs- und Hainbuchenhecken unterteilter, recht formaler Garten, teilweise ein ländlicher Garten mit Teich, der in die Landschaft übergeht.

Links des Eingangs wurden in einer herrlichen, sonnigen Doppelrabatte pastellfarbige Stauden mit runden Büschen von *Syringa microphylla*, Pfingstrosen, Zierlauch und alten Rosen kombiniert. In der Nähe hat man eine Pergola mit Birnbäumen und *Clematis* mit Elfenblumen, *Omphalodes cappadocica* und Funkien unterpflanzt. Am einen Ende wurden Gruppen von *Hydrangea petiolaris* einmal anders als Bodendecker eingesetzt, am anderen Ende steht eine steinerne Bank. Dieser geschützte, schattige Ort ist ein echter Kontrast zum vorherigen Teil.

Ein naturnah gestalteter Teich ist von gelben Sumpfiris und Pestwurz umgeben; bedeckt wird er von kleinen gelben Teichrosen, *Nuphar lutea*. Jenseits davon liegt der Obstgarten mit Inselbeeten voller Akeleien und Nachtviolen. Der Garten geht hier in eine Wiese mit älteren Obstbäumen und Kopfweiden über.

Ein hoher Hügel erinnert daran, daß Slot de Nisse ein altes Anwesen ist. Schöne Roßkastanien, Eschen und Linden wachsen hier. Die mit Butterblumen gesprenkelte Wiese wird, bis auf einen Weg, der sich zum Gipfel windet, nicht gemäht. Hinter dem Hügel erstreckt sich eine Gehölzrabatte, eingefaßt von Efeu, in dem Gruppen von *Polygonum bistorta* 'Superba' Akzente setzen. Von dort kann man zurück zum Haus und anderen, formaleren Gärten gehen.

Ein „Quittenweg" wird von Eiben gesäumt, unterpflanzt mit Farnen, Lungenkraut, Funkien, Akeleien, Euphorbien und *Meconopsis cambrica*, dem gelben Walisischen Mohn, der sich selbst aussät, aber immer einen perfekten Standort findet. Ein anderer Abschnitt enthält einen Kreis beschnittener Buchskugeln – er gleicht einer großen, grünen Sahnetorte.

𝕝𝕟𝕝 Erstes Juniwochenende und nach Vereinbarung

Weitere Informationen:
Dorpsplein 25, Nisse
Tel.: 0113 649 469

Sehenswertes in der Nähe:
Grundmauern von Kasteel Hellenburg; Kwekerij Eleonore de Koning; Eleonore de Koning Kwekerij Van Vaste Planten (Staudengärtnerei), Kruipuitsedijk 3, 4436 RC Oudelande, Tel.: 0113 548 634 u. Fax: 0113 548 389

Die schön bepflanzten Ufer des naturnahen Teichs.

🕍 Ostern bis 1. Nov., tägl., 11–17

Weitere Informationen:
Maashoek 2b, Steyl, gem Tegelen
Tel.: 077 373 3020
Postadresse: Spoorstraat 42,
5931 PV Tegelen

Sehenswertes in der Nähe:
Töpfereimuseum

Eine der interessanten Ecken.

20 *Tegelen: Botanische Tuin Jochum-Hof*

Östlich von Eindhoven, nahe der deutschen Grenze; N271 Nimwegen–Roermond, Wegweisern nach Tegelen folgen und in die Stadt hineinfahren; dann den Beschilderungen nach Steyl und Baarlo Fähre folgen

Dieser botanische Garten wurde 1933 von Pfarrer Pieter Jochum gegründet. In dem von ihm errichteten Teil steht ein ausladender Ginkgo und ein großer *Koelreuteria paniculata* oder Pagodenbaum, benachbart dunkelblaue *Baptisia australis*. Dahinter folgt der mediterrane Garten, dann eine Funkienrabatte, beschattet von einem mächtigen *Acer platanoides* 'Faassey's black'. Ein Gewächshaus enthält Kakteen und Bougainvilleen. *Torreya californica* wurde mit Fingerhüten und Storchschnabel unterpflanzt, in der Nähe steht ein spektakulärer panaschierter *Cornus mas*.

Der hübsche *Heemtuin* wurde neben ausgewachsenen Silberbirken angelegt, die auf die Maas blicken. Eine Wiesenfläche mit Mohn, ein von riesigem Bärenklau umstandener Teich, Weidenröschen, Brombeeren und ein weiterer Teich mit Seerosen, Weiderich, Rainfarn und Königskerzen sind typisch für die Landschaft nördlich Limburgs. Ein Kräutergarten und der Paterspark sind abgetrennt vom eigentlichen Garten. Der Paterspark besitzt einige ausgewachsene Bäume, darunter *Liriodendron tulipifera*, *Aesculus indica*, Linden und Koniferen.

🕍 Das erste Juliwochenende sowie nach Vereinbarung

Weitere Informationen:
Golsteinseweg 24,
4351 SC Veere, Zeeland
Tel.: 0118 614 520

Sehenswertes in der Nähe:
Veere: Schotse Huizen und Stadhuis; Delta Expo

21 *De Tintelhof*

Zwischen Veere und Middelburg; von der Hauptstraße Veere–Middelburg nach 2,5 km dem Wegweiser folgend nach Westen abbiegen; Tintelhof ist das erste Haus

Noch 1975 war hier eine öde Landschaft, ganz ohne Bäume. Vier Jahre später öffnete der Garten für Besucher. Um das zu ermöglichen, waren kenntnisreiche und leidenschaftliche Gärtner nötig.

In jungen Jahren arbeitete Ank Dekker im Büro der berühmten Landschaftsarchitektin Mien Ruys. Später lernte sie den belgischen Gestalter Jacques Wirtz kennen, der ihr das „Schneiden", nämlich die Bedeutung kühner geometrischer Formen für die Strukturierung des Gartens beibrachte. Beide Gartengestalter hatten bedeutenden Einfluß auf ihre folgenden Entwürfe, der entscheidende Impuls kam jedoch aus dem Garten ihrer Großmutter. Dieser war geprägt von nostalgischen, scharfkantigen Gestaltungsprinzipien. Eine Reihe intimer formaler Abschnitte wurde mit Motiven eines englischen Landhausgartens, unregelmäßigen, blumengesäumten Rasenflächen und Teichen kombiniert.

Im winzigen Küchengarten wachsen Stachelbeeren und Artischocken in kleinen, buchsgesäumten Beeten. Ein mit Glyzinen berankter Bogen führt in den nächsten Abschnitt, wo eine Laube steht. Die dominierenden Farben sind Rosa und Lila, mit symmetrisch gesetzten Blutpflaumen, Rosen, roter Weigelie und Perückenstrauch, unterpflanzt mit Purpurwegerich, Storchschnabel und Pfingstrosen. Die üppig bepflanzten Rabatten werden durch schlichtere Weißdornhecken, ein Quittenwäldchen, hohe Gräser und Glockenblumen kontrastiert.

Kühne Formen geben dem Garten Struktur.

Beschnittene Buchskugeln begleiten die zum Haus führenden Treppen. Von Haus und Terrasse hat man zwei unterschiedliche Ausblicke über den Rasen. Einmal schweift der Blick über den großen Teich, nach der anderen Richtung wird er so aufgefangen, wie es ein Landschaftsgestalter des 17. Jahrhunderts gemacht hätte – von den Türmen Middelburgs, die durch eine Lücke zwischen den Bäumen zu sehen sind.

22 *Arboretum Trompenburg*

A16/E19, Ausfahrt 25, Rotterdam Centrum, Capelle, weiter in Richtung Zentrum; durch die Unterführung; Honingerdijk ist die zweite Abzweigung rechts

1. Apr. bis 30. Sept., Mo. bis Fr., 9–17; an Wochenenden wird um 16 geschlossen; 1. Okt. bis 31. März wie oben, aber So. geschlossen

Weitere Informationen:
Honingerdijk 86,
3062 NX Rotterdam
Tel.: 010 233 0166
Fax: 010 233 0171

Sehenswertes in der Nähe:
Rotterdam: Museum Boymans-van Beuningen, Euromast, Kijk-kubus-Häuser, Schielandshuis (Museum)

Das Arboretum Trompenburg ist mehr als ein Mekka für Dendrologen aus aller Welt. Es ist eine grüne Oase mitten in Rotterdam und gleichzeitig ein herrlich angelegter Park.

Zwischen Kanälen und seltenen, hohen Bäumen findet man einen Rosen- und einen Heidegarten, Kakteen- und Sukkulentenrabatten sowie Staudenbeete.

Der Garten besteht aus fünf Hauptteilen. Der mittlere und früheste Teil wurde 1820 begonnen. Einige Eichen sind noch erhalten. Verschiedene Sorten der Atlas-, Libanon- und Himalayazedern wachsen hier. Der Westteil wurde 1870 von J. D. Zocher d. J. gestaltet. Die Teiche und der Bach lassen ihn ländlich erscheinen. Einige große Bäume, darunter ein herrlicher *Taxodium distichum imbricatum*, die Sumpfzypresse, Eschen und Ahorne stehen hier.

Der Ostteil wurde als Heidegarten mit Rosarium, Goldfischteich und Staudenrabatten angelegt. Zwei andere Bereiche, Perenhof und Woudesteyn, sind neueren Datums. Der erstere ist mit Gehölzen bepflanzt, während der zweite eine große Dahliensammlung beherbergt.

Fünf Generationen der Van-Hoey-Smith-Familie sammelten Gehölze für das Arboretum. Obwohl das Gelände nun vom Rotterdamer Senat verwaltet wird, lebt die Familie noch immer hier. Es gibt insgesamt 2500 Arten verschiedener Gehölze, darunter allein 265 Eichen-, 132 Scheinzypressen-, 90 Ahorn- und 87 *Ilex*-Arten.

Die Gärten

1 Kasteel Alden Biesen
2 Kruidtuin, Antwerpen
3 Rubenshuis
4 Albert De Raedt
5 Park Beervelde
6 Hof ter Saksen
7 Arboretum Bokrijk
8 Domein Tudor und Domein Beisbroek
9 Herr und Frau Van De Caesbeek
10 Plantentuin, Gent
11 Japanse Tuin
12 Kasteel Hex
13 Vlaamse Toontuinen
14 Arboretum Kalmthout

15 Kruidtuin, Löwen
16 Piet Bekaert und Dr. De Clercq
17 Roos Volckaert
18 Nationale Plantentuin van Belgie
19 Englischer Garten
20 Orshof
21 Patricia van Roosmalen
22 Claire Hertoghe und Herr und Frau Lenaerts
23 Scholteshof

Legende

═══ Autobahnen
─── Wichtige Fernstraßen
     Gärten
●   Größere Städte
•   Kleinere Orte

Nördliches Belgien

In Flandern, dem nördlichen Teil Belgiens, sprechen die Einwohner flämisch, einen holländischen Dialekt. Flandern hat mehr zu bieten als nur die berühmten Städte Brügge, Gent und Antwerpen mit ihren Kanälen und historischen Gebäuden. Die Region reicht von einem schmalen Streifen Nordseeküste – gerade einmal 67 km lang – mit einer Kette bekannter Seebäder bis an die holländische Grenze, wenige Kilometer von Deutschland entfernt. Weite Teile Flanderns sind Wald und Heideland. Das schöne Arboretum in Kalmthout (siehe S. 108–111) wurde in der für die holländische Grenzregion typischen Heidelandschaft angelegt.

Antwerpen war im 16. Jahrhundert der reichste und größte Hafen der Welt. Obwohl im 17. Jahrhundert schwere Zeiten kamen, ist es heute eine der lebendigsten und blühendsten Städte Europas. Neben zahlreichen Sehenswürdigkeiten ist das Rubenshuis (siehe S. 99) mit seinem hübsch restaurierten Garten eine besondere Adresse. Östlich Antwerpens, in Schilde, kann man einige Privatgärten besichtigen (siehe S. 118–119), ebenso wie das Kasteel van's-Gravenwezel, das am letzten Mai- und am

Verbena bonariensis, Salbei und Studentenblumen im botanischen Garten in Löwen.

Der spektakuläre Wasserfall im Japanischen Garten in Hasselt.

Der attraktive Rosengarten der Lenaerts bei Antwerpen wird durch Buchs, Eiben und Hainbuchen gegliedert.

ersten Juniwochenende geöffnet ist.

Im Mittelalter und auch später rivalisierten die prächtigen Städte Brügge und Gent miteinander. Gent wurde im 19. Jahrhundert ein Zentrum des Gartenbaus. Der Park Beervelde (siehe S. 100–101) mit einer Sammlung Genter Azaleen gibt den eleganten Rahmen für die jährlich zweimal stattfindende Blumenschau sowie alle fünf Jahre für die Gartenschau belgischer Gärtner, die dort ihre schönsten Gewächse präsentieren. Im Jahr 2000 wird die nächste sein. Eine angenehm bewaldete Landschaft findet man um St Martens-Latem, wo sich Ende des 19. Jahrhunderts und in den 1920er Jahren Künstler ansiedelten. Eine weitere Attraktion ist das in eine Parklandschaft gebaute Kasteel Ooidonk (siehe S. 113).

Das Schema des „Offenen Gartens" hat sich in den letzten Jahren stark ausgebreitet. In Brügge, Gent und

Antwerpen gibt es von so berühmten Gestaltern wie André van Wassenhove, René Pechère und Jacques Wirtz angelegte Gärten, die nur an einem bestimmten Wochenende oder von Mitgliedern des „Offene Gärten"-Prinzips besucht werden können (für weitere Informationen wenden Sie sich an Jardins Ouvert Open Tuinen, Chaussée de Vleurgat 108, 1000 Brüssel; Tel. u. Fax: 02 646 9736).

Weniger bekannt sind das flämische Brabant und das reiche Land Limburgs im Osten mit so alten Städten wie Löwen und Hasselt mit seinem Japanse Tuin (siehe S. 105) und dem nahen Arboretum Bokrijk (siehe S. 102–103). Einige der schönsten Gärten liegen in Belgiens Osten, vom Kruidtuin in Löwen (siehe S. 112) bis zum wundervollen Kasteel Hex (siehe S. 106–107), das zwischen dem für Kirschen berühmten St Truiden und Tongeren liegt. In der schwach besiedelten nordöstlichen Ecke Limburgs liegt der moderne Garten von Orshof (siehe S. 116–117).

Ein Ahorn aus Dr. De Clercqs Sammlung in seinem Garten in Nevele bei Gent. Er harmoniert bestens mit einigen seiner vielen Rhododendren.

1 *Kasteel Alden Biesen*

Westlich von Maastricht und südöstlich von Hasselt; E313 Antwerpen–Liège/Luik/Lüttich, Ausfahrt 31, Maastricht/Bilzen, dann weiter Richtung Bilzen; den Wegweisern nach Alden Biesen folgen

Englischer Garten: 1. Apr. bis 31. Okt., Di. bis So., 10–19 (vom 16. Mai bis 16. Aug. ab 21 geschlossen); 1. Nov. bis 31. März, So. u. Schulferien, 10–18; Französische Gärten: ganzjährig, Di. bis So., 10–18

Weitere Informationen:
Kasteelstraat 6,
3740 Bilzen-Rijkhoven
Tel.: 089 519 393

Buchs umgibt Lavendel und Wacholder.

Das Schloß, früher ein Zentrum der Deutschordensritter, wird heute als Konferenzzentrum von der Flämischen Verwaltung genutzt. Das ursprünglich mittelalterliche Gebäude wurde zunächst durch ein Wasserschloß ersetzt, bevor im 18. Jahrhundert ein Wiederaufbau im französischen Barockstil erfolgte. Der Deutsche Orden wurde in der Französischen Revolution enteignet, der Besitz 1797 versteigert. Das immer weiter vernachlässigte Gebäude war in Privatbesitz, bis der belgische Staat es 1971 erwarb. Heute sind Schloß und Nebengebäude in bestem Zustand.

Buchsgefaßte Beete mit Salbei und Lavendel sowie Wacholderbäumchen in der Mitte bilden die formalen Parterres vor dem Schloß. Zwischen Orangerie und Kapelle ist ein *Parterre de broderie* von dreifachen *Plates-bandes* sauber geschnittenen Buchses, alten Rosen, Stauden und Buchsformschnitt umgeben.

Im Englischen Landschaftsgarten – eine kleine Grasfläche, umgeben von einem Buchen-, Linden- und Kastanienwald – steht eine hübsche Rotunde. Leider ist dieser Minerva-Tempel abgezäunt.

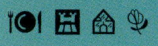 **2** *Antwerpen: Kruidtuin*

Im Stadtzentrum Antwerpens, westlich des Bahnhofs, südlich vom Rubenshuis (siehe S. 99); gut ausgeschildert; der Wapper folgen, rechts in die Schuttershofstraat, dann links in die Komedieplein, die in die Leopoldstraat führt

Ganzjährig, tägl., 8–17.45; Gewächshäuser: Sa., 14–16.45, So., 10–13

Weitere Informationen:
Leopoldstraat 24, 2000 Antwerpen
Tel.: 03 232 4087
Fax: 03 829 0714

Sehenswertes in der Nähe:
Stadtspark; Dierentuin (Zoo);
Domein Middelheim

Der kleine, alteingesessene botanische Garten ist äußerst interessant. Er wurde 1825 begonnen und acht Jahre später für Besucher geöffnet. Die gut beschilderten Pflanzen sind nach Familien geordnet, z. B. Zwiebelgewächse, Gräser, Korb- und Doldenblütler sowie *Amaranthaceae*. Große Bäume beschatten einen Teil des Gartens. Es gibt eine Grotte mit Kaskade und einen Teich mit Hechtkraut und Seerosen, an dessen Ufern Mammutblatt und *Lobelia cardinalis* wachsen.

Antwerpen: Rubenshuis

Westlich des Hauptbahnhofes, nahe eines Einkaufszentrums; gut ausgeschildert

Der Kontrast zwischen dem artifiziellen italienischen Barockstil, den Pieter Paul Rubens für sein Haus wählte, und den schmucklosen Fassaden und aufwendig gestalteten Schaufenstern der Geschäfte daneben könnte nicht schärfer ausfallen: ein schwindelerregender Rutsch zurück ins 17. Jahrhundert inmitten einer reich geschmückten, streng geordneten Umgebung.

Rubens kaufte das Land 1610 und lebte ab 1615 in dem Haus. Nach seinem Tod wurde es von William Cavendish, Duke of Newcastle, erworben. Nach einer langen Zeit, über die man nicht viel weiß, kaufte die Stadt Antwerpen 1937 das Haus. Der Stadtarchitekt Emile van Averbeeke plante die Restaurierung nach Stichen von Jacob Harrewijn aus der Zeit zwischen 1684 und 1692.

Um in den Garten zu gelangen, geht man durch das Gebäude in einen hoch ummauerten, durch einen barocken Portikus begrenzten Innenhof. Von dort tritt man auf eine Terrasse mit Balustrade, vor der sich der Garten ausbreitet. Dessen Rekonstruktion erfolgte sorgfältig nach dem von Rubens und seiner Werkstatt gemalten Bild *Spaziergang im Garten*, heute im Besitz der Alten Pinakothek München.

Eine gerade Achse liegt zwischen den vier Parterres und dem Herkules-Pavillon, einem kleinen Tempel mit Säulenfassade und Balustradendach. Jedes Parterre ist von einer niedrigen Eibenhecke umgeben und kann durch ein kleines Tor unter einer Laube betreten werden. Die Parterres variieren rechteckige Formen, akzentuiert mit schmalen Buchszylindern. Sie sind mit herrlichen Blumen bepflanzt, etwa Balsaminen, Fingerhüten, *Lychnis coronaria* und Studentenblumen. Kübel mit Oleander, Granatäpfeln, Lorbeer, Zitronen und Feigen säumen den Weg. Rechts davon steht die Pergola: Karyatiden in Gestalt von Hermen, glänzend schwarz gestrichen wie die Tore und Lauben, stützen die Wein- und Geißblattbewachsenen Säulen.

🏛 Ganzjährig, tägl. außer Mo., 10–16.45; geschlossen am 1. u. 2. Jan., 1. Mai u. Himmelfahrt, 1. u. 2. Nov. sowie 25. u. 26. Dez.

Weitere Informationen:
9–11 Wapper, 2000 Antwerpen
Tel.: 03 232 4747
Fax: 03 227 3692

Sehenswertes in der Nähe:
Kathedraal; Plantin-Moretus Museum; Koninklijk Museum voor Schone Kunsten; Diamanten-Museum; Museum Mayer van den Bergh

Schwarz gestrichene Karyatiden stützen die weinberankte Pergola.

🏠 Ein Wochenende im Mai (erfragen Sie das genaue Datum per Anruf), Führungen um 10, 14 u. 16 oder nach Vereinbarung

Weitere Informationen:
Gentsebaan 76, 9890 Asper
(Gavere)
Tel.: 09 384 3557

Eine Ansicht dieser spannenden Gehölzsammlung.

4 *Asper: Albert De Raedt*

16 km südlich von Gent an der N60 nach Oudenaarde; 2,5 km nach der Abzweigung Eke, in der Gemeinde Asper, liegt ein großes Gardinengeschäft auf der rechten Seite; nach der Eisenbahnbrücke auf die Linksabbiegerspur und nach einer Kehrtwende auf derselben Straße auf der anderen Straßenseite zurück; die Nummer 76 erreicht man nach wenigen Metern

Albert De Raedt ist ein besessener Gärtner, und Besucher sollten genauso besessen sein, um die Führung voll auskosten zu können. Als die De Raedts in das Haus zogen, fingen sie im Garten bei „Null" an. Jetzt ist der 1,5 ha große, überraschenderweise nicht flache, sondern modellierte Garten voller ausgefallener Gehölze.

Heute macht er einen erstaunlich widerspenstigen Eindruck, wie ein gebändigter Urwald. Kleine, sandige Wege führen hierhin und dorthin, mit einem Schatz an jeder Ecke. *Magnolia* ›Leonard Messel‹ wächst neben *Tilia platyphyllos*, der großblättrigen Linde. *Sorbus sorbaria* mischt sich mit *Lamium galeobdolon* und Schneebeeren. Ein *Quercus cerris* wacht über die Pflanzen darunter. Wilde Erdbeeren wachsen unter einem Silberstrauch. Etwas weiter stehen ein geneigter *Physocarpus opulifolius*, eine *Sophora japonica* und eine Trauerbuche.

An der nächsten Weggeraden wachsen ein Götterbaum, große Bambushorste, *Calycantha fertilis* mit schokoladenbraunen Blüten, *Hydrangea quercifolia*, *Magnolia denudata* und die Bitterorange *Poncirus trifoliata*. Der Weg schlängelt sich zur nächsten Lichtung, wo rosafarbene *Rosa rugosa* und *Rubus odoratus* glücklich mit gelben Farnwedeln zusammentreffen. In der Nähe stehen erstaunlich große Exemplare von *Acer pennsylvaticum*, *Fagus asplenifolia* und *Nothofagus obliqua*. Man findet außerdem eine Studiensammlung von Eichen und ungewöhnliche Hainbuchen.

🏠 Blumenschau: 7., 8., 9. Mai, 10–18; 10. Okt., 10–17 und nach Vereinbarung (Tel.: 09 356 8182); Erfrischungen werden Sa. u. So. serviert

Weitere Informationen:
Beerveldedorp 75,
9080 Beervelde (Lochristi)
Tel.: 09 355 5540
Fax: 09 355 0831

Sehenswertes in der Nähe:
Gent; Kasteel Laarne

5 *Park Beervelde*

10 km nordöstlich von Gent an der A14/E17 nach Antwerpen; Ausfahrt 11, Beervelde/Lochristie, Richtung Beervelde; nach etwa 1,5 km, an der Ampel in Beervelde, links abbiegen; der Eingang zum Park liegt nach 180 m auf der rechten Seite

Eine schöne Allee führt zu einem bewaldeten Landschaftspark im englischen Stil. Im Mai, wenn der Park für die berühmte Blumenschau von Beervelde geöffnet ist, wirken Rhododendren, Azaleen, Maiglöckchen und Farne hinreißend. Rasenflächen werden von einem mit pittoresken Brücken überspannten Fluß begrenzt.

Der ummauerte Küchengarten ist voller Blumen, Obst und Gemüse. Neben dem Kutscherhaus befindet sich ein kleines formales Parterre. Die von Louis Fuchs entworfenen Gebäude stammen aus dem späten 19. Jahrhundert.

Am äußersten Ende des Parks, am Rande des gewundenen Sees mit seiner Insel, stehen ein Pavillon aus dem 19. Jahrhundert und eine große, mit Glyzinen berankte Pergola. Im Wald und am See stehen viele edle Bäume, darunter *Acer opalus*, eine alte *Catalpa bignonoides*, ein Italienischer Ahorn, *Pinus cembra* und einige Zaubernüsse.

Die Sammlung winterharter Genter Azaleen wird noch ausgebaut. Vor zwölf Jahren kannte kaum jemand in Belgien diese Azaleen, obwohl sie 1825 zuerst in Gent gekreuzt wurden. Sie sind vor allem in Großbritannien bekannt und beliebt. Ebenso wie der Comte de Kerchove ist Albert De Raedt, dessen Garten auf S. 100 vorgestellt wird, auf der Suche nach vergessenen Azaleensorten.

6 *Beveren: Hof ter Saksen*

Westlich von Antwerpen an der Straße nach St Niklaas; Beveren auf der N70 in Richtung St Niklaas verlassen; nach der Kirche in Beveren an der dritten Ampel links abbiegen; der Richtung Haasdonk folgen; das Arboretum liegt links hinter der Bahnlinie

Hof ter Saksen ist eines von Belgiens bestgehüteten Geheimnissen. Ein romantisch verfallenes Wasserschloß blickt auf den erstaunlichen Garten eines Pflanzensammlers. Die Sammlung, hauptsächlich Gehölze, ist relativ jung, aber das ältere Anwesen bildet eine hervorragende Kulisse.

In den 1950er und 1960er Jahren wurde das nahe St Niklaas durch die Textilindustrie eine reiche Stadt. Hof ter Saksen war der Landsitz einer der reichen Textildynastien, der Meerts. Sie verkauften das Anwesen 1979 an die Gemeinde Beveren.

Das Arboretum besteht aus 4000 Exemplaren. Besonders erwähnenswert ist die Sammlung chinesischer Pflanzen. Manchmal wurden die Gehölze, so wie Rhododendren und Hartriegel, in Gruppen in Rabatten gepflanzt und manchmal als Solitäre auf den Rasen, so wie *Halesia diptera*, ein Schneeglöckchenbaum aus Amerika. Bei der Brücke zum Schloß findet man Staudenrabatten. Im Hof gibt es einen Bienengarten, und im Sommer werden Skulpturenausstellungen im Garten veranstaltet.

Außer den 12 ha Garten gibt es noch 8 ha jenseits der Begrenzungen sowie ein 2 ha großes Schulungsgelände. Dieser faszinierende Bereich stellt Waasland mit Poldern, Bächen, Ackerland, Kalksteinhügeln, Deichen und schwarzer Erde im kleinen Maßstab dar.

1. Apr. bis 31. Okt., tägl., 10–18, 1. Nov. bis 31. März, wochentags, So. u. Schulferien, 10–16.30; im Sommer werden So. u. in den Schulferien Erfrischungen angeboten

Weitere Informationen:
Haasdonkbaan 101,
9120 Beveren
Tel.: 03 775 2851

Blick über den Burggraben auf die reizende Orangerie.

📅 26. Mai bis 30. Sept., tägl., 10–18; der Eintritt ins Arboretum ist frei, das Freilichtmuseum ist kostenpflichtig

Weitere Informationen:
3600 Bokrijk (Genk)
Tel.: 011 224 575
Fax: 011 241 746

Sehenswertes in der Nähe:
Freilichtmuseum (siehe gegenüber)

Das Arboretum ist besonders für seine Sammlung außergewöhnlicher Koniferen berühmt.

Arboretum Bokrijk

Nordöstlich von Hasselt in Richtung Genk; N75 nach Genk; Park Midden Limburg/Bokrijk ist links ausgeschildert; auf dem richtigen, mit Kasteel (nicht Museum) bezeichneten Parkplatz parken, denn die beiden liegen ziemlich weit auseinander

Bis 1791 gehörte die Domäne Bokrijk zur Abtei Herkenrode. Das Schloß selbst wurde 1896 in dem als „Meuse Renaissance" bezeichneten Stil erbaut. Die Provinz kaufte das Anwesen 1938 und begann 1950 mit der Pflanzung des Arboretums. Es liegt etwas abseits der touristischen Hauptattraktionen und kann dadurch in aller Ruhe erforscht werden.

Einerseits stehen die Bäume in systematisch bepflanzten Beeten und andererseits wie im Landschaftspark. Nicht jeder einzelne Baum, aber zumindest die Familien sind bezeichnet. Stauden, Blütensträucher und Kletterpflanzen mischen sich unter die Bäume und schaffen so attraktive Bilder. Ein aus der Ferne unwirklich erscheinendes Exemplar entpuppt sich beim Näherkommen als 24 m hohe, komplett mit einer Glyzine berankte Birke.

Bokrijk ist für seine Sammlungen von *Ilex*, Apfelbäumen und Bambus berühmt, aber vor allem für seine Koniferen. Die herrliche Vielfalt von Textur, Größe, Form und Farbe kann hier bestaunt und studiert werden. Langnadelige Kiefern wie die Japanische Rotkiefer

(*Pinus densiflora*), *P. jeffrey* aus Kalifornien und die kleinere *P. mugo* kontrastieren mit den hohen blauen Zedern. Eine andere Entdeckung sind die vielen Scheinzypressenarten. Wieder ist hier der richtige Ort, um sich an der Pracht einer ausgewachsenen 'Leylandii' (x *Cupressocyparis leylandii*) zu erfreuen, die hier in natürlicher Größe und Form wachsen darf.

Auch die Gruppe der Ahorne ist mit vielen ausgewachsenen Exemplaren vertreten, darunter *Acer cissifolium*, *A. japonica* 'Aurea', der passend benannte *A. platanoides* 'Globosum', der eine wundervolle Form hat, der ätherisch blasse *A. platanoides* 'Widederseei' sowie *A. monspessulanum* mit kleinen efeuartigen Blättern.

Die Sammlung von Hibiskusarten und -sorten wie *Hibiscus syriacus* 'Pink Giant', *H. s.* 'Russian Violet' und *H. coelestes* schließt auch Sträucher mit weißen und blaßrosa Blüten ein. Sie wurden unter verschiedene Stechpalmenarten, darunter *Ilex aquifolia* 'Argenta pendula' gepflanzt. Außerdem gibt es Gruppen von Rosen, Hortensien, verschiedene Pfeifensträucher und sogar Gräser, wobei das Spektrum von *Festuca glauca* bis zu *Arundo donax* reicht. Auch Berberitzen und Geißblattarten findet man hier.

Neben dem Schloß, im alten Gemüsegarten, wachsen über 100 verschiedene Rosen. Im anderen Teil des Bokrijk-Anwesens kann man in einem Freilichtmuseum eine Anzahl rekonstruierter Häuser und alte Dörfer ansehen. Im néuen Kräutergarten sind die Beete mit Thymian und Buchs eingefaßt, bepflanzt mit verschiedenen Basilikum- und Ysopsorten.

---

8. *Brügge: Domein Tudor und Domein Beisbroek*

Am Südrand von Brügge; von der N32 Brügge nach Torhout nach 1 km (Tudor) oder nach 2 km (Beisbroek) rechts abbiegen, bevor die Straße die Autobahn A10/E40 kreuzt

Diese beiden benachbarten Anwesen gehörten einst der Abtei von St Andries, wurden jedoch in der Französischen Revolution zerstört. Für den Gartenfreund ist die Domein Tudor interessanter.

Das von Zinnen gekrönte Gebäude wurde 1904 erbaut und thront über einer Rasenfläche mit einem einfachen Buchsparterre in der Mitte. Rundherum stehen große Buchen und Blauzedern.

Der Kruidentuin (Kräutergarten) der Domein Tudor ist ausgezeichnet. Seine Mauern sind mit Spalierobst bewachsen. Eibenhecken und rechteckige, sauber mit Klinkern eingefaßte Beete geben ihm etwas Fachmännisches. Deutlich bezeichnete Kräuter wurden nach Familien zusammengesetzt, an anderer Stelle auch nach Verwendung gruppiert.

In der angrenzenden Domein Beisbroek kann man zwischen Alleen und in den ausgedehnten Waldstücken herrlich spazierengehen.

Park: Jederzeit; Kräutergarten: Mai bis Okt.

Weitere Informationen:
Zeeweg 96 und 147,
8200 St Andries, Brügge

Sehenswertes in der Nähe:
Das historische Zentrum Brügges

Der gut beschilderte Kräutergarten.

🏛 Nach Vereinbarung von Ende Mai bis Ende Juli

Weitere Informationen:
Grote Ede 18, 8200 St Andries, Brügge
Tel.: 050 391 906

Sehenswertes in der Nähe:
Das historische Stadtzentrum Brügges; der Garten des Gestalters André Van Wassenhove (nach schriftlicher Anmeldung; Kleine Kerkhofstraat 72, 8310 Assebroek)

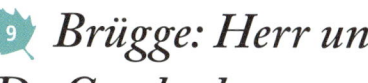

Brügge: Herr und Frau Van De Caesbeek

In der westlichen Vorstadt von Brügge; vom südlichen Rand des Stadtzentrums die N31 Richtung Zeebrügge, links in Richtung St Andries Stade Olympia abbiegen, die N32 Torhoutsesteenweg kreuzen und dann an der nächsten Ampel nach links, Hermitage, abbiegen; die dritte Straße rechts nehmen und dann nochmal rechts

Hohe Hainbuchenhecken schirmen das lange, flache, von Herrn Van De Caesbeek entworfene Haus und den Garten darum von der Außenwelt ab. Vorne wurden in eckige, buchsgesäumte Beete die fast weiße Hochstammrose *Rosa* 'Maria Matilda' sowie eine Mischung aus weißen Margeriten, knallgelbem Walisischem Mohn und Glockenblumen gepflanzt.

Die Hausfassade blickt auf Terrasse und Garten. Dort paßt *Rosa* 'New Dawn' gut zu Terrakottadachziegeln und Klinkerboden. Weisse Hortensien in *Caisses de Versailles* antworten auf weiße Kaffeehausstühle und die Hauswände. Sie kontrastieren mit den nüchternen Schieferplatten, die mit den Klinkern gemischt wurden.

Ein langer Grasweg wird von alten Apfelbäumen und säulenförmigen Eiben begleitet. Üppiges Blattwerk beeindruckt ringsum: Große Blätter von *Gunnera manicata* und *Petasites fragrans* kontrastieren mit dicht gewachsenem Buchs und Eiben; Kopfweiden tragen die goldenen Blätter des Hopfens *Homulus lupulus* 'Aureus'.

Auf einer Seite kann man die neueste Errungenschaft bewundern: schmale Blumenbeete, wie Sonnenstrahlen durchs Gras geschnitten. Die Anlage, entworfen von Herrn Van De Caesbeek, wurde von seiner Frau brillant mit *Alchemilla mollis*, weißem Berufkraut, weißem Fingerhut, blaßgelben Lupinen und *Salvia sclarea* bepflanzt. Dahinter befindet sich eine mit pastelltonigen Rosen berankte Pergola, in deren Mitte erstaunlicherweise eine Eibenhecke zu sprießen beginnt.

Dieser versteckte und unerwartete Teil wird auch „Garten der verlorenen Fassung" genannt und hat eine magische Ausstrahlung, die, so die Eigentümer, an Kinderträume erinnern soll.

Die jüngst konstruierte, mit blassen Rosen bepflanzte Pergola.

Gent: Plantentuin

Südlich des Stadtzentrums, beim Citadel Park/Kongreßzentrum; Autobahn E40 Brügge–Brüssel, Ausfahrt 14, Gent/St Denis, Richtung Stadtzentrum; Citadel Park liegt hinter der Eisenbahnbrücke, der Garten auf der rechten Seite

ganzjährig, Mo. bis Fr., 9–17, Sa., So. u. Schulferien, 9–12; Kakteenhaus: So. u. Schulferien, 11–12

Weitere Informationen:
K. L. Ledeganckstraat 35,
9000 Gent
Tel. u. Fax: 09 264 5073

Sehenswertes in der Nähe:
Citadel Park und alle Sehenswürdigkeiten Gents; Kasteel Leeuwergem (nur nach Voranmeldung; Tel.: 09 360 2216) (siehe S. 113)

Seit 1900 befindet sich hier der botanische Garten der Universität. Die Landschaft wurde mit vielen Bäumen wie Trauerweiden, Sumpfzypressen (*Taxodium distichum*) und schönen Zedern gestaltet. Eine sonst nur im Mittelmeerraum beheimatete Schirmpinie, *Pinus pinea*, wächst hier im Freiland. Neben dem Eingang sieht man als erstes eine Steinböschung, bepflanzt mit gut beschilderten Gewächsen. Ein naher See und eine sonnige Rabatte wurden mit Glockenblumen, Zistrosen und Lavendel bepflanzt.

Gesonderte Kräuterabteilungen, Versuchsflächen und systematische Beete, die dekorative Pflanzenfamilien zeigen, machen den Garten einen Besuch wert. Es gibt auch ein Becken mit Sumpfpflanzen, eine Sammlung Einkeimblättriger, darunter Gräser und Zwiebelpflanzen, winzige Hochbeete mit Dickblattgewächsen sowie ein Arboretum. Im Sommer werden Geranien und Sukkulenten aus den Gewächshäusern geholt. Drinnen gedeihen Bambus, Palmen, Farne und riesige Gummibäume. In einem großen Becken wächst die Riesenseerose, *Victoria amazonica*, sowie *Euryale ferox*, eine einjährige Pflanze mit runden, dornenbedeckten Blättern. Außerdem gibt es ein Haus für Kakteen und mediterrane Pflanzen.

Sukkulenten in Kübeln.

Hasselt: Japanse Tuin

75 km östlich von Brüssel, am äußeren Ring; am Ortsanfang von Hasselt auf den äußeren Ring Richtung Eindhoven einbiegen; auf der Ringstraße bleiben und die nächste große Abzweigung rechts, die N702, ins Stadtzentrum nehmen

1. Apr. bis 30. Okt., Di. bis Fr., 10–17, Sa. u. So., 14–18

Weitere Informationen:
Gouverneur Verwilghensingel,
3500 Hasselt
Tel.: 011 239 543
Fax: 011 225 023

Sehenswertes in der Nähe:
Arboretum Bokrijk und Freilichtmuseum (siehe S. 102–103)

Dieser authentische Japanische Garten wurde als Zeichen der Freundschaft zwischen den Städten Itami in Japan und Hasselt angelegt.

Ein Teil des Gartens wurde nach dem Vorbild eines Tempels in Kyoto als verkleinerte Berglandschaft mit Blick auf einen Wasserfall angelegt. Das Wasser fließt zwischen riesigen Granitquadern. Um die Ecke wurden japanische Aprikosen (*Prunus mume*), Ahorne, Azaleen und zierliche Silberbirken gepflanzt.

In einem ruhigen See mit Kiesstrand spiegeln sich ein Teehaus im Stil des 17. Jahrhunderts und ein Zeremonienhaus. Vom Kiesstrand führen eine Brücke und Trittsteine über den See in den mittleren Garten. Auf einem kleinen Hügel liegt das Zeremonienhaus.

Rosenfestival: 11., 12., 13. Juni,
10–18; Gemüsefestival: 18., 19.
Sept., 10–18

Weitere Informationen:
3870 Heers
Tel.: 012 747 341
Fax: 012 744 987

 # 12 *Kasteel Hex*

85 km östlich von Brüssel und 25 km nordöstlich von Lüttich; E313 Antwerpen–Lüttich, Ausfahrt 29, Hasselt Oost und Tongeren/Tongres in Richtung Tongeren; in Kortessen der Richtung Borgloon/Looz und dann den Wegweisern nach Heers folgen, wo das Schloß ausgeschildert ist; E40/A3 Brüssel–Lüttich, Ausfahrt 29, Waremme/Borgworm, auf der N69 in Richtung Tongeren; Hex ist nach etwa 10 km ausgeschildert

Obwohl die schönen Gärten um Kasteel Hex mit die berühmtesten in ganz Belgien sind, haben sie leider nicht regelmäßig geöffnet. Der Palast war die Sommerresidenz eines Prinzbischofs von Lüttich, der 1770 den formalen und den Chinesischen Garten anlegte sowie Kühe und Schafe anschaffte, um einen Englischen Landschaftspark zu gestalten. Das heutige Ansehen verdankt der Garten der Comtesse d'Ursel, die 1959 in das Schloß kam. Sie pflanzte mehr als 200 Rosensorten und bat den Landschaftsgestalter Jacques Wirtz, die drei Terrassen, die den Park überblicken, zu vereinfachen.

Eine 4,5 m hohe Hecke aus *Cornus mas* umgibt den Garten. Die Rosen gehen auf das 18. Jahrhundert zurück, als die Ostindische Kompanie drei chinesische Rosen für den Prinzbischof mitbrachte: *Rosa chinensis* 'Old Blush' (syn. *R. x odorata* 'Pallida'), *R. chinensis*

Der formale Blumengarten vor dem Wohntrakt des Prinzbischofs.

multipetala sowie eine andere, unbenannte. Es gibt eine Sammlung alter Rosen.

Der formale Französische Garten ist mit flachen Kuppeln beschnittenen Buchses, Blumenbeeten und Urnen auf Podesten geschmückt. Die Achse läuft auf zwei entzückende Pförtnerhäuschen zu und weiter durch die Tore bis auf die Straße hinaus.

Gegenüber, am anderen Ende der Hauptachse, liegt der von wellenförmigen Eibenhecken umgebene Chinesische Garten. In einem kleinen Pavillon sitzt eine bemalte Buddhafigur mit gekreuzten Beinen. *Alchemilla mollis* schäumt über die bizarre Pflasterung.

Von einem langen Balustradenweg blickt man auf den *Potager*. Die notwendige Stützmauer gibt seit 200 Jahren den idealen Hintergrund für Spalierbirnen. Obwohl auch Gemüse sehr dekorativ sein kann, gibt es dennoch eine Sammlung moderner Rosen, in Reihen gesetzte Dahlien und Wicken. Der Landschaftsgarten von Hex war einer der ersten in Belgien und wurde seitdem kaum verändert.

13 *Hoegaarden: Vlaamse Toontuinen*

5 km südlich von Tienen/Tirlemont über die N29, 40 km östlich von Brüssel über die A3/E40

🏠 Ganzjährig, tägl., 10–21

Weitere Informationen:
Houtmarkt 1, 3320 Hoegaarden
Tel.: 016 767 843
Fax: 016 767 919

Sehenswertes in der Nähe:
Hoegaarden-Brauerei

Kontrastreiche Formen von *Lysimachia punctata* und *Hosta sieboldii*.

Das Gelände dieses flämischen Schaugartens mit seinen großen Linden, Blutbuchen und Edelkastanien, bewacht von einer monumentalen Rokokokirche, ist sehr attraktiv. Die Themengärten, darunter ein Rosen-, ein Wasser-, ein Kräuter- und ein Hofgarten, sind auf dem gesamten Gelände verteilt. Ein moderner Garten erinnert an König Baudouin. Es gibt einen Bambus-, einen Goldenen und einen Allergenfreien Garten unter den Sammlungen. Der König-Baudouin-Garten wurde um eine symbolische Spirale herum angelegt und mit Rhododendren und Hortensien bepflanzt. Schmuckstück ist ein *Cryptomeria japonica*, den der König selbst aus einem ihm von Kaiser Hirohito geschenkten Samenkorn in den Gewächshäusern von Laeken (siehe S. 132–133) herangezogen hat. Eine interessante Abteilung zeigt diverse Methoden der Kompostbereitung.

Die Beschilderung der Pflanzen ist leider dürftig und wenn vorhanden, dann nur in Flämisch.

Arboretum Kalmthout

20 km nördlich von Antwerpen; E 19 Antwerpen–Breda, Ausfahrt 4, dann die N117 nach Kalmthout

15. März bis 15. Nov., tägl., 10–17; an besonderen Tagen im Jan.u. Feb. geöffnet, um die Zaubernüsse zu sehen

Weitere Informationen:
Heuvel 2, 2920 Kalmthout
Tel.: 03 666 6741
Fax: 03 666 3396

Charles van Geert, ein Gärtner aus Antwerpen, kaufte 1856 in Kalmthout 1, 5 ha saures Heideland. Er wollte zeigen, wie Pflanzen, die er hoffte in Belgien einführen zu können, sich an das schwierige Klima anpaßten. Als er 1896 starb, erwarb Antoine Kort die Gärtnerei und erweiterte sie auf 35 ha. Im 2. Weltkrieg schloß die Gärtnerei und verfiel in den folgenden 30 Jahren.

Viele der ausgewachsenen Bäume stammen aus der Zeit van Geerts, besonders die Exemplare der alten Koniferenallee. Kort pflanzte die ersten Zaubernüsse. Aber erst seit Georges und Robert de Belder 1952 das Gelände kauften, entwickelte es sich zu einem Arboretum von Weltrang. Bald wurden sie von Roberts Frau, Jelena de Belder Kovacic, unterstützt, die aus dem ehemaligen Jugoslawien kam und dort Landwirtschaft an der Universität von Zagreb studiert hatte. Mit Enthusiasmus, gärtnerischem Können und Jelena de Belders Gabe, Pflanzen zu kombinieren, entwickelte sich das Arboretum

Baumgruppen sind von niedrigen, bunten Sträuchern wie etwa Fuchsien umgeben.

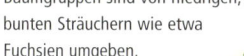

Informelle Bepflanzung an den Teichufern.

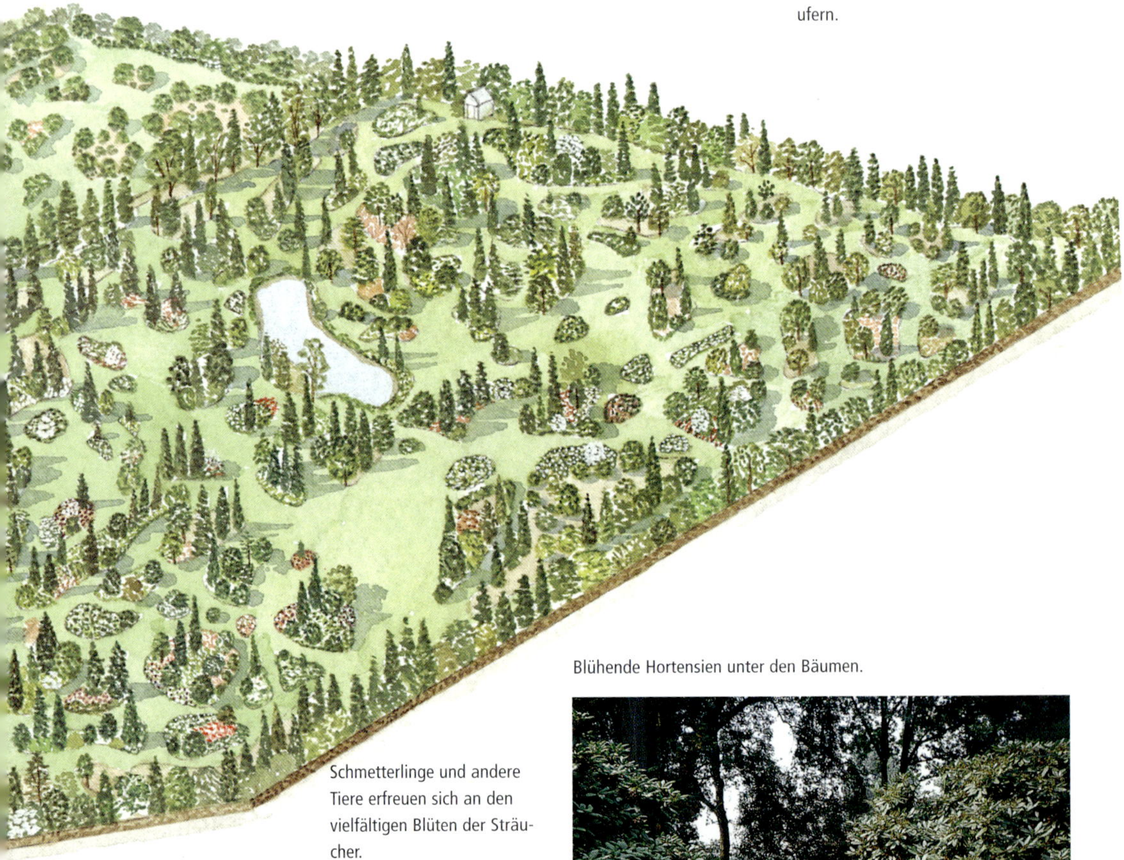

Blühende Hortensien unter den Bäumen.

Schmetterlinge und andere
Tiere erfreuen sich an den
vielfältigen Blüten der Sträucher.

Im Winter kann man die Wuchs-form der Bäume richtig bewun-dern.

mit den Jahren. Das Ergebnis sind eine Reihe informeller Inselbee-te, bemerkenswert einfühlsam gruppierte Bäume, Sträucher und Stauden sowie verlockende Graswege. Die einzelnen Beete, meist um einen der großen alten Bäume, wurden ringförmig mit *Stepha-nandra incisa*, Berberitzen, kühnen Funkien, elegant gebogenen Fuchsien und Efeugürteln eingefaßt: Kontraste in Farbe, Textur und Form.

Im Frühling blühen die Kirschen und viele verschiedene Ma-gnolien, gefolgt von Rhododendren und Azaleen. Im Hochsommer zeigen sich die Rosen und Stauden von ihrer besten Seite. Im Spät-sommer blühen winterharte Fuchsien, und im Weißen Garten kon-trastieren die üppigen Rispen von *Hydrangea paniculata* 'Grandiflora' mit Driften weißer Schmucklilien sowie den blaugrauen Blättern und cremeweißen Blüten von *Macleaya cordata*, dem Federmohn.

Im Herbst mischen sich die Farben von Koniferen, beerentra-genden Sträuchern und Laubbäumen. Verschiedene japanische Ahorne, *Acer palmatum*-Sorten, brillieren in Rot, Orange und Gelb. Die edle Apfel-Sammlung, u. a. der blühende Holzapfel, sind mit kleinen, leuchtenden Früchten beladen. Die Blätter der laubabwer-fenden Genter und Japanischen Azaleen und die bemerkenswerte Kollektion Zaubernüsse fügen ihre warme Herbstfärbung hinzu. Die rosa Beeren des Pfaffenhütchens und die schwarzlila glänzen-den der Kermesbeere *Phytolacca americana* beginnen zu leuchten. Die im August noch bunten Blütenköpfe der Hortensien bekom-

men jetzt einen grünen oder dunkelroten metallischen Schimmer. Der Adlerfarn färbt sich golden, die Eichen scharlachrot und rostbraun. Herbstzeitlosen erscheinen in weißen und fliederfarbenen Tönen.

Auch im Winter ist der Garten durch Schneeheide, Blauzedern, die mahagonifarbene Rinde der Ahorne, die weiße der Birken, die bizarren Formen der kahlen Laubbaumäste und die turmhohen Koniferen attraktiv. Sobald der Winter den Garten fest im Griff hat, gibt es einige spezielle Öffnungstage, damit man die Blüten der Zaubernüsse bestaunen kann, für die das Arboretum weltberühmt ist. *Hamamelis* x *intermedia* 'Ruby Glow' stammt noch aus den Tagen von Kort, während die de Belders *H.* x *intermedia* 'Jelena' und *H.* 'Diana' einführten.

Es gibt zwei Teiche, einen hübschen, mit diversen Efeusorten geschmückten Pavillon und ein gefälliges Landhaus mit Terrasse, umgeben von alten Rhododendron-Hybriden, auf das eine Koniferenallee noch aus den Tagen der alten Gärtnerei zuführt. Einige der Inselbeete sind wie der Weiße Garten thematisch angelegt: Es gibt einen Gelben und einen Blauen Garten, ebenso Funkien, Rosen und Astilben. Obwohl das Arboretum heute nur 12 ha umfaßt, wirkt es wegen der geschickten Anlage deutlich größer. Nähert man sich einem Beet von einer anderen Seite, zeigt es sich ganz neu. Kundige Besucher werden von der Intimität und der Atmosphäre von Schönheit und Ruhe gefangengenommen.

Seit 1986 gehört das Arboretum der Provinz Antwerpen und wird von der Gruppe der Freunde des Arboretums von Kalmthout unterhalten, womit seine Zukunft gesichert ist.

Das neue Laub im Frühling färbt den Baum genauso schön wie Blüten.

Frisches Weiß und Grün verzaubern das Arboretum im Frühling.

1. Mai bis 30. Sept., tägl., 8–20 (So. u. Schulferien bis 21 geöffnet); 1. Okt. bis 30. Apr., 8–17; Orangerie und tropisches Gewächshaus: So. u. Schulferien

Weitere Informationen:
Kapucijnenvoer 30, 3000 Löwen
Tel.: 016 232 400
Fax: 016 221 104

Sehenswertes in der Nähe:
St Pieterskerk; Stadhuis

15 *Löwen: Kruidtuin*

25 km östlich von Brüssel über die N2 oder A2/E40

Bunte Beetstauden, durch ein großartiges Tor gesehen, sind eine unwiderstehliche Einladung in diesen makellos gepflegten botanischen Garten. Die gut gewachsenen, in attraktiven Farbschemen gesetzten Pflanzen sind eine Lehrstunde der Beetgestaltung. Der ursprüngliche Botanische Garten von Löwen aus dem Jahr 1738 war der erste in ganz Belgien. Der heutige Garten mit seiner strengen, eleganten Orangerie stammt von 1821. Es gibt Reihenbeete, einen Stein- und einen Wassergarten, einen halbrunden Teich, eine Kräutersammlung und einige hohe Bäume, darunter *Gymnocladus dioicus*, *Ulmus glabra* 'Exoniensis' und eine *Pterocarya fraxinifolia*, ebenso Platanen und Tulpenbäume. Alle Pflanzen sind beschildert.

Verpassen Sie nicht den Obstgarten mit seinen Obstbäumen, darunter zwei Jahre alte Exemplare, die in der traditionellen „verrier palmette"-Form erzogen wurden, oder die kleine abgeschlossene Ecke daneben mit dem überschwenglichen Sommerblumengarten voller Sonnenblumen, *Verbena bonariensis*, Blumenrohr und Salbei. Eine Pergola wurde mit einjährigen Kletterpflanzen bestückt: Die creme und rot blühende *Mina lobata*, Schwarzäugige Susanne, *Asarina scandens* und *Ipomoea quamoclit*. *Verbena* ‚Peaches & Cream' mischt sich subtil mit *Salvia coccinea* 'Coral Nymph', *Alonsoa meridionalis* und rosafarbenen Diascien in einem Daunenbett brillanter Farben.

Überall im Garten werden im Sommer Kübelpflanzen aufgestellt, die im Winter in der Orangerie stehen. Ein neuer Waldgarten ist in Planung.

Der makellose Garten ist im Sommer Schauplatz von Skulpturenausstellungen.

St Martens-Latem: Piet Bekaert und Dr. De Clercq

Etwa 8 km südwestlich von Gent; Gent in Richtung Ostende verlassen und nach etwa 10 km die Ausfahrt 30 nach Gent West/Deinze nehmen: links; 6 km der N466 bis zum ersten Kreisverkehr und zur Kirche folgen; die linke Abzweigung nach Deurle nehmen, nach 100 m eine grüne Eisenbrücke überqueren und nach 300 m links einbiegen; dieser Straße noch 300 m folgen

„Wuschelköpfige" Ahorne, die aus Efeuhügeln aufragen, und eine wellenförmig geschnittene Buchshecke, die wie eine riesige Raupe um den Garten kriecht, zeigen die Hand eines meisterlichen Gestalters. Eine Gruppe blauer Koniferen, flach wie „Dauerlutscher" geschnitten, steht vor einer kantigen gelben Hecke und verdeckt das dahinterliegende Ackerland. Säulenförmige, vielgestaltig beschnittene Eiben kontrastieren mit horizontalen Eibenblöcken.

Vor dem Haus bilden weiße Hortensien, Rosen, *Clematis* und Pfeifenstrauch einen kühlen, delikaten Kontrast und ein Gegengewicht zu den Immergrünen. Piet Bekaert ist Architekt, Gartengestalter, Maler, Fotograf, Bildhauer, Autor und Dichter. Seinen Garten kann man mit ähnlichen Ausdrücken beschreiben – poetisch, architektonisch und malerisch.

Wenn die Rhododendren und Azaleen im Mai blühen, ist die beste Zeit für einen Besuch in Dr. De Clercqs Garten. Er ist ein echter Gärtner und Sammler – ein Züchter, der 1500 verschiedene Rhododendren in seinem 1,5 ha großen Garten vereint hat. Viele Rhododendren sind Einzelstücke aus eigener Zucht. Zusätzlich gibt es Ahorne mit abschilfernder Borke, *Ilex* und Zaubernüsse.

Piet Bekaert: nach Vereinbarung, am besten schriftlich; Eintrittsgebühr; Dr. De Clercq: Anruf nach 22, um einen Termin auszumachen

Weitere Informationen:
Piet Bekaerts Garten:
Voordelaan 13, 9831 Deurle
(St Martens-Latem)
Tel.: 09 282 6182
Fax: 09 281 0365
Dr. De Clercqs Garten:
Graaf van Hoornestraat 15,
9850 Nevele
Tel.: 09 317 5535

Sehenswertes in der Nähe:
Gent: Kathedrale von St Bavo, der Glockenturm, das Rathaus, Graslei – eine Reihe Gildenhäuser aus dem 12. Jahrhundert; Kasteel Leeuwergem (9620 Zottegem; Tel.: 09 360 2216, Fax: 09 361 0138, nur nach Vereinbarung), ein südsüdöstlich von Gent gelegenes Wasserschloß im französischen Stil mit einzigartigem Théâtre de verdure; Kasteel Ooidonk, ein imposantes Wasserschloß (Ooidonkdreef 9, 9800 Deinze; Tel.: 09 282 3570, Fax: 09 282 5282; Öffnungszeiten: Im Sommer 9–19, im Winter: 9–16, von Ostern bis 15. Sept., So. u. Schulferien, 14–17.30)

Wunderschön gruppierte Immergrüne sind ein herausragendes Gestaltungselement in Piet Bekaerts Garten.

 Das letzte Juniwochenende und das zweite Wochenende im Juli, 10–18, und von Mai bis Aug. nach Vereinbarung

Weitere Informationen:
Der Groene Tuinkamer, Kleine Heide 23, 9830 St Martens-Latem
Tel. u. Fax: 09 282 4810

Von einer Holzbank unter einem Rosenbogen blickt man auf den Teich.

17 *St Martens-Latem: Roos Volckaert*

Etwa 8 km südwestlich von Gent; Autobahn A10/E40 Ostende–Brüssel, Ausfahrt 14, Flanders Expo, dann Richtung Deinze; nach 3,5 km in St Martens-Latem, bei der BP Tankstelle rechts nach Latem einbiegen, dann die erste links, Guido Gezellestraat, an der nächsten Kreuzung rechts, dann den Hooglatemweg nehmen und schließlich die erste Straße rechts

Der Garten von Roos Volckaert ist klein, aber voller entzückender Dinge. Er ist an drei Seiten um ein attraktives Cottage herum angelegt und zeigt Einflüsse sowohl von der Gestalterin Elisabeth de Lestrieux wie auch von Vita Sackville-Wests Weißem Garten in Kent.

Der Garten ist gut genutzt. Eine Erweiterung des Hauses mit einigen hübschen Lauben ist mit Rosen wie *Rosa* 'Kiftsgate', *R.* ‚Phyllis Bride' und *R.* 'Blush Noisette' geschmückt. Die Dekoration mit Obst- und Gemüsearrangements ist unverwechselbar belgisch.

Roos Volckaert organisiert das Schema des „Offenen Gartens" in der reizvollen Gegend südlich von Gent.

 Pflanzenpalast: Von Ostern bis zum letzten So. im Okt., Mo. bis Do., Sa., So. u. Schulferien, 13–16; vom letzten Mo. im Okt. bis Ostern, Mo. bis Do., 13–16; Freiluftsammlung: Im Sommer wie oben, im Winter geschlossen; Park: ganzjährig, tägl., 9–18.30

Weitere Informationen:
Domein van Bouchout, 1860 Meise, Tel.: 02 269 3905

Sehenswertes in der Nähe:
Brüssel

18 *Nationale Plantentuin van Belgie*

12 km nördlich von Brüssel über die Autobahn A12 Brüssel/Boom/Antwerpen, Ausfahrt Meise

Im Mittelalter war Schloß Bouchout eine Festung. Im 17. Jahrhundert wurde es umgebaut und im 19. Jahrhundert noch einmal, diesmal im englischen Stil. König Leopold II. kaufte es 1879, und seine Schwester, die unglückliche Witwe Kaiser Maximilians von Mexiko, lebte hier bis zu ihrem Tod 1927. Die belgische Regierung erwarb 1938 das Schloß von der königlichen Familie und restaurierte es komplett. Der Park ist jetzt, zusammen mit dem angrenzenden Anwesen Meise, Sitz des Staatlichen Botanischen Gartens.

Der Pflanzenpalast zeigt in 13 verschiedenen Häusern die Floren Afrikas, des tropischen und subtropischen Amerikas, Australiens und Asiens, jeweils als angelegte Landschaften mit großen Bäumen wie Akazien, Eukalyptus und Palmen, die eine Kuppel über Sträuchern und eine Stütze für tropische Kletterer bilden.

In zwei Häusern werden die tropischen Pflanzen mehr nach ihrer Verwendung als nach ihrer Herkunft zusammengestellt. Im Victoriahaus findet man die gigantischen Seerosen *Victoria amazonica* und *V. cruziana*, ebenso den Heiligen Lotos, Reis, Papyrus und Wassersalat.

Die Freiluftsammlung besteht aus Gehölzen mit einer Strauch- und Baumsammlung und einem Pinetum. Das Herbetum, die Sammlung krautiger Pflanzen, und der Apothekergarten befinden sich ebenfalls dort. Für den echten Pflanzenfan sind die kurzen Öffnungszeiten allerdings eine herbe Enttäuschung, da kaum Zeit bleibt, die Sammlung richtig zu sehen.

Im Apothekergarten wurden die Pflanzen entsprechend ihrer Wirkung auf den menschlichen Organismus gruppiert. Bei den Koniferen findet man neben jeder Art auch deren Zuchtsorten. Die Strauchsammlung zeigt viele gut proportionierte Exemplare, darunter Aralien, Ölweiden, Zaubernüsse, Magnolien und Rosen. Im Spätsommer lohnt es sich, Hibiskus, Hortensien, Johanniskraut, *Vitex agnus-castus* und die seltene *Franklinia alatamaha* anzusehen.

Gärtner werden den systematischen Staudengarten sehr aufschlußreich finden. Die Arten werden – nach Untergruppen aufgeteilt – um ein elegantes gußeisernes, von Alphonse Balat 1853 entworfenes Gewächshaus präsentiert. Auch hier enttäuscht die kurze Öffnungszeit.

Drei Viertel des Geländes werden von einem Englischen Landschaftspark mit Teichen, Alleen und Baumgruppen eingenommen.

Riesige Seerosen bedecken das Becken im Victoria-Gewächshaus. Im Vordergrund sieht man *Nymphaea gigantea* mit gesägten, bezipfelten Blättern.

🏰 Der letzte So. im Mai u. jeden So. im Juni, 11–18; Gruppen können den Garten an Wochentagen nur nach Vereinbarung besuchen

Weitere Informationen:
M. van Halle
Moerasstraat 6, 8840 Oostnieuwkerke
Tel.: 051 205 740

Sehenswertes in der Nähe:
Kasteel Rumbeke

Caltha palustris in einer Ecke des formalen Beckens neben dem Hofgarten.

19 *Oostnieuwkerke: Englischer Garten*

Westlich von Roeselare/Roulers, 30 km südlich von Brügge; an der Ampel in der Stadtmitte die Straße nach Roeselare nehmen; dann die dritte rechts, Vijverstraat, beschildert nach La Fermette; dieser Straße noch einige Kilometer bis La Fermette und weiter durch die Felder folgen; rechts ist die Moerasstraat; der Garten ist ausgeschildert

Ein Garten mit geometrisch angelegten Abteilungen grenzt an den im englischen Stil gestalteten Landhausgarten mit Teich, Wildem Garten und Inselbeeten. Er bietet eine reizende Mischung formaler und informeller Elemente. Eine hohe, regelmäßige Weissdornhecke begrenzt den Ort an einer Seite.

Im Eingangsbereich sind mit Buchs eingefaßte Beete mit weiß blühenden Stauden bepflanzt. Rosafarbene und blaue „Eindringlinge", die sich selbst gesät haben, mischen sich darunter.

Im formalen Garten gibt es geometrische Blumenbeete, einen Rosengarten, ein rechteckiges Becken und einen „Raum", der

Buchskugeln verschiedener Größe beherbergt. Auf der anderen Kanalseite, im Waldgarten, liefern Erlen Schatten für Farne, Storchschnabel, Funkien und *Viola labradorica*. In Inselbeeten neben diesem kleinen Hain wachsen Sterndolden, die sommerblühende Magnolie (*Magnolia* x *thompsoniana*), Pfingstrosen, darunter die kräftige weiße *Paeonia lactiflora* 'Jan Van Leeuwen', sowie Wiesenrauten.

Die Terrasse am Haus ist umgeben von geflochtenen Linden und einem kleinen Wasserbecken. Töpfe mit üppig blühender Zimmerkalla und Urnen, überfließend mit winzigen Blüten von *Erigeron karvinskianus*, schmücken das Gelände.

🏰 Ganzjährig, So., 12–18; Führungen um 14.30

Weitere Informationen:
Heymansweg 2
3670 Neerglabbeek
Tel.: 089 810 890
Fax: 089 810 899

20 *Orshof*

Nordöstlich von Hasselt und westlich von Maseik, nahe der holländischen Grenze; A2/E314 Brüssel–Aachen/Aix, Ausfahrt 31, Meeuwen/Gruitrode; der N76 nach Meeuwen folgen, dann die Straße rechts nach Gruitrode nehmen; Orshof ist ausgeschildert

Orshof ist ein Ensemble aus traditionellem Bauernhaus und anderen Gebäuden in einem Winkel Limburgs. Abgelegen steckt es dennoch voller Aktivitäten: Kindergruppen machen Camping, Studenten arbeiten im Zentrum, Geschäftsleute konferieren, es gibt die Therapiegruppen von Dr. Van Orshoven und Gartenbesucher. Die verschiedenen Gebäude werden durch Wintergärten miteinander verbunden.

Der Garten steckt voller interessanter Ideen. In dem Teil, den man zuerst sieht, fallen vor allem die Blattpflanzen auf: Ein 2,5 m hoher *Macleaya cordata*, üppige Farne, glänzender Efeu, dichtgewachsene Eiben und Buchsbaum.

Außen vor dem Speisesaal befindet sich ein großes Becken und angrenzend Sitzplätze, die durch Ballerina-Apfelbäumchen und säulenförmige Nektarinenbäume voneinander getrennt sind.

Im Gewächshaus vor dem Büro des Doktors blüht *Passiflora* 'Kaiserin Eugenie' (syn. *P. belotti*) mit großen, süß duftenden rosa-weiß-blauen Blüten zusammen mit einer riesigen Strelitzie von März bis November. *Magnolia grandiflora* und ein Weinstock wachsen an der Außenmauer. In der Nähe liegen die blauen Rabatten; im August ragt ein Hochstammhibiskus aus Dreimaster- und Bartblumen heraus. Später machen die blau blühenden Stauden und Sträucher Platz für Baummohn und weiße Schmucklilien. Die Rabatte verändert sich von Blau über Weiß hin zu Gelb. Gelbes Brandkraut und Primeln folgen eingetopften Zimmerkallas und einer silberblättrigen Birne.

Das erste in Orshof gebaute Gewächshaus beherbergt die fruchttragende Passionsblume *Passiflora edulis*, rosafarbenen Oleander und Myrthen. Davor befindet sich der Rosa Garten, wo im Spätsommer rosafarbene Hortensien, Wiesenknöterich und Japananemonen blühen. Es gibt hier ein weiteres Becken mit einem Horst Mammutblatt, *Gunnera manicata*.

Einer der individuell entworfenen Wintergärten.

---

21 *St Pieter: Patricia van Roosmalen*

12 km nördlich von Maastricht, an der holländischen Grenze östlich von Hasselt; von Maastricht den Wegweisern nach Maseik folgen, die zur N78 nach Lanaken führen; A2/E314 Leuven/Louvain/Löwen nach Aachen/Aix, Ausfahrt 13, Maasmechelen, dann Richtung Lanaken auf der N78; Rekem liegt etwa 4 km entfernt; in Rekem den Wegweisern nach Oude Rekem folgen; St Pieter liegt auf der rechten Seite

Patricia van Roosmalens Garten, eine der besten kleinen Anlagen ganz Belgiens, wird oft als Englischer Garten beschrieben, doch sind zwei der interessantesten Elemente, das älteste und das jüngste, weit von englischer Tradition entfernt. Entlang der Hauptachse des Gartens, die bis zu einer vor 100 Jahren aus Kornelkirschen (*Cornus mas*) errichteten Laube führt, steht eine Reihe Zuckerhutfichten, *Picea glauca* var. *albertiana* 'Conica'. Kornelkirschen sind eine übliche Heckenpflanze in Limburg.

Das neueste, aber sicher nicht das letzte Element ist der winzige, 13 x 7 m große Obstgarten, der nicht weniger als 52 Obstbäume

Erstes und drittes Wochenende im Juni, 10–17 und nach Vereinbarung

Weitere Informationen:
St Pieter 24, 3621 Rekem (Lanaken)
Tel.: 089 741 692

Sehenswertes in der Nähe:
Maastricht (Niederlande)

Picea glauca var. *albertiana* ,Conica'.

enthält. Apfel- und Birnbäume wurden als Kordons und am Spalier erzogen. Der Obstgarten ist ein Tribut an diesen Teil Limburgs und sehr formal, wie in einem Kloster angelegt. Ein Muster niedriger Buchshecken wurde mit Erdbeeren, Fritillarien, *Scilla sibirica* und Tulpen bepflanzt. Der übrige Garten folgt ähnlichen Regeln: Symmetrie und gerade Linien, verbunden mit eleganter und souveräner Bepflanzung.

Zwei hohe Sumpfzypressen bewachen den Eingang zum Ruhegarten, wo eine „ruhige" Strauchrabatte und am anderen Ende drei goldpanaschierte Ulmen *Ulmus* x *hollandica* 'Wredei' wachsen. Vor dem Haus mischen sich Hortensien, Glyzine, *Solanum crispum* und *Clematis tangutica* 'Bill Mackenzie'.

Herr und Frau Lenaerts' Garten: Letzter So. im Mai u. letzter So. im Juni, 10–18 sowie nach Vereinbarung

Weitere Informationen:
Claire Hertoghes Garten: De Roskam 7, 2970 Schilde
Tel. u. Fax: 03 383 4850
Herr und Frau Lenaerts' Garten: Epicealaan 2a, 2970 's-Gravenwezel (Schilde)
Tel.: 03 383 5774

Sehenswertes in der Nähe:
Kasteel van 's-Gravenwezel; der Park in Middelheim (Middelheimlaan 61, 2020 Antwerpen; geöffnet Di. bis So., ab 10; Okt. bis März bis 17, Apr. bis Sept. bis 19, Mai u. Aug. bis 20, Juni u. Juli bis 21) mit berühmtem Skulpturenpark und Schloß, das jetzt ein Restaurant ist; Plantin-Moretus Museum; Antwerpener Zoo; Diamanten-Museum; Museum Meyer van den Bergh, mit Gemälden des 14. bis 16. Jahrhunderts; Kathedrale Unserer Lieben Frau; Königliches Kunstmuseum; Antwerpener Hafen

22 *Schilde: Claire Hertoghe und Herr und Frau Lenaerts*

Vom Antwerpener Ring aus die E313 Hasselt–Turnhout nehmen, Ausfahrt 18 zur N12 Richtung Wijnegem nach Schilde; Claire Hertoghes Garten: durch Schilde Richtung Turnhout bis zu einem großen Einkaufsgebiet fahren, 250 m hinter dem DIY-Laden links in die Waterstraat einbiegen und dann die zweite Einbiegung links nehmen; Herr und Frau Lenaerts' Garten: Wie oben nach Schilde, bis zur Ampel geradeaus, dann links in Richtung 's-Gravenwezel, nach 1,5 km rechts beim Chinarestaurant nach Hoge Haar einbiegen; Epicealaan ist die erste Abzweigung nach links, Nummer 2a liegt auf der rechten Seite

Claire Hertoghe schuf einen englischen Landhausgarten mit hübsch bepflanzten gemischten Rabatten. Eine davon ist Rosa und Mauve. Rosen und eine Deutzie bilden die Grundnote, rosa- und pflaumenfarbiger Mohn sowie purpurblättriges *Atriplex rubra* bringen Tiefe hinzu.

Alle Bäume des Gartens wurden nach Frau Hertoghes Einzug gepflanzt. Viele, so die Birken, haben sich selbst ausgesät. Hinten im Garten, unter einer großen *Betula nigra*, blühen im Frühling gelbe Wildazaleen und Sternhyazinthen. Am Zaun wachsen Sterndolden, Elfenblumen und *Hydrangea arborescens* 'Annabelle' unter Weiden. In einer jüngst beschatteten Rabatte (die Bäume wachsen alljährlich, und die Rabattenbepflanzung wird entsprechend verändert) nehmen nun *Hydrangea aspera* und Funkien den Platz der vorher sonnenliebenden Stauden ein. Um einen informellen Teich wachsen attraktive panaschierte und gelbe Pflanzen. In diesem Garten arbeiten Natur und Gärtner erfolgreich in perfekter Harmonie miteinander.

Im dreigeteilten Garten von Herrn und Frau Lenaerts wird so manche Überraschung von hohen Hecken verdeckt. Es gibt einen Rosen-, einen Gemüse- und einen Wildgarten. In letzterem blüht das Gras genauso wie die Wildazalee. Im Gemüsegarten stehen Pfingstrosen und Rittersporn für den Schnitt. Der formale Rosengarten mit einem Weg in der Mitte und einer kreuzenden Achse bietet mit einem Sitzplatz am Ende des Grundstücks ein schönes Panorama. Niedrig geschnittene Buchshecken umgeben Strauch- und Hochstammrosen. Taglilien, Zierlauch, Purpurglöckchen, Funkien und Lavendel mildern die Strenge und machen den Rosengarten zu einem romantischen Ort.

 ## 23 *Scholteshof*

Westlich von Hasselt; Autobahn A13/E313 Antwerpen–Liège/Luik/Lüttich, Ausfahrt 27, Diest, am Ende rechts abbiegen; in Kermt gegenüber der Kirche links abbiegen und den Wegweisern nach Scholteshof folgen; A2/E314 Brüssel–Aachen/Aix, Ausfahrt 25, Diest, dann nach links die N2 nach Hasselt; nach 12 km in Kermt gegenüber der Kirche rechts einbiegen und den Wegweisern nach Scholteshof folgen

 Jederzeit

Weitere Informationen:
Kermtstraat 130, 3512 Hasselt-Stevoort
Tel.: 011 250 202
Fax: 011 254 328

Sehenswertes in der Nähe:
Tongeren: Basilika Unserer Lieben Frau

Die Gärten, Giardini Scholteshof und der Vierjahreszeiten-Gemüse- und -Obstgarten, runden nicht nur das Ambiente des eleganten, renovierten Hotels ab, sondern liefern auch noch Gemüse, Kräuter und Obst für die Restaurantküche.

Der Garten wurde in zwei Stufen entwickelt. Der Lustgarten besteht aus hohen Eibenhecken, einem Buchen-*Berceau*, Efeu und anderen Immergrünen. Es gibt Rasen, Staudenrabatten, intime Separées, einen Teich und eine geklinkerte Laube. Kübel mit Formschnittbuchs, ein Labyrinth und buchsgesäumte Beete mit blauen und weißen Schmucklilien kontrastieren mit der lockereren Bepflanzung um den Teich und in den Rabatten.

Eine lange, weinberankte Pergola führt zum Obst-, Kräuter- und Gemüsegarten. In einem Teil findet man regelmäßig geformte, eibengefaßte Beete, im anderen Teil einen wein- und clematisberankten Pavillon. Rosmarin, Borretsch, Mais, Tomaten, Sonnenblumen, Lavendel, Rote Beete und Zucchini stehen in Reihen. Wogende Flächen von *Melissa officinalis* 'Aurea', wildem Majoran, verschiedenen Thymianen und samtigem Salbei umgeben das Becken im Kräutergarten.

Es gibt einen Wingert, einen Birnenpfad und Beerenobst, aber das kulinarische Interesse des Eigentümers erstreckt sich auch auf andere Teile des Gartens – ein attraktiver Mispel- und Quittengarten, Beete voller Kapuzinerkresse sowie ein Kreis aus geflochtenen Birnbäumen mit umgebenden Kräuterbeeten.

Um Apfelbäume herum füllen kühle blaue und weiße Schmucklilien die mit Buchs eingefaßten Beete.

Die Gärten

1 Château d'Annevoie
2 Château d'Attre
3 Château de Belœil
4 CECE
5 Abbaye de la Cambre
6 Jardin Botanique de Bruxelles
7 Parc de Bruxelles
8 Serres Royales
9 Van Buuren Museum
10 Château d'Enghien
11 Les Jardins Nature Franc-Waret
12 Les Jardins de Freÿr
13 Provinciedomein, Huizingen

14 Château de Jehay
15 Observatoire du Monde des Plantes
16 Mariemont Park
17 Château de Seneffe
18 Ecole Provinciale d'Horticulture,
   Tournai

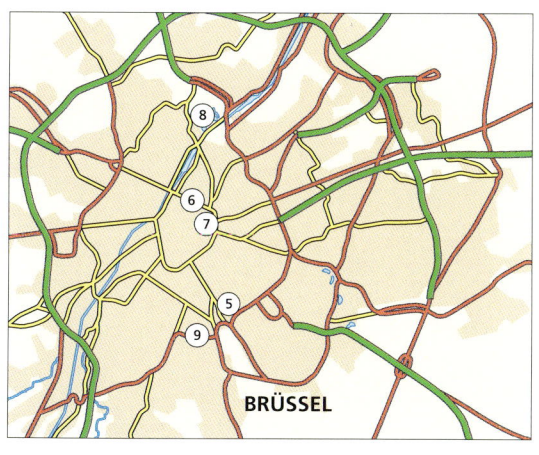

BRÜSSEL

Legende

═══ Autobahnen
═══ Wichtige Fernstraßen
     Gärten
●   Größere Städte
•   Kleinere Orte

Südliches Belgien

und Brüssel

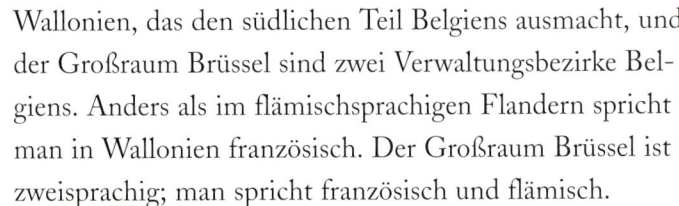

Wallonien, das den südlichen Teil Belgiens ausmacht, und der Großraum Brüssel sind zwei Verwaltungsbezirke Belgiens. Anders als im flämischsprachigen Flandern spricht man in Wallonien französisch. Der Großraum Brüssel ist zweisprachig; man spricht französisch und flämisch.

In der reichen, mit fruchtbaren Böden gesegneten Provinz Hainaut findet man einige bedeutende historische Gärten. Der Garten des Schlosses von Enghien (siehe S. 134–135) war der wichtigste Garten des 17. Jahrhunderts in Belgien und wurde nach langer Zeit des Verfalls grundlegend restauriert. Der im klassischen französischen Stil gehaltene Garten des Schlosses Belœil (siehe S. 126–129), das herrliche Arboretum von Mariemont Park (siehe S. 138), die Terrassen von Château de Seneffe (siehe S. 139), in dem die französische Gemeinde ein Gold- und Silbermuseum unterhält, und der geheimnisvolle „pittoreske Garten" von Château d'Attre (siehe S. 125) sind durchaus einen Besuch wert.

In den Serres Royales lenkt ein Weg aus Bubiköpfchen den Blick auf die Statue am Ende des Korridors.

Breite Eibenhecken markieren die Hauptachse von Château de Franc-Waret.

Das Labyrinth im Garten des Van-Buuren-Museums in Brüssel.

Im Süden machten reiche Kohlevorkommen das Land zu einer unattraktiven Minen- und Industrieregion. Die Täler der Sambre und der Maas gliedern Wallonien. Auf der einen Seite erheben sich die Ardennen, auf der anderen liegt eine Landschaft voller Höfe, Städte und Industrie. Sandsteinhügel bereichern eine tief gefurchte, dramatische Kalksteinszenerie. Die Gegend um Namur, Lüttich und Luxemburg ist bekannt als eine der wildesten Landschaften Europas mit Wasserfällen, unterirdischen Grotten und in tiefen Schluchten fließenden Gewässern. Obwohl kultivierte Gärten hier selten sind, gibt es zwei historische Beispiele: Château d'Annevoie (siehe S. 124) in den Bergen südlich von Namur, sowohl mit italienischen Wassermotiven als auch mit französischen und englischen Einflüssen, und Les Jardins de Freÿr (siehe S. 135–136) am Westufer der Maas südlich von Dinant mit einem formalen Garten aus Buchsparterres aus dem 18. Jahrhundert.

Die Wälder im Südosten Brüssels waren einst die königlichen Jagdgründe. Vom Stadtzentrum aus einfach mit öffentlichen Verkehrsmitteln zu erreichen sind Arboretum und Park von Tervuren, der Wald von Soignies und das benachbarte La Hulpe sowie die Domein van Bouchout in Meise (siehe S. 114). Die Hauptstadt selbst ist reich an alten Plätzen und Parks, etwa dem historischen, sehr formalen Parc de Bruxelles (siehe S. 132) aus dem 18. Jahrhundert und dem Parc Cinquantenaire/Jubelpark aus dem späten 19. Jahrhundert. Besonders aufregend ist der ans Van-Buuren-Museum mit Art-Deco-Möbeln und Gemälden angeschlossene Park aus dem 20. Jahrhundert (siehe S. 134). Auf dem Grote Markt oder Grand' Place mitten in Brüssel findet täglich ein Blumenmarkt statt, und jeden 2. August ist er mit einem Blumenteppich geschmückt. Alljährlich öffnet der belgische König im Frühjahr die Serres Royales beim königlichen Palast in Laeken für Besucher (siehe S. 132–133). Privatgärten folgen dem belgischen Schema des „Offenen Gartens" (siehe S. 97), und bei einem längeren Aufenthalt ermöglicht die Mitgliedschaft den Zugang zu vielen herrlichen Gärten.

Die Kapelle der Abbaye de la Cambre in Brüssel spiegelt sich im Wasser des angrenzenden Beckens.

Die Orangenbäume in den Jardins de Freÿr sind 300 Jahre alt.

Château d'Annevoie

17 km südlich von Namur; N92 Richtung Dinant; Annevoie-Jardins ist auf der rechten Seite ausgeschildert

🏠 1. Apr. bis 1. Nov., tägl., 9.30–18.30; Führungen nach Vereinbarung

🏠 1. Apr. bis 1. Nov., Sa. u. So., 10–17.30

Weitere Informationen:
Les Jardins d'Annevoie, 47 Rue des Jardins, 5181 Annevoie
Tel.: 082 611 555
Fax: 082 614 747

Sehenswertes in der Nähe:
Namur: Zitadelle, Musée de Groesbeeck de Croix, Abbaye de Floreffe

Annevoie befindet sich in den bewaldeten Hügeln oberhalb des Maastals. Die hügelige Lage und der Überfluß an Wasser veranlaßten Charles-Alexis de Montpellier, Gärten in Konkurrenz zur Villa d'Este in Italien zu schaffen.

Die zwischen 1758 und 1778 gebauten Gärten sind deutlich von Charles-Alexis' Reisen nach Italien, Frankreich und England beeinflußt. Alle Brunnen und Kaskaden werden durch natürlichen Wasserdruck erzeugt. Das Speicherbecken des Grand Canal ermöglicht Fontänen von bis zu 6 m Höhe.

Das Sideboard italienischen Stils, Le Buffet, wurde 1760 als eines der ersten Spektakel konstruiert. In symmetrischen Mustern schießen kleine Wasserstrahlen aus einem terrassierten, begrasten Hang in eine schmale Rinne.

Hinter dem Schloß und säulenförmigen Buchen wird eine Reihe *allées* von hohen Hainbuchenhecken gesäumt. Die *Grande allée* prunkt mit Löwenmäulchen und Scharlachsalbei und zeigt *Trompe-l'œil*-Statuen der vier Jahreszeiten: Zweidimensionale Darstellungen wie aus einem Ausschneidebogen, aber erstaunlich effektvoll. Ein Teich mit einer ganzen Krone von Düsen wird als „Artischocke" bezeichnet. Im rechten Winkel eines Hainbuchen-Laubenganges entspringt eine Fontäne aus einem vermoosten Fels, die „Liebesfontäne" genannt wird und Wünsche erfüllen soll.

Im englischen Stil gestaltet ist der Neptunfelsen – eine malerische, wenn auch düstere Grotte, in der Neptun neben einer der vier hier entspringenden Quellen sitzt.

Wasser nimmt in diesem wundervollen Garten viele Formen an.

Hoch oberhalb des Schlosses auf dem Hügel liegt der Grand Canal. Ein Gerücht besagt, man würde ein Jahr jünger, wenn man den Kanal in ganzer Länge – durchs Wasser watend – abgeschritten habe.

Die vielen Bäume des Parks zeichnen schöne Licht- und Schattenmuster und mildern die formale Strenge. Das sprudelnde Geräusch des Wassers sorgt für das Gefühl ständiger Erfrischung. Um Menschenansammlungen zu meiden, sollten Sie den Park außerhalb der Hochsaison besuchen, obwohl er sogar an heißen Augusttagen angenehm ist.

Château d'Attre

40 km südwestlich von Brüssel; A8 von Brüssel nach Tournai, Ausfahrt 29, Ghislenghien, den Wegweisern nach Attre folgen; von Ath die N56 nach Mons nehmen, nach 6 km links nach Attre abbiegen und den Wegweisern zum Schloß folgen, das an der Straße nach Chièvre liegt

Das heutige Schloß wurde 1752 vom Grafen von Gomegnies als Ersatz für ein früheres Gebäude vollendet. Der Vordergrund ist sehr klassisch gehalten, mit konischen Eiben beiderseits des mittigen *Tapis vert* und einem Blumenmotiv in Buchs neben dem Schloß. Eine Blickachse auf den Eingang zeigt italienische Marmorsäulen zu beiden Seiten einer kleinen Brücke. Entlang der Achse stehen zwei weitere Säulen. Diese Gestaltung von 1913 ersetzt den ursprünglichen *Cour d'honneur*.

Hinter dem Schloß ändert sich die Stimmung mit dem Wechsel des Gartens vom Kontrollierten hin zum Romantischen, Irrationalen. Ein Landschaftspark im pittoresken Stil, einzigartig in Belgien, wurde um 1780 angelegt.

In die sorgfältig als dramatische Kulisse gestaltete Landschaft wurden fünf *Fabriques* gestellt, die das Pittoreske noch verstärken. Le Pilori ist ein Relikt aus vorrevolutionärer Zeit, als wegen Bigamie, Verrat oder Prostitution Verurteilte von ihren Zeitgenossen mit Abfall überschüttet wurden. Etwas weiter stehen die Ruinen eines normannischen Bergfrieds aus dem 10. Jahrhundert. Als drittes sehen wir ein Schweizer Chalet auf einem kleinen Hügel.

Der „pittoreske Garten" wurde angelegt, um Gefühle von Ehrfurcht, Mitleid und Angst im Besucher zu erwecken. Das heutige Attre erzeugt Beklemmungen. Sogar das Schweizer Chalet, einst gebaut, um eine heitere Stimmung zu erzeugen, wirkt heute bedrohlich. Klettert man auf *Le Rocher*, gerät der Besucher an die Grenze der Belastbarkeit. *Le Rocher* ist ein gigantischer Fels, 24 m hoch, mit einem Turm auf der Spitze. Davor befindet sich ein dramatischer Absturz mit einer Vertiefung, in der weitere Felsen liegen und mysteriöse Eingänge zu einem Labyrinth unter dem Hügel führen. Wenn der Anblick dieser Öffnungen nicht genügt, ein Gefühl von Ehrfurcht und Angst zu erzeugen, kann man auch durch das Labyrinth von einer Seite des Hügels zur anderen stolpern. Angenehmer ist es, dem Weg durch den Wald zum vierten *Fabrique*, dem Badehaus, zu folgen.

Das Taubenhaus, *Le Colombier*, ist das fünfte *Fabrique*. Es stammt aus dem 17. Jahrhundert und bietet Platz für 3600 Tauben.

Von Ostern bis 31. Okt., Sa., So. u. Schulferien, 10–12 u. 14–18; Juli u. Aug., tägl. außer Mi., gleiche Zeiten

Weitere Informationen:
Avenue du Château 8,
7941 Attre (Brugelette)
Tel.: 068 454 460

Sehenswertes in der Nähe:
Château de Louvignies; Parc Paradisio (7940 Cambron-Casteau; Tel.: 068 454 653, Fax: 068 455 559; geöffnet Apr. bis 8. Nov., tägl., 10–18) lohnt einen Besuch wegen seines wundervollen Treppenhauses aus dem 18. Jahrhundert und der gleichfalls herrlichen Platanenallee.

Dieser Turm wurde als pittoreske Ruine gebaut.

🌐 🍴 ⛨ 🏛 🏟 ⚱

🏰 Apr. bis Sept., tägl., 10–18

Weitere Informationen:
Rue du Château, 7970 Beloeil
Tel.: 069 689 426
Fax: 069 688 782

Sehenswertes in der Nähe:
Château de Cambron-Casteau (Parc Paradisio, siehe S. 125)

Château de Beloeil

Südwestlich von Brüssel, 10 km südöstlich von Leuze

Beloeil ist Belgiens edelster klassischer Garten. Das Anwesen ist seit dem 11. Jahrhundert der Familiensitz der Lignes. Das heutige Schloß ist eine Kopie des 1538 erbauten (und im 17. Jahrhundert im Renaissancestil verzierten) ursprünglichen Schlosses, das durch ein Feuer im Jahr 1900 zerstört wurde. Die wundervollen Gärten wurden im 18. Jahrhundert von Prinz Claude-Lamoral II. de Ligne wahrscheinlich mit Unterstützung des französischen Architekten Jean-Baptiste Bergés im „großen Stil" angelegt.

Alle Teile des ursprünglichen Entwurfs haben monumentale Ausmaße: Es gibt einen 457 m langen See mit einer Neptunfigur am Ende. Dies ist der erste Teil der prächtigen Perspektive vom Schloß aus, die sich noch Hunderte von Metern in die Landschaft fortsetzt.

Auf beiden Seiten des Sees gibt es eine Reihe abgeschlossener Gärten.

Die lebendigen Arkaden, die das *Bassin des Dames* umgeben, schaffen eine mystische Atmosphäre.

Der Obelisk wurde von Charles Joseph, dem siebten Prinzen von Ligne, in Erinnerung an seinen Sohn errichtet.

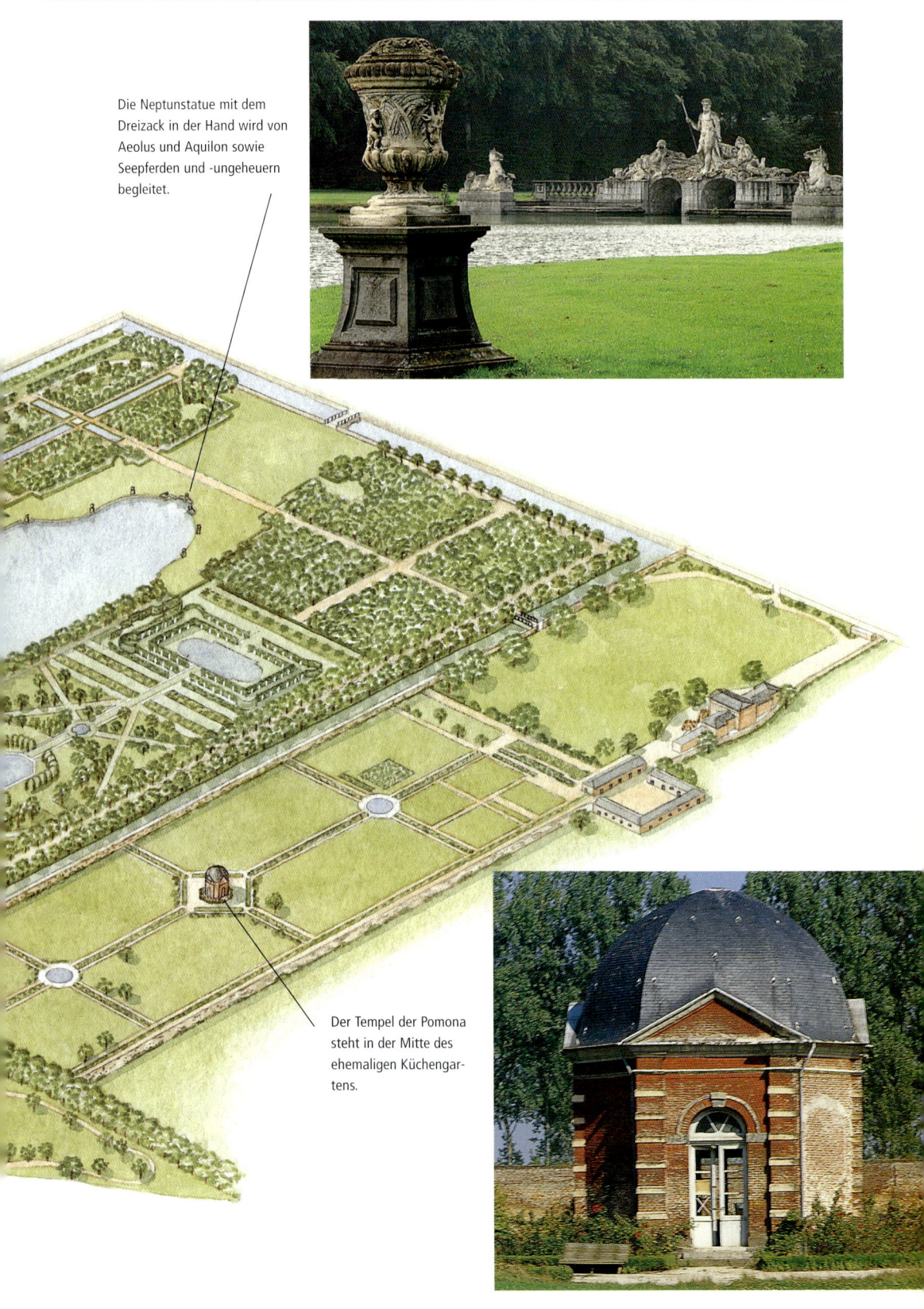

Die Neptunstatue mit dem Dreizack in der Hand wird von Aeolus und Aquilon sowie Seepferden und -ungeheuern begleitet.

Der Tempel der Pomona steht in der Mitte des ehemaligen Küchengartens.

Linker Hand, in der ersten Einfriedung – als *Le Bassin vert* oder das *Boulingrin* bekannt – befand sich einst ein Becken, doch ist es heute nur eine Grasfläche mit Kies. Es folgt der Rosengarten, der bengalische Rosen beherbergte. Heute findet man dort die rote *Rosa* 'Dames de Cœur' und die gelbe *R.* 'Madame Meilland'. In der nächsten Einfriedung gibt es einen Kinderspielplatz und einen Goldfischteich in der Mitte eines neugepflanzten *Berceau* sowie Hainbuchen. Das vernachlässigte Becken ist voller Unkraut. Das darauf folgende ovale Becken ist von unbeschnittenen Hainbuchen umgeben.

Die Einfriedungen werden auf dieser Seite von dem sogenannten Dekansweg von 6 m hohen Hecken begrenzt. Zwischen Weg und Hecken fließt ein kleiner Bach, genannt die Liebesritze, *Rieu d'Amour*, eine Schöpfung von Prinz Charles-Joseph de Ligne. Er erbte Belœil 1766 und war, obwohl er dem klassischen französischen Stil völlig zustimmte, den Moden der Zeit nicht gänzlich abgeneigt und führte einzelne Elemente des Englischen Landschaftsgartens ein. Der schlängelnde Bach und der enge Pfad waren die ersten Neuerungen. Ein Englischer Garten mit einem Morpheus-Tempel sowie einer Kopie der Ruinen des Sibyllentempels von Tivoli wurden mit Hilfe von François-Alexandre Bélanger errichtet, dem französischen Architekten, der den Pavillon und die Gärten in Bagatelle in Paris baute. Heute wird er als Wildpark genutzt und ist nicht zugänglich.

Ausgehend von seiner Arbeit in Belœil wurde der Prinz ein angesehener Gestalter, der auch für die Anlage anderer Gärten konsultiert wurde. Man schreibt ihm die Idee des Liebestempels in Marie-Antoinettes Garten im Petit Trianon zu. Dennoch wurden 1794 alle Arbeiten in Belœil eingestellt. Der Sieg der Französischen Revoluti-

Durchbrochene Eibenhecken werden vom ruhigen Wasserspiegel des Beckens reflektiert.

onsarmee in Fleurus zwang den Prinzen ins Exil. Er ging nach Wien, wo er in relativer Armut lebte, während seine Anwesen, darunter Belœil, konfisziert wurden.

Napoleon gab Lignes zweitem Sohn 1804 das Anwesen zurück (sein erster Sohn wurde im Kampf gegen die Revolutionäre in Frankreich getötet; ein Obelisk im Privatgarten von Belœil erinnert an ihn). Charles-Joseph kehrte nie wieder nach Belœil zurück, und obwohl sich seine Verhältnisse verbesserten, konnte er niemals ohne einen Seufzer an den Park zurückdenken, den er so geliebt hatte.

Der letzte Abschnitt östlich des Sees sind *Les Miroirs*, vier lange, rechteckige Wasserbecken, die den Himmel und die umgebenden Bäume reflektieren. Ein Grenzkanal fungiert als *Aha* zwischen dem Garten und der Straße. Das halbrunde Ende des großen Sees ist mit Urnen und einer Neptunstatue, flankiert von liegenden Figuren und Pferden, geschmückt.

Durch die *Quincunx* aus Blutbuchenhecken auf der Westseite blickt man auf die Orangerie aus dem 19. Jahrhundert. Eine Eichenallee säumt eine Reihe *Bosquets*. Im Kreuzgang rahmen doppelte Hainbuchenhecken ein rechteckiges Becken ein. Das Damenbecken, *Le Bassin des Dames*, ist von einem jüngst gepflanzten Hainbuchentunnel umgeben. Eine kreuzförmige Achse führt hier von der einen Seeseite hin zum Pomona-Tempel mit seinem kuppelförmigen Schieferdach im ehemaligen Küchengarten. Sie ist eine der wenigen Achsen mit schönem Blick, aber leider verdorben durch eine häßliche Bank, einen noch häßlicheren Abfallkorb und einen Kanaldeckel. Im letzten Abschnitt, bekannt als Eisbecken, liegt ein von einem Laubengang umgebener, spiegelnder See.

Der Englische Garten ist auch als Wildgehege bekannt.

Am äußersten Ende des Wildgeheges befindet sich der Morpheus-Tempel. Doppelsäulen wechseln sich mit Kartuschen ab, die mit gemeißelten Girlanden geschmückt sind.

Bray: CECE

Auf halber Strecke an der N90 zwischen Mons und Charleroi; 3 km außerhalb von Binche, in Richtung Bray und Mons, rechts auf die N27 abbiegen; CECE liegt auf der linken Seite, kurz vor dem Einkaufszentrum von Les Péronnes

Ganzjährig, aber am besten in der Zeit von Okt. bis Mai, Fr. u. Sa., 9–12 u. 13.30–18; Führungen jeweils am ersten So. des Monats von März bis Juni u. von Aug. bis Nov., rufen Sie wegen einer Reservierung an

Weitere Informationen:
Avenue Léopold III, 12,
7130 Bray (Binche)
Tel.: 064 338 215
Fax: 064 369 462

Sehenswertes in der Nähe:
Binche (Altstadt); Château d'Havré (Ruinen)

Muster und Farben des Laubes sind in CECE von besonderer Bedeutung.

In diesem Sammlergarten – einer Spezialitätengärtnerei angegliedert – gibt es auch für den normalen Gärtner viel Sehenswertes und Inspirierendes. Schwerpunkt sind ganzjährig bunte Beete und Pflanzenkombinationen. Monsieur Benôit Choteau, zusammen mit seiner Frau Betreiber von Gärtnerei und Garten, ist ein echter Kenner. Sein Garten enthält viele seltene Bäume, aber auch „gewöhnliche" Pflanzen.

Gleich am Eingang stehen eine Gruppe *Prunus autumnalis*, Zaubernüsse und Christrosen, um Besucher im Winter anzuziehen. Links findet man farbthematisch gegliederte Inselbeete. Gleiches Gewicht wird auf die Laubfärbung der Bäume wie auf die Blütenfarbe der Stauden gelegt. Lavendelheide wird mit einer weißen Rose des belgischen Züchters Louis Lens kombiniert. Rote, rosafarbene und purpurne Erika wächst neben Bäumen, die sie bereichern: *Carpinus* x *schuschaensis* hat bestechendes rotes Laub. *Cercis canadensis* 'Forest Pansy' ist tiefpurpurn und besonders aufregend, wenn die Sonne durch das Laub scheint.

Es gibt mehr als 100 *Prunus*-Sorten, Ahorne, Buchen, Kastanien, Hortensien, Flieder, Magnolien, Eichen und Pfingstrosen. *Acer palmatum* sind im Garten, im neuen Arboretum und in der Gärtnerei besonders gut vertreten. Die Blätter leuchten ganzjährig bunt in Rot, Dunkelrot, Gelb und Grün.

In der Gärtnerei befindet sich eine schöne Sammlung von Eichen, genauso wie es im ganzen Garten junge Exemplare aller Sorten gibt. Sie ist für den Laien eine Entdeckung. Weil die Bäume klein sind, kann man sie von nahem vergleichen. *Quercus alba* hat kleine rosarote Triebe, *Q. imbricaria* dunkelgrün glänzende Blätter ohne Ausbuchtungen, *Q. mongolica* dagegen lange Zähne an den Blättern und *Q. aegilops* (syn. *Q. macrolepis*) 'Hemelrijk' borstengekrönte Zähne.

Brüssel: Abbaye de la Cambre

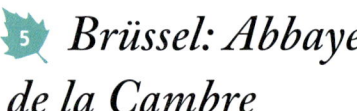

Jederzeit

In der Avenue Louise/Louizalaan; Straßenbahn-Linie 93 bis zur Haltestelle Legrand, bis zum Kriegerdenkmal zurücklaufen; rechts in die Avenue Louise abbiegen

Weitere Informationen:
Avenue E. Duray–Avenue de Mot, 1000 Brüssel

Die Abtei wurde 1201 gegründet. 1581 wurde sie von den Spaniern stark beschädigt. Albert und Isabella wohnten 1599 dort, bevor sie von Brüssel aus für Philipp von Spanien regierten. Als der edle *Cour d'honneur* im frühen 18. Jahrhundert geplant wurde, terrassierte man die Gärten. Nach der Revolution wurde die Abtei aufgelöst und erst in eine Tuchfabrik, dann in eine Militärschule umgewandelt. Verletzte aus der Schlacht von Waterloo versorgte man hier. Im 2. Weltkrieg wurde es ein deutsches Hospital.

Der Eingangshof wird von *Pavillons d'angle* und halbkreisförmigen Nebengebäuden flankiert. Der Garten wurde 1930 von Jules Buyssens vor dem Vergessen gerettet und restauriert. Es gibt fünf verschiedene Ebenen, was viele unerwartete Ausblicke schafft.

Sehenswertes in der Nähe:
Bois de la Cambre/Kameren Bos; Grand' Place/Grote Markt; Hôtel de Ville/Stadhuis; Manneken Pis; Musée Royaux des Beaux-Arts de Belgique; Atomium; Galeries St Hubert

Brüssel: Jardin Botanique de Bruxelles

Ganzjährig, tägl.

Am gegenüberliegenden Ende der Rue Royale/Koningstraat vom königlichen Palast; Metro: Botanique/Kruidtuin

Weitere Informationen:
Rue Royale/Koningstraat 1030 Saint-Josse, Brüssel

Der frühere botanische Garten stammt aus dem Jahr 1826. 1939 zogen die Pflanzensammlungen nach Meise um. Heute sind die eleganten, neoklassizistischen, 130 m langen Glashäuser Kulturzentrum der französischsprachigen Gemeinde Belgiens. Die Gärten sind öffentlich. Direkt vor der Fassade der kuppelgekrönten Mittelrotunde blickt man von einer Reihe Stufen über beschnittene Buchs-Parterres. Auf jeder Seite der Parterres befinden sich dreieckige, von Eiben gefaßte Beete mit üppigen Sträuchern. Sie wurden vom Landschaftsarchitekten René Pechère 1958 entworfen. Ein großes Becken in der Mitte bringt mit seinen Fontänen Leben in die Anlage.

Aus den frühen Tagen stammen viele edle Bäume, darunter *Diospyros virginiana*, die Dattelpflaume, *Celtis tournefortii*, *Acer trautvetteri* und große Exemplare von *Eucommia ulmoides*. Nordwestlich liegt eine modern gestaltete Zone, bepflanzt mit Gräsern und mit einer zeitgenössischen Skulptur als Blickfang.

Jenseits des Boulevard St Lazare setzt sich der Park fort bis hinunter zum See, mit durch Hainbuchen getrennten Sitzplätzen, einem Rosengarten und einer Anlage mit Wegen und Gehölzen.

Sehenswertes in der Nähe:
Centre Belge de la Bande dessinée

Das elegante neoklassizistische Glashaus stammt aus dem 19. Jahrhundert.

🍽️ 🌼 🏛️ 🏆

🚶 Jederzeit

Weitere Informationen:
Rue Royale/Koningstraat,
1000 Brüssel

Sehenswertes in der Nähe:
Musées d'Arts Ancien et Moderne/Museum voor Oude en Moderne Kunsten; Grand' Place/Grote Markt; Palais Royal/Koninklijk Paleis; Palais de Beaux-Arts/Paleis voor Schone Kunsten

Streng formale Blickachsen regieren im königlichen Park von Brüssel.

7 Brüssel: Parc de Bruxelles

Im Stadtzentrum Brüssels hinter dem Hauptbahnhof und zwischen Parlamentsgebäude und dem Königspalast; Metro: Parc/Park

Die formalen Baumzeilen und breiten Wege erinnern an Abschnitte der Tuilerien in Paris. Der Parc de Bruxelles war der letzte große formale Garten, der im 18. Jahrhundert in Belgien angelegt worden ist. Er wurde zwischen 1774 und 1783 von Barnabé Guimard im französischen Stil entworfen. Von einem runden Springbrunnen, der von Efeu und den Büsten römischer Kaiser eingefaßt wird, gehen drei gerade, strahlenförmige Alleen aus. Der Mittelweg bietet einen Blick bis auf den königlichen Palast und nach der anderen Seite bis auf das Parlamentsgebäude. Zwei Alleen kreuzen die Diagonalen, ein Hainbuchen-Laubengang führt rings um den Park. Zwischen den geraden, von formalen Baumreihen gesäumten Wegen findet man *Bosquets*.

Vor dem königlichen Palast gibt es einige gefällige informelle Parterres aus Buchs, *Ilex*, Spindelstrauch, Lorbeer und Eiben. Weiter unten in der Rue de la Regence/Regentschapstraat in Richtung des Justizpalastes ist Petit Sablon/Klein Zavel. Dieser von Beyaert 1875 gestaltete Garten wird von Linden, Efeu und 48 Säulen mit den Symbolen von verschiedenen in Brüssel ausgeübten Berufen umgeben. Büsten belgischer Würdenträger stehen in efeubedeckten Lauben. An die Grafen Egmont und Hoorn, die man im 16. Jahrhundert wegen einer Erhebung gegen den Herzog von Alba köpfte, erinnern Statuen und eine Fontäne.

🏛️ 🏛️ 🏠 🌳

🚶 Zwei Wochenenden Ende Apr. u. Anfang Mai; das belgische Tourismusbüro gibt Auskunft über die Öffnungstage und -zeiten (auch einige Abende)

Weitere Informationen:
Avenue du Parc Royal,
1020 Brüssel

Sehenswertes in der Nähe:
Anderlecht; Maison d'Erasme; Atomium; Parc de Laeken/Park van Laeken; Tour Japonnaise/Japanse Toren; Pavillon Chinois/Chinois Paviljoen

8 Brüssel: Serres Royales

Straßenbahn Nr. 23 bis Station Araucaria; geben Sie bis zum Japanischen Turm und halten Sie sich danach links

Die Geschichte der Serres Royales in Laeken beginnt mit der Orangerie. Dieses klassizistische Gebäude wurde um 1817/18 für Wilhelm I. errichtet. Um 1859 gab es auch ein kreisrundes Gewächshaus, in dem die berühmte Seerose *Victoria amazonica* wuchs. Erst zur Krönung Leopolds II. im Jahr 1865 wurden die Gewächshäuser auf die heutigen 2 ha erweitert. Vor seiner Regentschaft hatte Leopold weite Teile Nordafrikas, Indiens und Chinas bereist, wo er tropische Pflanzen wild wachsen sah. Belgisch-Kongo gehörte ihm praktisch, was ihn in die Lage versetzte, seine großen Projekte einschließlich dieser Gewächshäuser und des königlichen Museums Zentralafrikanischer Kunst in Tervuren zu finanzieren.

Die meisten Gebäude sind abgerundet; die Metallstreben sind mintgrün gestrichen und mit fließenden Linien und Kreismotiven, vegetabilen Formen ähnelnd, verziert. Gelegentlich gibt es Durchblicke zu anderen Häusern, wo dann Fuchsien vom Dach herunterhängen und Reihen perfekter Hortensien in glasierten Töpfen die Wintergärten des 19. Jahrhunderts heraufbeschwören. Die Pflanzungen in den Gewächshäusern sollen nicht dem natürlichen Tropenwald ähneln, sondern die makellos gepflegte Sammlung möglichst gut präsentieren – ein exquisites Erlebnis.

Die langen, verglasten Flure zwischen den Gewächshäusern werden von kletternden Geranien und Fuchsien mit knotigen, alten Bäumen ähnelnden Stämmen gesäumt. Ein schmaler Flur öffnet sich plötzlich in ein Haus voller üppig gruppierter Azaleen in glühenden Farben, um dann in eine verspiegelte, mit Geweihfarnen bepflanzte Grotte hinabzusteigen. Das folgende Haus, das Embarcadère, ist mit riesigen Tellerhortensien geschmückt und der nächste Ort mit auf Säulen stehenden Urnen, überfließend mit *Medinilla magnifica*. Von hier führt der Weg ins Kongohaus, wo Crotons, Philodendren, Schizanthus und Clymbidien an sonnigeren Stellen wachsen. Der nächste großartige Anblick sind Baumfarne, darunter der herrliche *Cibotium regale*, hübsch unterpflanzt mit Schwertfarnen und Margeriten.

Das vorletzte Haus ist der kreisrunde Wintergarten, erbaut 1876. Er ist 34 m hoch, hat einen Durchmesser von 68 m und eine dreistöckige Glaskuppel. An den Seiten stehen Clivien, Palmfarne, Justicia und Begonien, die in den Taschen einer Felsenimitation wachsen. In der Mitte befindet sich ein Palmenhain. Der letzte Raum ist die Orangerie, wo ausgewachsene Rhododendren, Kamelien, *Pittosporum tobira*, Orangenbäume und sogar ein Elefantenfuß in massiven *Caisses de Versailles* wachsen.

Kletternde Geranien, Hochstammfuchsien und Palmen in den kilometerlangen Fluren der Serres Royales.

🏛 Ganzjährig, tägl., 13–17; geschlossen zwischen Weihnachten u. Neujahr

Weitere Informationen:
Rue L. Errera 41, 1180 Ukkel
Tel.: 02 343 4851

Sehenswertes in der Nähe:
Bois de la Cambre/Kameren Bos

Das Labyrinth von oben gesehen.

9 🍁 *Brüssel: Van Buuren Museum*

In Ukkel, nahe des Bois de la Cambre; Straßenbahnen 90 u. 23, Haltestelle Winston Churchill; Autobusse 60 u. 38

Dieser interessante und ungewöhnliche Garten vereint einen Rosengarten im Art-Deco-Stil von 1924, einen englischen Landschaftsgarten, einen Rosengarten, ein Labyrinth und den Jardin du Cœur.

Der Garten ergänzt das inzwischen als Museum genutzte Haus. Der Englische Garten ist um eine große Rasenfläche herum mit einigen exotischen Bäumen aus Japan angelegt, darunter Trompetenbaum, *Poncirus trifoliata*, der Bitterorange, und *Pinus mugo*. Die Stilmischungen des Hauses setzen sich im Garten fort. Moderne Kunst korrespondiert mit Mineralien.

In dem großen Rosengarten findet man Sorten wie *Rosa* 'Madame Meilland' und *R.* 'Queen Elizabeth'. Ein Tennisplatz weiter unten wurde zum *Boulingrin* umgewandelt. Das Labyrinth besteht aus 300 Eiben, die sieben grüne „Räume" bilden. Im Jardin du Cœur bilden zwölf kleine Herzen ein großes Herz. Die Pflanzung soll an David van Buuren erinnern, den vor 15 Jahren verstorbenen Ehemann von Alice van Buuren.

🏛 Ostern bis 30. Sept., tägl. 13–20; 1. Okt. bis Ostern, Sa. u. So. 13–16

Weitere Informationen:
Place Pierre Delannoy, 6, 7850 Enghien
Tel.: 02 395 8360
Fax: 02 395 4484

Sehenswertes in der Nähe:
Château de Caasbeek;
Château de Beersel

10 🍁 *Château d'Enghien*

30 km südwestlich von Brüssel; Autobahn E19/42 Mons–Paris, Ausfahrt 16, Halle, zur Autobahn A8/E429 Tournai, dann Ausfahrt 16, Enghien

Der berühmte Park des Herzogs von Arenberg wird derzeit grundlegend restauriert. Ganze Baumreihen wurden im Wald nahe des Tempels der Sieben Sterne gefällt. Die Arbeiten am Tempel selbst sowie an den Barock- und Renaissance-Gärten begannen 1998. Ein Garten mit alten Rosen ist als Ergänzung zum bereits vorhandenen Dahliengarten geplant.

Prinz Charles d'Arenberg kaufte das Anwesen in Enghien 1606 und gestaltete die Gärten am Eingang um. Er brachte Orangenbäume aus Brüssel, Kiefern aus Spanien und Weinstöcke aus Arenberg in das ehemalige Jagdgebiet. Die Hauptarbeit an den Gärten leisteten jedoch seine Söhne.

Man nähert sich der Domäne durch einen Triumphbogen, bekrönt durch die Statuen eines von Sklaven umgebenen Pferdes mit Reiter. Jenseits der Stallungen findet man Rosenpergolen und Rasenflächen. Hier wurden einst die ersten Gärten angelegt: ein Teich, umgeben von Orangenbäumen, *Parterres de broderie*, Zwerg-Obstbäumen und ein Labyrinth mit Arkadentempel in der Mitte.

Der Chinesische und der Gemäldepavillon liegen rechts in der Richtung des Schlosses aus dem 20. Jahrhundert. Vor diesem liegt eine Rasenfläche und links ein Waldgebiet, unterteilt durch lange Buchen- und Kastanienalleen, die auf den Herkulestempel zulaufen. Dieser siebeneckige Pavillon steht inmitten eines kreisrunden *Miroir d'eau*, der die ionische Kolonnade spiegelt. Die gefällten Bäume standen zwischen den strahlenförmig vom Pavillon ausgehenden Alleen. Jede Allee war von Bäumen einer anderen Art gesäumt, so etwa Buchen, Eichen, Kastanien und Kirschen. Unterteilt wurden sie von kleinen Pfaden und zwei konzentrischen ringförmigen Wegen, zwischen denen winzige Wäldchen, umgeben von dornigen Palisaden, stehen. Diese waren gänzlich überwuchert und werden hoffentlich wieder völlig hergestellt.

Ein reizender Pavillon am Waldrand.

---

11 *Les Jardins Nature Franc-Waret*

N80 von Namur in Richtung Hannut, E411 und E42; nach etwa 10 km links nach Franc-Waret abbiegen

Die Naturgärten sind die neueste Entwicklung in Franc-Waret. Der Garten wurde von jungen, vorausschauenden Gärtnern gepachtet und als Bildungseinrichtung ausgebaut. Der Garten hinter dem Wasserschloß ist formal um eine zentrale Achse herum angelegt. Zwei Hauptterrassen sind jeweils nochmals viergeteilt. Die jeweils ersten vier Rasenrechtecke sind mit beschnittenen Buchskugeln minimal dekoriert. Die zweite Terrasse ist als Teil des *Jardin nature* bepflanzt und die vier Unterteilungen als Gemüse-, Rosen-, Riesen- und Schatzgarten angelegt. Hinter der Terrasse befindet sich ein hübscher Landhaus- und ein duftender Kräutergarten.

1. Apr. bis 31. Okt., tägl. außer Mo., 10–18; Schloß: dieselben Monate, Sa. u. So., 14–18

Weitere Informationen:
Rue du Village, 54,
5380 Fernelmont
Tel.: 081 833 332
Fax: 081 833 749

Sehenswertes in der Nähe:
Namur (Zitadelle); Château de Fernelmont

---

12 *Les Jardins de Freÿr*

Am Westufer der Maas, südlich von Dinant; N96 in Richtung Givet; das Schloß liegt nach etwa 6 km auf der rechten Seite

Der Bau des rosafarbenen Backsteinschlosses von Freÿr begann 1571 und dauerte das folgende Jahrhundert. Im 18. Jahrhundert wurden die Eigentümer, die Beaufort-Spontins, in den Adelsstand erhoben und das Schloß entsprechend dem neuen Status umgestaltet. Zur selben Zeit legte man die Gärten an. 1759 wurden sie in drei lange, parallel zum Fluß verlaufende Terrassen geteilt. Im folgenden Jahr entstand eine Kreuzachse. Aber erst um 1774 wurde dieser Achse ein Blickfang in Form eines Pavillons beigefügt.

Führungen durch Haus und Gärten vom 1. Juli bis 31. Aug., Sa., So. u. Schulferien, 14–18; besondere Öffnungszeiten für Gruppen nach Vereinbarung

Weitere Informationen:
5540 Freÿr (Hastière)
Tel.: 082 222 200

Sehenswertes in der Nähe:
Zitadelle von Dinant; Parc National de Furfooz; Abbaye de Floreffe

135

Die erste Terrasse ist dreigeteilt: Ein Parterre mit vier symmetrisch angeordneten Becken und ein Gelände mit geflochtenen Linden bilden gestelzte Einfriedungen um ein Becken in der Mitte. Daneben sind zwei lange Becken von in weißen *Caisses de Versailles* wachsenden Orangenbäumchen umgeben. Diese Bäumchen stammen vom Hof Stanislas Leszczyńskis in Nancy und sind fast 300 Jahre alt. Während der Französischen Revolution bot der dortige Bürgermeister sie der Nationalversammlung an, aber Robespierre stürzte und 33 der ursprünglich 50 Bäumchen wurden gerettet. Eine Sonderration Kohlen zum Wärmen halfen der schwangeren Enkelin im letzten Krieg, die Bäumchen über den Winter zu bringen. Man heizte damals die Orangerie am Ende dieser Terrasse.

Die zweite Terrasse besteht aus symmetrischen Mustern aus acht verzierten Buchsparterres um ein zentrales ovales Becken. Dieses ist Teil der Blickachse zu dem entzückenden Pavillon, den man Frederics Saal nennt. Zwischen der zweiten Terrasse und dem Pavillon befindet sich der obere Garten. Vom Pavillon aus bildet die Klippe auf der anderen Flußseite einen herrlichen Hintergrund für die geometrische Strenge des Gartens.

Der terrassierte Garten, von der gegenüberliegenden Seite der Maas aus gesehen.

 Ganzjährig, tägl., 9–20; im Winter ab 18 geschlossen

Weitere Informationen:
Torleylaan 100, 1654 Huizingen
Tel.: 02 383 0020
Fax: 02 380 8444

Sehenswertes in der Nähe:
Kasteel Gaasbeek; Kasteel Beersel

13 *Huizingen: Provinciedomein*

15 km südlich von Brüssel; von Brüssel E19, Ring RO nach Halle/Mons; Ausfahrt 15, Huizingen; den Wegweisern nach Dworp folgen; Provinciedomein liegt links

Ein Hügel mit Grotto und umgestürzten Säulen erinnert an die einstige Pracht eines alten Gartens. Freizeiteinrichtungen wie Tennisplätze und Trampoline radierten alles andere aus. Das Niveau der Gartenpflege ist hoch, aber leider gibt es überhaupt keinen Respekt vor einer historischen Landschaft.

Am schönsten ist ein gewaltiger, mit Blütensträuchern und Bäumen bepflanzter Steingarten. Azaleen, Berberitzen, Zwergmispeln und Rosen setzen ganzjährig Farbakzente. Unter den Sträuchern wachsen Narzissen, Erika, Stiefmütterchen und Tulpen.

Der Garten für Kaum- oder Nichtsehende ist sehr befremdlich. Die Wege sind mit Mahonien und Berberitzen eingefaßt. Hochbeete wurden mit Braille-Tafeln ausgestattet. Leider sind sie nicht immer von Pflanzen begleitet und die Pflanzen, die es gibt, etwa Storchschnabel und Kreuzkraut, wurden wegen ihrer Blattextur ausgewählt. Es gibt *Corylus maxima*-Gruppen und Zwergmispel-Hügel. Man scheint zu glauben, daß nur sehende Menschen den süßen Duft von Flieder oder Seidelbast genießen können.

Die angelegten Flächen werden von attraktiven Waldgebieten eingefaßt.

Château de Jehay

18 km südwestlich von Lüttich; von der N17 Huy-Liège/Lüttich kommend in Amay links nach Tongres abbiegen; Autobahn E42 Aachen–Paris, Ausfahrt 5, St Georges, und dann 4 km weiter in Richtung Amay fahren

Das Schloß von Jehay befand sich seit 1680 im Besitz der Familie van den Steen. Der folgende Eigentümer legte den formalen Garten an, bestehend aus einer ansteigenden Mittelachse mit einer Wassertreppe aus verbundenen Bassins zu beiden Seiten. Diese sind mit sehr zweifelhaften weiblichen Aktstatuen geschmückt. Die Achse steigt bis zu einem Tor am Horizont an. Schöne Bäume, Reste der alten Lindenallee und ein nettes Eishaus ergänzen die Anlage.

1. Juli bis 31. Aug., Sa., So. u. Schulferien, 14–18

Weitere Informationen:
4540 Jehay-Amay
Tel.: 085 311 716

Sehenswertes in der Nähe:
Musée du Château des Comtes de Marchin, Modave; Lüttich: Kathedrale St Paul, Musée de la Vie Wallonne, Collégiale Notre Dame, Huy

---

Lüttich: Observatoire du Monde des Plantes

Vom Stadtzentrum Lüttichs die Autobahn zu den Ardennen nehmen; in Embourg abfahren; den Wegweisern Université de Liège, Sart Tilman und später Observatoire du Mondes des Plantes folgen

Die 200 m² großen Gewächshäuser sind ein Gemeinschaftsprojekt der Europastiftung und der Universität. Die Anlage ist genauso spannend und attraktiv wie auch lehrreich.

Das Tropenhaus ist üppig mit Hügeln aus Mooskraut, Farnen, Palmen, Bananen und Palmfarnen gefüllt. Ein großer Teich voller tropischer Seerosen enthält u. a. *Nymphaea* 'American Beauty' und den Heiligen Lotos *Nelumbo nucifera*. Oben im Haus befindet sich ebenfalls ein Becken voller tropischer Seerosen, mittendrin die breiten, runden Blätter von *Victoria amazonica* (syn. *V. cruziana*), die mit *Pistia stratoides*, dem Wassersalat, konkurriert.

Im Kalthaus findet man Pflanzen aus den Teilen der Welt, die mediterranes Klima haben, so etwa Kalifornien und Chile. Die mediterrane Zone ist zweigeteilt. Im ersten Teil wachsen Beifuß, *Dorycinum hirsutus*, *Glaucium flavum* und Salbei im zweiten Teil Zistrosen, Melden und Ginster. Die kalifornischen Pflanzen sind in solche aus Steppe und Wald unterteilt, darunter *Maclura pomifera*, Fremontodendron, *Sisyrinchium bellum* (syn. *S. idahoense*) und *Umbellularia californica*.

Unter den Wüstenpflanzen findet man die *Kalanchoe orgyalis* 'Baker' mit braunpelzigen Blättern. Es gibt ein schön bepflanztes Schaubeet mit Ferrocacti – Mammillarien, den starken weißen Sprossen von *Fouquiera splendens* und *Bergerocactus emoryi* sowie Opuntien. Noch fremdartiger wirken die riesigen Raupenformen von *Echinocereus vididfloris* aus Colorado, Texas und New Mexico.

Ganzjährig, Di. bis Fr., 9.30–17, Sa., So. u. Schulferien, 13–18; die Öffnungszeiten können variieren

Weitere Informationen:
Université de Liège, Sart-Tilman
B77, Parking 77, 4000 Lüttich
Tel.: 04 366 4270
Fax: 04 366 4271

Sehenswertes in der Nähe:
Grottes de Remouchamps; Lüttich

Seerosen im Tropenhaus.

🕐 1. Apr. bis 10. Sept., tägl.,
10–18; Mai bis Aug., So. u. Schulferien, 10–19; Feb., März u. Okt.,
tägl., 10–17; Nov. bis Jan., tägl.,
10–16; Museum: ganzjährig außer
25. Dez. u. 1. Jan., tägl. außer Mo.
(gilt nicht an Feiertagen), 10–18

Weitere Informationen:
Musée Royal de Mariemont,
7140 Morlanwelz
Tel.: 064 212 193
Fax: 064 262 924

Sehenswertes in der Nähe:
Verpassen Sie nicht das Musée
Royal selbst; Strépy-Thieu; Canal du
Centre; les ascenseurs hydrauliques

**Eine grüne Laube in einem der
seltenen formal gestalteten Bereiche.**

16 *Mariemont Park*

Am Stadtrand von La Louvière östlich von Mons, westlich von Charleroi; Autobahn E19/A7 Brüssel–Mons, Ausfahrt 20, Feluy, dann der Richtung Thuin über die N59 folgen; Autobahn E42 Paris–Liège/Lüttich, Ausfahrt 19, Manage, dann Richtung Mariemont

Kaum ein historischer Garten erlebte einen solch dramatischen Wechsel sowohl seines Geschickes als auch seiner Gestalt wie Mariemont oder Mary's Mount, benannt nach Maria von Ungarn, der verwitweten Schwester Kaiser Karls V. Sie wurde Mitte des 16. Jahrhunderts Pröpstin von Binche und wählte den Ort Morlanwelz für ihr Jagdhaus. Sie ließ ausgedehnte Terrassengärten im italienischen Stil anlegen und bepflanzte sie mit französischen Rosen. Nach ihrem Tod war das Anwesen bis zur Ankunft des Erzherzogs Albert und seiner Frau Isabella, der Tochter Philipps II. von Spanien, im Jahr 1598 fast verlassen. Zu Beginn des 17. Jahrhunderts bekamen die Gärten ein recht spanisches Aussehen. Der Sonnenkönig Ludwig XIV. eignete sich 1668 das Anwesen an. Etwa 100 Jahre später formte Karl von Lothringen die Gärten im klassischen französischen Stil um. Keiner dieser Gärten überlebte die Französische Revolution.

Der Industrielle Nicolas Waroqué kaufte 1830 einen Teil des Anwesens. Ihm und seinem Gartengestalter, C. A. Petersen, ist es zu verdanken, daß es heute in Mariemont den romantischen Englischen Landschaftspark gibt.

Das Gelände stellt sich als eine Mischung aus Rasenflächen mit Baumgruppen dar, durchzogen von Wegen, die von Berberitze, Pfeifenstrauch und *Prunus lusitanicus* gesäumt werden. Auf den Lichtungen stehen Rhododendren und Bambushorste. *Phyllostachys viridiglaucescens* kommt besonders gut unter Blutbuchen und Zedern zur Geltung.

Die bedeutendsten Bäume wachsen als Solitäre auf der Wiese. Ein riesiger *Acer pseudoplatanus* 'Atropurpureum' breitet seine Äste über die Wiese zwischen dem Wintergarten und dem Rosarium aus. Etwas weiter findet man eine Gruppe Silberbirken und eine *Magnolia liliflora* 'Nigra'. Weiterhin gibt es eine schöne Sammlung Walnußbäume und zwei Exemplare der verwandten Hickorynuß, Birken, Ahorne und etwa 100 verschiedene Koniferen. An das Museum grenzt eine Strauchrabatte mit Kletterpflanzen, daneben wächst eine Reihe Scheinzypressen. Im kreisförmigen Rosengarten gibt es 70 Rosensorten.

Mariemont genießt aufgrund der etwa 600 Baumarten ein besonderes Ansehen. Kein Baumfreund sollte es verpassen.

Château de Seneffe

Südlich von Brüssel und nördlich von La Louvière; Autobahn A7/E19 Brüssel–Mons, Ausfahrt 20, Fley, dann Richtung Seneffe; E42 Mons–Charleroi und Liège/Luik/Lüttich, Ausfahrt 18 bis, Chapelle-lez-Herlaimont, Richtung Seneffe; das Museum ist nahe der Stadtmitte ausgeschildert

Man nähert sich den Gärten und dem Museum für Silberkunst durch einen herrlich überwölbten *Cour d'honneur*, wo Statuen und Urnen in Nischen aufgereiht sind. Diese Pracht wurde für den neuen gesellschaftlichen Rang und Reichtum des Grafen Julien Depestre, eines Bankiers, entworfen, der das Schloß zwischen 1763 und 1768 erbaute. Wie so viele andere Schlösser wurde es verkauft, als die Familie durch die Französische Revolution ruiniert wurde.

Rechts des Schlosses liegt der Garten der drei Terrassen, ein formaler Garten modernen Stils, entworfen von René Pechère. Der erste Hof mit einem Becken in der Mitte wirkt recht karg. Er ist umgeben von geflochtenen Hainbuchenhecken und eibenhinterfangenen Bänken. Auf der zweiten Terrasse, wo auch ein geometrisches Buchsparterre zu finden ist, wachsen zwischen Eiben alte Rosen, Flieder und Lavendel. Beidseitig stehen in Einfriedungen aus Hainbuchen Bäume oder Metallplinthen für Skulpturen in bodendeckendem Efeu.

Von der anderen Seite der formalen Gärten kann man in den Englischen Landschaftsgarten gehen und das exquisite Theater betrachten, ein klassizistisches Gebäude mit einem kuppelgekrönten Säulenhalbrund.

Die 1780 erbaute Orangerie ist, die wohl größte in ganz Belgien.

**Tägl. außer Mo.; Ostern bis 1. Nov., 10–20; 2. Nov. bis Ostern, 8–16; bei schlechtem Wetter geschlossen

Weitere Informationen:
Musée de l'Orfèvrerie de la Communauté Francaise, Rue L. Plasman, 6, 7180 Seneffe
Tel.: 064 556 913

Sehenswertes in der Nähe:
Le Rœulx (Park); Château d'Ecaussinnes-Lalaing; Collégiale St Gertrude, Nivelles

Geometrisches Parterre auf der zweiten Terrasse.

 ## Tournai: Ecole Provinciale d'Horticulture

An der Westseite der Ringstraße von Tournai; von den Autobahnen die Ausfahrt 34 nach Tournai, von Kortrijk/Courtrai (Achtung: in Kortrijk steht „Doornik" statt „Tournai") auf der N50 rechts auf den Ring, den Boulevard Léopold, einbiegen; die Schule liegt rechts, mit IPEF ausgeschildert

Als erstes in diesem Schaugarten sieht man den um ein Becken herum angelegten Steingarten. Es gibt einige schöne Bäume, darunter *Ailanthus altissima* und Edelkastanien. Dahinter liegt ein Obstgarten mit Birn- und Apfelbäumen an niedrigen Spalieren, doppelten Kordons und Fächern vor den Backsteinmauern.

Ein anderer Bereich zeigt Koniferengruppen in all ihrer Vielfalt von Farbe und Wuchsform. Außerdem gibt es Strauchrabatten, Rosenschaubeete und ausgedehnte Gewächshäuser.

**Ganzjährig außer vom 5. Juli bis 20. Aug., Mo. bis Fr., 8–16

Weitere Informationen:
Boulevard Léopold 92 bis, 7500 Tournai
Tel.: 069 222 037
Fax: 069 843 824

Sehenswertes in der Nähe:
Kathedrale Notre Dame; Pont des Trous

Glossar „"

Aha (englisch) Graben, der einen Landschaftsgarten gegen das freie Feld abschließt; vom Garten aus nicht sichtbar.

Allées (französisch) Befestigter Weg, der beidseitig von Pflanzen, entweder Bäumen oder Hecken, eingefaßt ist.

Bassin (französisch) Ein kleines formales Becken, normalerweise aus Stein.

Beeldentuin (niederländisch) Skulpturengarten.

Begraafplaats (niederländisch) Friedhof.

Berceau (französisch) Schattiger Laubengang, häufig mit einer Bank, von Pflanzen umschlossen.

Bos (niederländisch) Wald.

Bosquet (französisch) Eine formales Wäldchen, häufig mit einer dekorativen Lichtung, in welchem Statuen oder andere Verzierungen plaziert werden.

Boulingrin (französisch) Von „Bowling Green", bezieht sich auf eine tiefliegende Rasenfläche.

Broderies (französisch) Verzierte Parterres mit fließender Gestaltung, die Stickmuster imitieren.

Buffet d'eau (französisch) Eine Art Fontäne, beliebt im Frankreich des 17. Jahrhunderts, in Form einer Treppe, über die das Wasser rieselt.

Caisses de Versailles (französisch) Hölzerne Pflanzkübel.

Cour d'honneur (französisch) Der wichtigste Innenhof.

Demi-lune (französisch) Halbmondform.

Doolhof (niederländisch) Labyrinth oder Irrgarten.

Fabriques (französisch) Gebräuchlicher Ausdruck für eine Vielzahl von Gartenelementen und Konstruktionen, etwa Pavillons, Obelisken und Rotunden.

Grand allée (französisch)

Heempark oder *Heemtuin* (niederländisch) Ein Park oder Garten, der mit einheimischen Pflanzen, besonders Wildpflanzen und Gräsern, bestückt ist. Die Heemtuin-Bewegung wurde von J. P. Thijsse 1925 begründet.

Kruidentuin (niederländisch) Kräutergarten.

Kwekerij (niederländisch) Gärtnerei.

Miroir d'eau (französisch) Ein großes formales Wasserbecken, das so konstruiert ist, daß es etwas spiegelt, normalerweise das Schloß.

Moestuin (niederländisch) Küchengarten.

Mount (englisch) Künstlicher Hügel.

Parc à l'anglaise (französisch) Informeller Landschaftspark mit Schlängelpfaden, mäandernden Bächen und Baumgruppen.

Parterre (französisch) Formale Beetgestaltung mit niedrigen Hecken, häufig Buchs, regelmäßig angelegt und oft mit Formschnitt, Urnen oder anderen dekorativen Zutaten versehen. Ein *Parterre de broderie* (französisch) ist eine besondere Form des Parterres, wobei die Formen der Hecke in fließenden Mustern, einer Stickerei ähnlich, angeordnet sind.

Parterres de compartiment (französisch) Symmetrisches Parterre.

Patte d'oie (französisch) Gänsefüße; drei strahlenförmig von einem Punkt ausgehende Wege.

Plate-bande (französisch) Zwei parallele Buchshecken mit Blumen in der Mitte. In den Niederlanden werden die Pflanzen oft mit Abstand zueinander gesetzt, jede Pflanze wird als Einzelstück angesehen. Die schmalen Streifen Erde zwischen den Hecken können auch mit konischen Eiben bepflanzt werden.

Potager (französisch) Küchengarten; normalerweise formal oder dekorativ.

Prieel (niederländisch) Laube.

Quincunx (lateinisch) Fünf zusammengepflanzte Bäume, vier an jeder Ecke und einer in der Mitte.

Stinzenflora (niederländisch/friesisch) In Friesland und den nördlichen Niederlanden ist ein Stins ein kleines, vornehmes Haus. Die Bewohner dieser Häuser zogen als Kreuzritter in den Nahen Osten, von wo aus sie mit kleinen, dort entdeckten Blütenpflanzen zurückkehrten, die sie um ihre Häuser pflanzten. Besonders Zwiebel- und Knollenpflanzen wie Schneeglöckchen, Wintereisenhut und Anemonen konnten so einfach nach Nordeuropa gebracht werden. Schließlich wurden diese als *Stinzenflora* bekannt.

Tapis vert (französisch) Rasen.

Theeschenkeri (niederländisch) Teehaus.

Treintaxi (niederländisch) Für sechs Gulden extra kann man gleichzeitig mit dem Fahrkartenkauf ein Taxi von der nächsten Bahnstation zum Zielort buchen. Eine Broschüre mit zusätzlichen Haltestellen und Gebieten, die an diesen Service angegliedert sind, kann man bei der Niederländischen Bahn und Touristeninformationen erhalten.

Trompe l'œil (französisch) Ein Malereistil, in dem Objekte dreidimensional dargestellt werden; wörtlich „Augentäuschung".

Tuin (niederländisch) Garten.

Vaste planten (niederländisch) Krautige Stauden.

Verrier palmette (französisch) Ein gezüchteter Fruchtbaum, der einem Kelchglas ähnelt.

Vijver (niederländisch) Teich oder See.

Wandelroute (niederländisch) Fußweg.

Warren (niederländisch) Kaninchenbau oder, gelegentlich in den Niederlanden, ein Wildpark.

Biographische Angaben

André, Edouard François (1840–1911) Französischer Landschaftsarchitekt, der eine Reihe von Gärten in ganz Europa entworfen hat.

Copijn, Henri (1842–1923) Garten- und Landschaftsgestalter; am bekanntesten ist seine Arbeit an den Gärten von Kasteel De Haar. Während seiner fruchtbarsten Periode zwischen 1880 und 1905 wurde er stark von Gustav Meyers *Lehrbuch der schönen Gartenkunst* beeinflußt. Sein Vater, Jan Copijn, gründete eine noch heute bestehende Gärtnerei, die Henri Copijn übernahm.

Cuypers, P. J. Ein Architekt der Neugotik, bekannt durch seine Arbeit am Kasteel De Haar.

Huygens, Constantijn (1596–1687) Niederländischer Diplomat, Dichter und Sekretär des Prinzen von Oranien. Als Vertreter der niederländischen Klassik war er Amateurarchitekt und Landschaftsgestalter. Er wurde beeinflußt und arbeitete unter Anleitung von Jacob van Campen.

Marot, Daniel (1661–1752) Ein in Paris ausgebildeter französischer Hugenotte, der nach der Revolution auf das Nanter Edikt im Jahr 1685 in die Niederlande emigrierte und dort Gestalter Wilhelms III. wurde. Marot formte den ornamentalen Gartenstil nach Louis XIV. zum niederländischen Kanalgarten um und schuf damit den Franko-Niederländischen Stil. Er arbeitete mit Jacob Roman zusammen an der Ausgestaltung der Gärten von Het Loo. Auch in Kasteel Twickel und Kasteel Rosendael kann man seine Arbeit bewundern.

Michael, Johan Georg Einer der ersten Landschaftsgestalter der Niederlande. In Beeckestijn (1772) baute er einen gotischen Tempel und eine Einsiedelei; er arbeitete auch in den Gärten von Kasteel Twickel.

Petzold, C. E. A. (1815–1891) Deutscher Landschaftsgestalter. Seit 1844 Gartendirektor in Ettersburg bei Weimar. Einen großen Teil seines Werks schuf er in den Niederlanden. Viele seiner Pläne wurden unter der Leitung von Leonard Springer ausgeführt. Petzold war 1888 verantwortlich für die teilweise Umgestaltung des berühmten Clingendael in Den Haag.

Poortman, Hugo A. C. (1858–1953) Mit Anfang zwanzig studierte er in Paris Architektur bei Edouard André, der seinen Stil der Gartenarchitektur maßgeblich beeinflußte. Zusammen mit André ging er auf eine botanische Exkursion nach Ecuador und Peru; von dort brachten sie viele exotische Pflanzen mit. Er entwarf die Parterres vor der Orangerie im Kasteel Twickel.

Posth, J. P. Er entwarf 1804 Zypendaal Park, das später von Petzold auf Wunsch des Barons van Brantsen umgestaltet wurde.

Roman, Jacob (1640–1716) Niederländischer Bildhauer und Architekt unter Wilhem III.; er überwachte die Errichtung des Palastes und der Gärten von Het Loo.

Ruys, Mien (*1904) Niederländische Landschaftsarchitektin, die als eine der Schlüsselfiguren für die Entwicklung des modernen Gartens in den Niederlanden gilt. Ihre ersten Entwürfe machte sie für Landhausgärten, dehnte dann aber ihre Aktivitäten auf Landschaftsgestaltung für Wohnsiedlungen, Industriekomplexe und Büros aus.

Springer, Leonard A. (1855–1940) Eine Schlüsselfigur für die Entwicklung von Park- und Gartengestaltung in den Niederlanden. Er ist bekannt für die Einführung des gemischten Stils für kleine Landhausgärten.

Thijsse, J. P. Ein Biologe und Lehrer, der in den 1920er Jahren einen ökologischen Zugang zur Landschaftsgestaltung wagte. Er befürchtete, daß die rasche Ausdehnung von Städten und Industrieanlagen die natürliche Landschaft der Niederlande zerstören würde. Nach einem Entwurf von Leonard Springer schuf er mit seinem Gärtner 1925 Thijsses Hof bei Haarlem. Angeregt durch die Entwicklung der Geobotanik und der Pflanzenökologie führte ihn das zum Konzept des *Heempark* oder *Heemtuin*. Am bemerkenswertesten ist der J. P. Thijsse Park bei Amsterdam.

Zocher, Jan David der Jüngere (1791–1870) Ein angesehener niederländischer Landschaftsarchitekt des 19. Jahrhunderts. Er schuf viele romantische Landschaftsparks. Der erste Volkspark der Niederlande, der Vondel Park, wurde 1877 von ihm angelegt. Seine bekanntesten Werke sind Kasteel Twickel und Kasteel Rosendael.

Register

A

Aalsmeer, Historische Tuin 43f.
Abbaye de la Cambre 123, 131
Amstelveen, J. P. Thijsse Park 42, 46
Amsterdam, Hortus Botanicus 47
    Vondel Park 48
André, Edouard 35, 37f.
Angeren, De Hagenhof 48f.
Antwerpen, Kruidtuin 98
    Rubenshuis 95, 99
Arboretum Bokrijk 97, 102f.
Arboretum Kalmthout 95, 108f.
Arboretum Oudenbosch 89
Arboretum Trompenburg 74, 93
Arnheim, Kloeg, Frau L. 41
Asper, De Raedt, Albert 100

B

Beaufort-Spontin, Familie 135
Beeckestijn 42, 49
Bekaert, Piet 113
Bélanger, Francois-Alexandre 128
Belmonte 67f.
Bergé, Jean-Baptiste 126
Bergen, Sijtje Stuurman 43, 50
Beveren, Hof ter Saksen 101
Bolhuis, Dirk 36f.
Borg Verhildersum 14, 17
Boskoop, Proefstation 73, 80f.
Botanische Vijvertuin Ada Hofman 16
Brandsma, Hans 27
Bray, CECE 130
Breukelen, Queekhoven 1, 51
Brinkhof, Riet 43, 53
    Van de Caesbeek, Herr und Frau 104
Brüssel, Abbaye de la Cambre 123, 131
    Jardin Botanique de Bruxelles 131
    Königlicher Palast 132
    Parc de Bruxelles 123, 132
    Petit Sablon/Klein Zavel 132
    Serres Royale 121, 123, 132f.
    Van Buuren Museum 122f., 134
Buyssens, Jules 131

C

Canneman, E. A. 18, 69
Château d'Annevoie 122, 124
Château d'Attre 121, 125
Château d'Enghien 121, 134f.
Château de Belœil 121, 126ff.
Château de Jahay 137
Château de Seneffe 121, 139
Choteau, Herr Benôit 130
Clevering-Meyer, Frau T. F. 17
Clingendael 82f.
Clusius, Carolus 87
Copijn, Henri 53
Copinga, K. 20
Cuypers, P. J. H. 52f.

D

d'Arenberg, Prinz Charles 134

de Belde, Familie 108, 110
De Clercq, Dr. 97, 113
de Haar, Baron Etienne 52
De Hof van Walenburg 69
De Kempenhof 85
De Keukenhof 73, 86
de Montpellier, Charles-Alexis 124
De Rhulenhof Kwekerij en Tuinen 90
de Stuers, Alice 70
De Tintelhof 92f.
De Wiersse 70
Dehullu Beeldentuin 17
Dekker, Ank 92
Delft, Cultuurtuin, Botanische Tuin 82
Den Haag, Clingendael 82f.
    Westbroekpark 74, 83
Denekamp, Anwesen Singraven 15
Domein Tudor und Domein Beisbroek
    103
Doublet, Philips 82
Driejen, Botanische Tuinen 68
d'Ursel, Gräfin 106

E, F

Elswout 42, 52
Fraeylemaborg 18
Fuchs, Louis 100

G

Gent, Plantentuin 105
Greve, Inecke 75, 84
Groningen, Prinsenhof 14, 18
Guimard, Barnabé 132

H

Han Njio Tuin 5, 75, 84
Hannema-de Stuers Stiftung 26
Hasselt, Japanse Tuin 96f., 105
Hernen, De Brinkhof 53
Hertoghe, Claire 118
Het Warmelo 13, 37f,
Hobijn, May 59
Hoegaarden, Vlaamse Toontuinen 107
Hoek, Ommie 36f.
Hof ter Saksen 101
Hofman, Ada 16
Hortus Botanicus 47
Hortus Bulborum 43
Hortus Haren 19
Huis Bingerden 51
Huizingen, Provinciedomein 136
Huys de Dohm 75, 84f.

I, J

Ijhorst, Horsthoeve Tuinen 20
Irene Jansen Kijktuinen Kwekerij 20f.
Jan Boomkamp Tuinen 21
Jansen, Irene 20
Jardin Botanique de Bruxelles 131

K

Kamstra, Hannie 26f.

Kasteel Alden Biesen 98
Kasteel Amerongen 45
Kasteel Baexem 75, 80
Kasteel Bouvigne 81
Kasteel De Haar 52f.
Kasteel Hex 2f., 97, 106f.
Kasteel Middachten 32, 60
Kasteel Rosendael 41, 62f.
Kasteel Twickel 15, 32ff., 37
Kasteel van Het Nijenhuis 26
Kasteel Weldam 15, 35, 37ff.
Kasteel-Museum Sypesteyn 64f.
Kasteeltuinen Arcen 76ff.
Kennermerduinen National Park 43
Kloetinge, Lenshoek Tuin 86f.
Koelemeijer Tuinen 58
Kort, Antoine 108
Kruidtuin 98
Kwekerij Piet Oudolf 62

L

Laeken, Königlicher Palast 107, 132f.
Leiden, Hortus Botanicus 87
Lelystad, Voorbeeldtuinen Sophora 13, 22
Lenaerts, Herr und Frau 119
Lens, Louis 81
Leopold II. 132
Les Jardins de Freÿr 122f., 135f.
Les Jardins Nature Franc-Waret 135
Ligne, Familie 126ff.
Loenen, Terra Nova 41f., 58f.
Löwen, Kruidtuin 95, 97, 112
Lüttich, Observatoire du Monde des
    Plantes 137

M

Maarssen, May Hobijn 59
Maastricht, De Heerenhof 75, 88
Mariemont Park 121, 138
Markelo, Erve Odine 23
Marot, Daniel 34, 51, 54, 62, 82, 87
Menkemaborg 14, 24
Michael, Johan Georg 34, 52
Mien Ruys Tuinen 15, 24f.
Millinger Theetuin 60f.
Mittlere Niederlande 40ff.
Munting, Henricus 19
Museum Willet-Holthuysen 48

N

Nationale Plantentuin van Belgie 114f.
Nederlands Openlucht Museum Krui-
    dentuin 61
Njio, Han 75, 84
Nördliches Belgien 94ff.
Nördliche Niederlande 12ff.

O

Odulphushof Botanische Tuinen 89
Offingawier, Hannie Kamstra 14f., 26f.
Ooostnieuwkerke, Englischer Garten 116

Orshof 97, 116f.
Oudolf, Piet 62
Overloon, D'n Hof Botanische Tuin 90

P
Paleis Het Loo 41, 54ff.
Parc de Bruxelles 123, 132
Park Beervelde 96, 100f.
Pechère, René 96, 131
Pesse, Pethitha Tuinen 14, 27
Petersen, C. A. 138
Petzold, C. E. A. 34
Piccardt, Hendrick 18
Pieterburen, Domies Toen 28
Poort-Bulten, Arboretum 15
Poortman, Hugo 35, 37f.
Posth, J. P. 51
Prins Bernhard Fons 48
Priona Tuinen 15, 28f.

R
Roman, Jacob 54, 60
Roodbard, L. P. 18, 30
Roos Volckaert 114
Rotterdam, Arboretum Trompenburg 74, 93
Rubenshuis 95, 99
Ruys, Mien 20, 24f., 92

S
Schilde, Claire Hertoghe 118f.
Scholteshof 119
Serres Royale 121, 123, 132f.
Slot de Nisse 91
Slot Zuylen 63
Sonsbeek Park 43, 64
Springer, Leonard 65, 68

St Martens-Latem, Piet Bekaert und Dr. De Clercq 113
Roos Volckaert 114
St Pieter, Patricia van Roosmalen 117f.
Stania-state 30
Stuurman, Sijtje 43, 50
Südliches Belgien 120ff.
Südliche Niederlande 72ff.

T
Tegelen, Botanische Tuin Jochum-Hof 92
ter Linden, Ton 28, 30f.
Thijsse, J. P. 30, 42f., 46, 65
Thijsses Hof 42, 65
Tournai, Ecole Provinciale d'Horticulture 139
Tuinen Ton ter Linden 14, 28, 30f.
Tuinen van de Westrup 39

U, V
Utrecht, Festung Hoofddijk Universiteit Botanische Tuinen 66f.
van Aldenburg Bentinck, Gräfin 32
van Bennekom, Madeleine 85
van Brienen, Baronin 83
Van-Buuren-Museum 122f., 134
van Campen, Jacob 52
Van De Caesbeek, Herr und Frau 104
van Geert, Charles 108
van Heeckeren, Baron Rodolphe 32
Van Ingens 48
van Roosmalen, Patricia 117
van Sypesteyn, Henry 64
Van Wassenhove, André 96
van Weede, Frau 51

Vennecool, Steven 60
Volckaert, Roos 114
Vollenhove, Marxveld Historische Tuinen 36
Von Gimborn Arboretum 66f.
von Gimborn, Max 66
von Siebold 87
Vondel Park 48

W
Wageningen, Belmonte und Driejen Botanische Tuiinen 67f.
Warffum, Ommie Hoek en Dirk Bolhuis Tuin 14, 36f.
Westbroekpark 74, 83
Wijchen, Arnoldshof 70f.
Wijsbek, Arda 66
Wilhelm und Maria 54, 62
Wilhelm von Oranien 41, 54
Wirtz, Jacques 92, 97, 106

Z
Zeist, Diepetuin Valkenbosch 71
Zocher, Familie 34
Zocher, J. D. d. Jüngere 34, 48, 62f., 86, 93
Zocher, L. P. 48
Zwiebelpflanzen 86
Zypendaal Park 41, 64

Bildnachweis